कथक और अभिनय

कथक और अभिनय

(नाट्यशास्त्र के सन्दर्भ में)

डॉ. मोनिका सिंह

स्वाति पब्लिकेशन्स
दिल्ली–110052

प्रथम संस्करण – 2013

ISBN : 978-93-81843-03-1

प्रकाशक :
स्वाति पब्लिकेशन्स
34, सैन्ट्रल मार्केट, अशोक विहार,
दिल्ली–110052
फोन–27212195, 65688806-7
फैक्स–91-11-27212195
ई–मेल–agambooks@gmail.com, agambook@yahoo.com
वैबसाईट–www.agamkala.com

लेज़र टाइपसैटिंग :
एलीगैंट प्रिंटोग्राफिक्स
319, तीसरी मंजिल, आर. जी. कॉम्पलैक्स,
सैक्टर–14, रोहिणी, दिल्ली–110085

मुद्रक :
चावला ऑफसैट
अशोक विहार,
दिल्ली–110052

भारत में मुद्रित

समर्पण

पूज्यनीय माँ स्व. श्रीमती मनोरमा सिंह
जी को सादर समर्पित

प्राक्कथन

उत्तर भारत की प्रतिनिधि नृत्यशैली है कथक। "कथा कहे सो कथक कहावै कि उक्ति पर आधारित इस नृत्य में अभिनय की प्रधानता रही है। कथक नृत्य अध्ययन के दौरान मेरी रूचि अभिनय अंग पर अधिक थी, अतः यह रुचि ही इस विषय पर कार्य करने का कारण बनी। सामान्यतः यह धारणा प्रचलित है कि कत्थक नृत्य में अभिनय भेदों का प्रयोग जैसे मुद्रा आदि या तो बहुतायत में प्रयोग नहीं होते हैं या फिर शास्त्रसम्मत प्रयोग नहीं दिखाई देता है।

परंतु वर्तमान परिदृश्य में यदि देखा जाए तो यह धारणा सत्य प्रतीत नहीं होती है। कत्थक नृत्य के पुराने गुरु एवं नर्तक अभिनय भेदों का प्रयोग करते थे, परंतु वह एक परम्परागत् शिक्षण के अंतर्गत ही होता था।

इन प्रयोगों को शास्त्र के अंतर्गत नहीं देखा या माना जाता था। जैसे–जैसे कला के अंतर्गत में शैली का वर्गीकरण हुआ और विशिष्ट शैली का प्रचलन आरंभ हुआ तो अन्य कलाओं के साथ ही नृत्य विधा के अंतर्गत भी अध्ययन एवं शास्त्र के अनुकरण की परंपरा जागृत हुई।

अन्य नृत्य शैलियों के अनुसार कत्थक नृत्य में मुख्य रूप से प्रयोग में आने वाला आंगिक अभिनय आचार्य नन्दीकेश्वर कृत "अभिनयदर्पण" पर आधारित होता है। आंगिक अभिनय के अतिरिक्त वाचिक, आहार्य का शास्त्र सम्मत प्रयोग हमेशा गौण ही रहा है। अपनी शिक्षा के दौरान मैंने नाट्यशास्त्र ग्रंथ का अध्ययन किया, परंतु उस समय इस ग्रंथ को समझने का एक प्रयास मात्र किया गया था। मेरे मन में हमेशा यह जिज्ञासा रही है कि हम कत्थक नृत्य शैली को नाट्यशास्त्र में वर्णित अभिनय भेदों के अनुसार अध्ययन कर प्रयोग करें तो निश्चित ही यह एक सफल एवं इस विधा के लिये लाभप्रद कार्य होगा।

नाट्यशास्त्र ग्रंथ में अभिनय भेद का वर्णन आठवें अध्याय को लेकर चौबीसवें अध्याय तक किया गया है। अभिनय भेदों की इस विस्तृत व्याख्या से यह

ज्ञात होता है कि आचार्य ने अभिनय की सभी कलाओं में उपयोगिता के आधार पर प्रमुखता दी है।

नाट्यशास्त्र का आधा हिस्सा अभिनय भेद पर आधारित है तथा नाट्यशास्त्र में वर्णित इन अभिनय भेदों की कत्थक नृत्य में उपयोगिता को ही इस लेखन में लिया गया है। इस लेखन कार्य को मैंने सात अध्यायों में विभाजित किया है।

प्रथम अध्याय में ''कत्थक नृत्य एक परिचय'' शीर्षक में कथक शब्द की व्युत्पत्ति, कत्थक नृत्य की उत्पत्ति, विकासधारा, घराना तथा प्रस्तुतिक्रम का अध्ययन किया गया है।

द्वितीय अध्याय ''नाट्यशास्त्र ग्रन्थ एक परिचय'' शीर्षक में भरत एवं नाट्यशास्त्र ग्रन्थ का महत्त्व, नाट्यशास्त्र के रचनाकाल, भरत एक–अनेक या एक समुदाय, नाट्यशास्त्र की विषयवस्तु तथा नाट्यशास्त्र में अभिनय का अध्ययन किया गया है।

तृतीय अध्याय ''नाट्यशास्त्र में वर्णित आंगिकाभिनय का कत्थक नृत्य में अनुप्रयोग'' के अंतर्गत मस्तक, दृष्टि, तारा, पलक, दर्शन विधि, भ्रकुटी, नासिका, मुखराग, ग्रीवा, हस्त, वक्ष, पार्श्व, कटि, पैर, चारी, स्थान, मंडल, गति, आसन तथा शयन विधान का कत्थक नृत्य में प्रयोग बताया गया है।

चतुर्थ अध्याय में ''नाट्यशास्त्र में वर्णित वाचिकाभिनय एवं कत्थक नृत्य में प्रयोग'' शीर्षक के अंतर्गत वाचिक का महत्त्व, शब्द विधान, छन्द विधान तथा अलंकार विधान का अध्ययन एवं कत्थक नृत्य में उनके प्रयोग के संबंध में बताया गया है।

पंचम् अध्याय ''नाट्यशास्त्र में वर्णित आहार्याभिनय एवं कत्थक नृत्य में अनुप्रयोग'' शीर्षक के अंतर्गत आहार्य की परिभाषा एवं महत्त्व, नाट्यशास्त्र में वर्णित आहार्य के अंतर्गत पुस्त रचना, स्त्री एवं पुरुषों के आभूषण, कत्थक नृत्य में आहार्य, संगीत रत्नाकर के अनुसार सोलह शृंगार एवं बारह आभूषण का कत्थक नृत्य में प्रयोग का अध्ययन किया गया है।

षष्ठम अध्याय नाट्यशास्त्र में वर्णित सात्विकाभिनय एवं कत्थक नृत्य में प्रयोग के अंतर्गत सत्व की परिभाषा एवं महत्त्व बताते हुए सात्विक अभिनय की व्याख्या की गई है। भावाध्याय में वर्णित सात्विक भावों के भेदों व उनका कत्थक नृत्य में प्रयोग का अध्ययन किया गया है।

सप्तम एवं अंतिम अध्याय ''उपसंहार'' है जिसमें शोध में किए गए कार्यों पर संक्षिप्त में प्रकाश डाला गया है।

''अभिनय के विभिन्न भेदों के परिप्रेक्ष्य में कत्थक नृत्य का विश्लेषणात्मक अध्ययन'' शोध प्रबंध इंदिरा कला संगीत विश्वविद्यालय खैरागढ़ में पी. एच. डी.

उपाधि के लिये प्रस्तुत किया गया है, इसके अंतर्गत नाट्यशास्त्र में वर्णित अभिनय भेदों की कत्थक नृत्य में उपयोगिता को बतलाने का विनम्र प्रयास किया गया है। इस आलेख से कत्थक नृत्य व अभिनय क्षेत्र में रुचि रखने वाले विद्यार्थियों, शोधार्थियों एवं जिज्ञासुओं को अवश्य लाभ होगा।

आभार

विषय के चुनाव से लेकर लेखनकार्य को पूर्ण करने तक जिन श्रद्धेय एवं गुणीजनों का सहयोग प्राप्त हुआ उन सभी के प्रति कृतज्ञता ज्ञापित करना मेरा कर्त्तव्य है। सर्वाधिक आभारी हूँ अपने गुरू एवं माता–पिता की जिन्होंने मुझे इस कार्य के लिए प्रेरित किया और अपना पूर्ण सहयोग प्रदान किया।

कत्थक नृत्य के प्रायोगिक पक्ष एवं लेखन कार्य के लिए मुझे मेरी गुरू और निर्देशिका प्रो.(डॉ.) मॉडवी सिंह जी का प्रोत्साहन मार्गदर्शन और भावात्मक संबल मिलता रहा है। उनके प्रति मैं हृदय से आभार व्यक्त करती हूँ। संस्कृताचार्य श्री कामता प्रसाद त्रिपाठी जी से मुझे वाचिक के विभिन्न आयामों को समझने में पूर्ण सहयोग प्राप्त हुआ। मेरे अग्रज श्री तरूण सिंह, श्री सुधीर सिंह, श्री डी.पी. सिंह ने कार्यपूर्ण करने के लिए मानसिक संबल प्रदान किया जिसके लिए मैं हृदय से धन्यवाद ज्ञापित करती हूँ।

अंत में इसे पुस्तक को साकार रूप प्रदान करने के लिए मैं स्वाति पब्लिकेशन्स, दिल्ली के प्रति आभार प्रकट करती हूँ।

विषय अनुक्रमणिका

अध्याय–1

कत्थक नृत्य एक परिचय

- कत्थक शब्द की व्युत्पत्ति
- कथक नृत्य की व्युत्पत्ति
- विकासधारा, घराना तथा प्रस्तुतिक्रम

अध्याय–1

कत्थक नृत्य एक परिचय

कत्थक शब्द की व्युत्पत्ति

कत्थक शब्द का प्रचलन उत्तर भारत के परम्परागत संगीतज्ञों के आधार पर प्रचारित हुआ। जब विद्वानों ने इसके प्राचीन प्रमाणों की खोज की तो इसके अनेक नाम प्रकाश में आये यथा–कथिक, कथक, कथिको। उत्तर प्रदेश की संस्कृति में कत्थक एक जाति विशेष का प्रतिनिधित्व करता है तथा राजस्थान की संस्कृति में 'कथना' शब्द प्रचलित है जिसका अर्थ होता है–वह बात जो बिना लिखे केवल वाणी से कह दी जाये। वहाँ पर लोग अपने भावों को कलात्मक ढंग से कथ् कर अभिव्यक्त करते हैं। कत्थक शब्द संस्कृत के कथ् धातु से निर्मित है। "इसकी व्युत्पत्ति इस प्रकार बताई गई है– 'कथयति यः सः कथकः' अर्थात् जो कथन करता है वह कथक है। पारम्परिक नर्तक भी इसकी यही व्याख्या करते है– 'कथन करे सो कथक कहावे' या 'कथा कहे सो कत्थक कहिये' आदि।

शब्द कल्पद्रुम में इस शब्द की व्याख्या इस प्रकार की गई है–

कथक–त्रि (कथयति यः। कर्तरिण्वुल) वक्ता। कथोपजीवी। नाटक वर्णन कर्त्ता। तत् पर्यायः। नट। 2. कथा प्राण। इति शब्द–रत्नावली। (यथा

महाभारते–कथकाश्चापरे राजन् श्रमणश्च बनौकसः।), ग्रंथकर्तृ विशेषः (यथा अनुमान चिन्तामणि– वाचत्त्कसाध्यनियमच्युतोऽपि कथककैरुपाधिरुद्भाव्य)।

श्री वा. शि. आप्टे ने संस्कृत शब्दकोष में प्राप्य प्रमाणों के आधार पर इसका अर्थ कहानी कहने वाला, वर्णन करने वाला, मुख्य अभिनेता व झगड़ालू किया है।

प्रो. आर. डी. लद्दू ने बाणचरितसार की भूमिका में इसका अर्थ Story teller किया है। प्रायशः आधुनिक ग्रन्थों में इसी अर्थ की पुनरुक्ति की गई है।

पाली शब्दकोश में इसे उपदेशक के अर्थ में प्रयोग किया गया है। नेपाली शब्दकोश में इसका अर्थ वर्णन करने वाला या व्याख्याता बताया है।''[1]

कत्थक नृत्य के उक्त सभी अर्थों को ग्रहण किया जाये तो कत्थक शब्द का सम्पूर्ण अर्थ होगा–वह व्यक्ति जो पौराणिक कथाओं को कथावाचन तथा अभिनय के माध्यम से प्रस्तुत करें।

संस्कृत भाषा में यह शब्दार्थ कत्थकनृत्य की अभिव्यक्ति से सामीप्य रखता है। चलने से शरीर मे हुई थिरकन से ही नृत्य कला का जन्म हुआ है जिसका स्वरूप आज भी नृत्यों में दिखाई देता है। सामान्यतः भारतीय भाषा विज्ञान में शब्द का नामकरण उनके उद्भव स्थल या उत्पत्ति के कारणों पर आधारित है। इसलिये कत्थ धातु से कत्थक शब्द का प्रादुर्भाव होना स्वाभाविक है।

महाभारत तथा पौराणिक साहित्य में भी कथक शब्द का उल्लेख प्राप्त होता है।

'कथक' शब्द का सर्वप्रथम प्रयोग महाभारत में दृष्टिगोचर होता है। यथा 'कथकाश्चापरे राजन् श्रमणश्च बनौकसः'।

इसके उपरान्त हमारे पौराणिक साहित्य मे यह शब्द बहुलता से पाया जाता है। ब्रम्हा महापुराण मे अभिनेता, गायक एवं नर्तकों के लिए यह 'कथक' शब्द प्रयुक्त हुआ है। इसी अर्थ में अग्निपुराण व विष्णुपुराण में यह शब्द प्राप्य है।

सातवीं शताब्दी के प्रथम भाग में बाणभट्ट द्वारा रचित 'हर्षचरित' में भी वांशिक मार्दंगिक, गंधर्वोपाध्याय के साथ 'कथक' शब्द भी उपलब्ध है।

13वीं शताब्दी के सुप्रसिद्ध संगीत–ग्रंथ शरंगदेव के 'संगीत रत्नाकर' के सप्तम् नर्तनाध्याय में भी 'कथक' शब्द इस प्रकार प्राप्त होता हैं –

---

[1] कथक नृत्य शिक्षा द्वितीय भाग–डॉ. पुरु दाधीच पृ. क्र. 72–73

कथका बन्दिनश्चान्ये विद्यावन्तः प्रियंवदाः।
प्रशंसा कुशलश्चान्ये चतुराः सर्वमातुषु।।"[2]

कत्थकनृत्य में यह कहावत प्रचलित है– "कथा कहे सो कत्थक कहावे या कथा कहे सो कथक कहिये" अर्थात् जो कथा का उपदेश अभिनय के माध्यम से प्रस्तुत करे, वह कत्थक है। इस मत से कत्थक एक व्यक्तिविशेष हो जाता है, जिसका कार्य कथा को अभिनय के माध्यम से प्रस्तुत करना है।

प्राचीनकाल में भारतीय समाज में वर्ण–व्यवस्था प्रचलित थी। सोने का काम करने वाला सुनार कहा गया है। सम्भवतः इसी प्रकार कथा करने वाले को कथाकार कहा गया होगा।

यद्यपि यह सम्भव है कि प्राचीनकाल में कत्थक एक नृत्य शैली के रूप में प्रचलित नहीं रही होगी, परन्तु एक वर्ग ऐसा अवश्य रहा होगा जिसका कार्य गायन, वादन व नृत्य करना रहा होगा। कत्थक शब्द की व्याख्या विद्वानों, आचार्यों ने अपने मतानुसार किया है। किसी ने कत्थक को एक जाति का सम्बोधन माना है तो किसी ने कत्थक को कथा वाचन की शैली स्वीकृत किया है।

संगीत के क्षेत्र में कत्थक आज उत्तर भारत की शास्त्रीय नृत्य शैली है। मंदिरों में पौराणिक कथाओं को कथावाचन के माध्यम से व्यक्त करना कत्थकों का प्रमुख कार्य था। इन कथाओं के कथावाचक कथा की समाप्ति के पश्चात् भजन, कीर्तन आदि किया करते थे। जिससे मनुष्य के धार्मिक विचारधारा को प्रबल बनाया जा सके। इन कथाकारों के द्वारा कथावाचन के बीच में लोगों के मनोरंजन के लिए नृत्य करना ही कत्थक कहलाने लगा।

"इस तरह कथावाचने की प्रक्रिया सफल भी हुई और एक नवीन नृत्यशैली का जन्म हुआ जो 'कत्थक' कहलाया। इसमे ब्राह्मण जाति के लोगों की संख्या अधिक थी, इसलिये यही लोग 'कथक' या 'कत्थक' कहलाने लगे।"[3]

वस्तुतः "राजस्थानी परम्परा के नर्तक आज भी अपने नृत्य को आग्रहपूर्वक कत्थक कहते हैं। अयोध्या से जुड़े पारम्परिक नर्तक स्वयं को कथिक कहते हैं। पं. राजा राम द्विवेदी संगीत मासिक के नृत्य अंक (सन् 1941) के सम्पादक पं.गणेश

[2] कथक नृत्य शिक्षा द्वितीय भाग–डॉ. पुरु दाधीच पृ. क्र. 72–73
[3] कथक नृत्य – लक्ष्मीनारायण गर्ग पृ. क्र. 28–29

प्रसाद द्विवेदी तथा अन्य अनेकों विद्वानों ने सदैव कथिक शब्द का ही प्रयोग किया है। कथिकों शब्द का प्रयोग पाली एवं नेपाली शब्द कोशों में प्राप्त होता है तथा 'कहुब' शब्द का प्रयोग कल्पसूत्र आदि जैन ग्रंथों मे किया गया है।''[4]

नामकरण

भारत की सभी शास्त्रीय नृत्य शैलीयों का नामकरण बीसवीं शताब्दी में हुआ है। किसी नृत्यकार या आचार्य ने इसका नाम कत्थक नृत्य रख दिया होगा, जिस प्रकार रूक्मणी देवी ने भरतनाट्यम् तथा रविन्द्रनाथ ठाकुर ने मणिपुरी नृत्य शैली का नामकरण किया। शास्त्रीय नृत्यशैलियों के नामकरण का आधार क्या है, इसका उल्लेख सम्भव नहीं है। भरतनाट्यम् शब्द की व्याख्या करें तो नाट्य नहीं वरन् नृत्य है। परिणामतः विद्वानों ने अपने मतानुसार कत्थक नृत्य शैली का भी नामकरण किया होगा जिसका आधार कथक शब्द है। जो कथावाचन के समय नृत्य करने से प्रचलित हुई है।

शब्दों की प्रमाणिकता एवं नये–पुराने प्रतिष्ठित गुरुओं ने कत्थक शब्द को अपने मतानुसार परिभाषित किया है तथा आधुनिक काल में इसके दो रूप प्रचलित हैं– कथक और कत्थक।

कत्थक नृत्य की व्युत्पत्ति

कथा–कहानी को कहा व सुना जाना भारतीय समाज की प्राचीनकला रही है। पुरातनकाल में कथा व कहानी कहने के लिये कथाकार हुआ करते थे, जिन्हें कत्थक कहा गया। इन कथाओं में कथा के नायक का गुणगान किया जाता था तथा कथा को भी लयबद्ध कर गाया जाता था। जिसमे ढोलक, मंजीरे आदि वाद्य यंत्र भी बजा करते थे। गायन–वादन के साथ ही नृत्य के माध्यम से भी कथा को अभिनित किया जाता था। समाज मे ऐसे व्यक्ति को चारण, भरत, कुशीलव तथा कथक आदि की संज्ञा दी गयी। ये लोग पीढ़ी–दर–पीढ़ी इस क्रिया में संलग्न हो गये क्योंकि प्राचीन भारतीय समाज वर्ण–व्यवस्था पर आधारित था। इन कथकों के

[4] कत्थक नृत्य शिक्षा भाग–2 डॉ. पुरूदाधीच पृ. क्र. 72

रक्त में इस कला का संचार पीढ़ी–दर–पीढ़ी चला जिसके कारण आज हमें कत्थक नृत्य का स्वरूप दिखाई देता है।

कथा के उद्देश्य को स्पष्ट करने के लिये सामान्यतः अभिनय से कथा का सम्प्रेषण किया जाता था। हाथों के विशिष्ट चालन और मुखाकृति आदि के द्वारा कथा का प्रस्तुतिकरण प्रभावी बनता है कथा को आकर्षक बनाने के लिए कर्णप्रिय, स्पष्ट उच्चारण तथा सहज अभिव्यक्ति के माध्यम से प्रदर्शित करना कथकों का कार्य था। मंदिरों में जनित इस नृत्य शैली पर धर्म एवं अध्यात्म का प्रभाव आज भी दिखाई देता है। यद्यपि यह सम्भव है कि प्रारंभ में ये कथक केवल भाषा के माध्यम से कथा प्रस्तुत करते रहे होंगे और काल प्रवाह के अनुसार उन्होंने अपनी प्रस्तुती को प्रभावशाली बनाने के लिए अभिनय आदि का सहारा लिया होगा।

कत्थक नृत्य की विकास धारा

कत्थक नृत्य की उत्पत्ति कथावाचकों के द्वारा हुई है। भारतीय समाज में कथावाचकों का एक विशेष समुदाय प्रचलित था जो पौराणिक कथाओं को जन साधारण तक पहुचाने का कार्य करते थे। इन्हें ही कथिक, कथक आदि कहा गया।

कथा की समाप्ति पर भजन आदि हुआ करते थे। कथावाचक गायन, वादन तथा नृत्य के द्वारा कथा के भाव को दर्शकों तक सम्प्रेषित करते थे। इन्हें चारण, कुशीलव नट आदि भी कहा गया इस वर्ग के लोग पीढ़ी–दर–पीढ़ी इस कला से जुड़ गये। यह कत्थक नृत्य के इतिहास का प्रथम खण्ड है जो कि आदिकाल से दसवी शताब्दी तक विस्तारित है। जिसमें नाट्याचार्य राज्याश्रय, संगीतशालाओं में नृत्य की शिक्षा देते थे। हरिकथा गायक बन कर कथा कहते थे साथ ही रानियों एवं सामन्तों की स्त्रियों आदि को नृत्य की शिक्षा भी देते थे। कत्थक नृत्य के इतिहास का द्वितीय खण्ड दसवीं शताब्दी से वर्तमान तक का है, जिसने इस नृत्य के स्वरूप में अनेक परिवर्तन किये।

दसवीं शताब्दी के बाद भारत के मुसलमानों का आक्रमण हुआ और यह नृत्य कला प्रायः लुप्त होने लगी। देश पर संकट के बादल मंडरा रहे थे, अतः लोगों को इस भययुक्त वातावरण में नृत्यकला के राग–रंग से कोई लगाव नहीं रहा। मुस्लिम शासकों ने भारतीय कला परंपरा का थोड़ा भी सम्मान नहीं किया

और यदि किया भी तो अपनी विलासिता के रंग में रंग कर ही किया। वे नृत्य कला को धर्म से निकालकर विलासिता एवं अपने मनोरंजन के लिए दरबारों में ले आए। इस नृत्य शैली ने मुगल काल में नया रूप लिया और यह नृत्य धर्म के क्षेत्र से निकलकर दरबार में आ गया।

भारत के ये मुस्लिम शासक अपनी विलासिता को कला–प्रियता के आवरण में ढंकने में बढ़े पटु थे अतः इन्होंने इसका पूरा फायदा उठाया और वे इन कलाकारों को उत्तेजक बना कर प्रदर्शित करने के लिए प्रोत्साहित करते थे और इन्हें समुचित पुरस्कार भी देते थे। इस प्रकार कत्थक नृत्य की दो धारायें प्रवाहित होने लगीं। एक वे जो जीविकोपार्जन के लिए मंदिर के आश्रित हो गये तथा दूसरे, जो नवाबों की महफिल तथा राजदरबार में पहुँच गये। दोनों धाराओं की कार्यविधि में भिन्नता थी। मंदिर में कत्थक का परंपरागत् कार्य भगवान की आराधना तथा गुणगान कर अध्यात्मिकता का संचार करना था। जबकि वे कत्थक जो राजदरबार पहुँच गये, उनका कार्य नवाबों तथा राजाओं का गुणगान कर उन्हें प्रशंसित करना हो गया। संभवतः यही कारण है कि आज कत्थक नृत्य में इन दोनों धाराओं का समावेश दिखाई देता है। एक ओर कत्थक नृत्य की विषय–वस्तु धर्म व अध्यात्म की ओर प्रेरित है तथा दूसरा पक्ष ग़ज़ल, ठुमरी आदि में नायक–नायिका के श्रृंगार विलास की ओर आकर्षित है। मध्यकाल से रीतिकाल तक गायन, वादन व नर्तन में राधा–कृष्ण प्रमुख विषय बन गये, क्योंकि राधा–कृष्ण की महिमा गान में माधुर्य, रस, आनंद तथा सौंदर्य की शोभा थी। जिसने मानवीय चेतना के हृदय में आनंद का प्रसार किया।

मुगलों का शासन स्थापित होने के बाद देश में कुछ शांति का वातावरण बना। राजदरबार में मनोरंजन के लिये गायक, वादक, नर्तक तथा गुणीजन रखे गये। इन कलाविदों को पुनः कलाकारों का सम्मान प्राप्त हुआ तथा इनकी कला समाज में चमकने लगी।

अंग्रेजों के राज्य में यह नृत्य कला एक बार फिर लुप्त होने लगी, क्योंकि वे ना तो राधा को जानते थे और न ही कृष्ण को। उन्हें भारतीय लय, राग तथा ताल की कोई जानकारी नहीं थी। किन्तु संगीत प्रेमी नरेशों ने इसे पुनः बचा लिया जिनमें नवाब वाजिद अली शाह जो कि स्वयं नर्तक थे, इन्होंने नृत्यकला का अत्यधिक प्रचार–प्रसार किया। कत्थक नृत्य के लखनऊ घराने का वास्तविक

इतिहास मुगल, नवाब वाजिद अलीशाह से प्रारंभ होता है। नवाब साहब नर्तक होने के साथ–साथ अच्छे संगीतज्ञ एवं कवि भी थे उन्होंने कुछ नृत्य नाटिकाओं की रचना की जिनमें ब्रज की रास लीला के अनुकरण पर कृष्ण की विभिन्न लीलाओं पर नई वादन शैली विकसित की जिसे 'रहस' नाम दिया गया। नवाब साहब की दूसरी उपलब्धि उनकी इन्द्रसभा थी। इसमें वे स्वयं इन्द्र बनते थे और अपने दरबारी नर्तकियों को परी बनाते थे। ''नवाब साहब ने उर्दू और फारसी में नृत्यकला और संगीत कला से संबंधित कई ग्रन्थ भी लिखे। जैसे– 'बन्नी' और 'मादनुलमूसेकी'।''[5]

कत्थक नृत्य के विकास में रायगढ़ के राजा चक्रधर सिंह का भी महत्वपूर्ण योगदान रहा हैं। रायगढ़ के राजा चक्रधर सिंह अपने दरबार में संगीतकारों और नृत्यकारों को आश्रय दिये। वे स्वयं एक अच्छे तबला वादक थे और पखावज भी बजाते थे। कत्थक नृत्य में उनकी सबसे अधिक रुचि थी तथा नृत्य की विधिवत् शिक्षा भी इन्होंने ग्रहण की थी। राजा साहब ने कत्थक नृत्य को इस प्रदेश में जीवित रखने के उद्देश्य से अपने इलाके के प्रतिभावान लोक कलाकार बालकों को नृत्य की शिक्षा दिलाई जिनके नाम है –श्री कार्तिक राम जी, श्री फिरतू दासजी, श्री कल्याण दासजी और श्री बर्मनलाल जी। प्रायः सभी कत्थक गुरुओं से इनकी शिक्षा–दीक्षा हुई। परन्तु अधिकतम शिक्षा पं.जयलाल जी और अच्छन महाराज से प्राप्त हुई।

''राजा साहब ने बहुमूल्य ग्रन्थों की रचना की। आपने तालतोयनिधि, ताल–बल–पुष्पाकर, मुरज–परन पुष्पाकर, राग–रत्नमंजूषा, नर्तन सर्वस्वम आदि बहुमूल्य ग्रन्थों की रचना की।''[6] इन संगीत ग्रन्थों के अतिरिक्त राजा साहब ने संस्कृत, हिन्दी और उर्दू के कई ग्रन्थ लिखे और प्रकाशित भी कराये थे।

इस प्रकार इन कथको में से कुछ को लखनऊ के मुगल दरबारों में आश्रय मिला जहाँ वाजिद अली शाह के समय में इनकी कला को प्रचार व पूर्ण प्रोत्साहन मिला। इसी प्रकार कुछ कथक नृत्यकारों को जयपुर के नरेश सवाई मानसिंह व जयसिंह के गुणीजन खाने में सम्मान मिला। कई नृत्यकार बनारस में जा बसे इस

---

[5] भारतीय संस्कृति में कत्थक परंपरा–प्रो. (डॉ.) मांडवी सिंह पृ. क्र. 112

[6] भारतीय संस्कृति में कत्थक परंपरा–प्रो. (डॉ.) मांडवी सिंह पृ. क्र. 114

प्रकार माना जाता है कि कत्थक नृत्यकार तीन स्थानों में बंट गये जिसके आधार पर इनको लखनऊ, जयपुर व बनारस तीन घरानों के नाम से जाना गया।

स्वतंत्रता प्राप्ति के पश्चात् भारत में संगीत नाटक अकादमी की स्थापना हुई, और देश के अनेक विद्यालयों एवं विश्वविद्यालयों में कत्थक नृत्य को एक पाठ्यक्रम के रूप में समाहित किया गया। सरकारी संरक्षण प्राप्त कर कत्थक नृत्य शैली में अनेक धुरंधर एवं प्रयोगवादी नृत्यकारों ने अपनी नृत्यशैली के प्रदर्शन से इस नृत्य के प्राचीन वैभव को पुनः प्राप्त किया।

कथक नृत्य के घराने

घराना शब्द का तात्पर्य है किसी विशेष गुण या शैली के कारण घर की प्रसिद्धि। घराना शब्द घर से बना है जिसका अर्थ होता है गृह। अर्थात् वह घर जिसमें किसी विशेष गुण या प्रतिभा का निर्वहन पीढ़ी–दर–पीढ़ी किया जा रहा है। संगीत व नृत्य के क्षेत्र में भी ऐसे घराना है जिसमें कला की मौलिक विशिष्टता तथा सृजन कौशल के साथ प्रस्तुतिकरण में अन्य स्थानों से भिन्नता है। कत्थक नृत्य का इतिहास भी इसके घरानों की चर्चा के बिना अधूरी है। कत्थक नृत्य के विशिष्ट घरानों के द्वारा इस नृत्य शैली ने नये–नये सौन्दर्यबोध स्थापित किये तथा इन घरानों की शैलियों ने कत्थक नृत्य के सर्वांगीण विकास में योगदान दिया। "हर कला में या अन्य विद्या में समय–समय पर महान् विभूतियों का जन्म लेना परिलक्षित है, जिनकी चिंतन और सृजना शक्ति साधारण मनुष्यों से कई गुना उच्च कोटि की होती है। ये अपनी बुद्धि से नित नये सिद्धांतो को जन्म देते हैं और उनको प्रायोगिक रूप देकर विकसित करते है। इनके बनाये हुए नवीन प्रयोग जब जनसाधारण की सहमति प्राप्त करते हैं तो समाज की मान्यता मिलने के कारण विशिष्ट उपशैली के रूप से प्रचलित होते है वे अपनी उपलब्धियों को ही अपना धरोहर मानकर उनकी शिक्षा केवल पुत्रों को ही प्रदान करते है या संतान के अभाव में योग्य एवं ईमानदार शिष्यों को। इस प्रकार वह विशिष्टता पीढ़ी–दर–पीढ़ी चलने लगती है और घराना के नाम से प्रसिद्ध होने लगती है।"[7]

---

[7] भारतीय संस्कृति में कत्थक परम्परा–प्रो. (डॉ.) मांडवी सिंह पृ. क्र: 116–117

कथक शैली के प्रादुर्भाव में मुगल काल का विशेष योगदान रहा जिसके कारण कथक नृत्य में हिन्दू और मुस्लिम संस्कृति दोनों का मिला जुला रूप दिखाई देता है। हिन्दू धर्म से प्रेरित धर्म और अध्यात्म का स्थान विलासिता व श्रृंगार प्रियता ने लेकर कत्थक नृत्य का स्वरुप ही बदल दिया। इस प्रकार दोनों संस्कृतियों को आत्मसात कर कत्थक नृत्य ने वर्तमान स्वरुप प्राप्त किया। इन दोनों धाराओं का प्रभाव कत्थक नृत्य के घरानें में दिखाई देता है। कत्थक नृत्य के मुख्य रुप से तीन घराने हैं–लखनऊ, जयपुर तथा बनारस। जिनमें से लखनऊ घराने पर मुस्लिम संस्कृति का आधिपत्य रहा है जबकि जयपुर घराना राजपुताना शैली से प्रभावित रहा है तथा दोनों घरानों का मिलाजुला रुप बनारस घराने में दिखाई देता है।

लखनऊ घराना

लखनऊ घराने ने कथक नृत्य के भावपक्ष व आंगिक पक्ष को नवीन सौन्दर्य बोध से परिभाषित किया है। राजाओं की विलासिता के मध्य भी राधा–कृष्ण युक्त विषयवस्तु का प्रदर्शन इस नृत्य में होता रहा है यद्यपि राधा–कृष्ण आराध्य देव के साथ ही नायक–नायिका के रुप में स्थापित होकर श्रृंगार रस के प्रवर्तन में सहायक रहे। अनेक विषम परिस्थितियों तथा उत्तर भारत की राजनीतिक हलचल ने कलाकारों के हृदय और मस्तिष्क को प्रभावित किया तथापि अवध के नवाब वाजिद अली शाह ने इस नृत्य को कला दृष्टि से संवारने का कार्य किया। ऐतिहासिक दृष्टांतो के अनुसार लखनऊ घराने के प्रवर्तक ईश्वरी प्रसाद जी हैं। ''लखनऊ घराने वालों का इतिहास ईश्वरी प्रसाद जी से उपलब्ध है जिनके बारे में कहा जाता है कि भगवान कृष्ण ने स्वप्न में प्रकट होकर उनको आदेश दिया कि वे नटवरी नृत्य का प्रचार करें। ईश्वरी प्रसाद मिश्र जो स्वयं एक अच्छे नर्तक थे, भगवान कृष्ण के बताये अनुसार और उनकी प्रेरणा से एक भव्य नृत्य कला का अविष्कार किया जिसे उन्होंने 'कत्थक नटवरी नृत्य की संज्ञा दी।''[8]

ईश्वरी जी के कृष्णभक्त होने के कारण लखनऊ घराने की शैली में कृष्ण प्रमुख विषय वस्तु बन गये जिसका स्वरुप आज भी कथक नृत्य में दिखाई देता

---

[8] भारतीय संस्कृति में कत्थक परम्परा–प्रो. (डॉ.) मांडवी सिंह पृ. क्र. 118

है। ईश्वरी जी के द्वारा इस नृत्य धारा का प्रवाह निरंतर जारी रहा और उनके पुत्र–पौत्रों ने इस श्रृंखला को आगे बढ़ाया। अड़गुजी, खड़गूजी और तुलारामजी में से अड़गुजी के पुत्र प्रकाशजी लखनऊ के नवाब आसिफुद्दौला के दरबारी नर्तक बन गये। प्रकाशजी के तीन पुत्र दुर्गा प्रसादजी, ठाकुरप्रसादजी और मानजी हुए। ठाकुरप्रसादजी का गणेशपरन बहुत प्रसिद्ध था। प्रकाशजी के पुत्र, दुर्गाप्रसादजी के तीन पुत्र हुए, बिन्दादीन महाराज, कालिकाप्रसाद महाराज और भैरव प्रसाद महाराज।

बिन्दादीन महाराज लखनऊ घराने के यशस्वी कलाकार थे जिन्होंने मुगल दरबार में रहकर भी अपने हिन्दू धार्मिक जीवन को प्रभावित नहीं होने दिया।

बिन्दादीन महाराज ने लगभग 1500 ठुमरियों की रचना की और अपने शिष्यों को नृत्य की शिक्षा देते समय कड़ी मेहनत भी करवाते थे। ''श्री बिंदादीन महाराज श्री कृष्ण के परम भक्त थे। वे मुरली मनोहर, माखन चोर, गिरवरधारी, रास–रसेश्वर भगवान की कृष्ण की आराधना में तल्लीन रहते थे। जब भी कुछ लिखते तब कन्हैया जैसे उनके सामने साक्षात् खड़ा हो जाया करता था। उन्होंने श्री राधा तथा कृष्ण के प्रेम पगे अनुराग को आधार बनाकर इतना साहित्य रच डाला, जिससे सदियों तक अलग–अलग भावों के साथ नाचा जा सकता है।''[9]

इतिहास में कालिका–बिंदादीन की जोड़ी विख्यात थी, जिन्होंने अपने कत्थक नृत्य प्रदर्शन के माध्यम से इस नृत्य को प्रतिष्ठित करने का महत्वपूर्ण कार्य किया। लखनऊ घराने के कत्थक नृत्य में जो लालित्य, सौंदर्य एवं कोमलांगी भंगिमा दिखाई देती है, उसे जन्म देने का श्रेय महाराज बिंदादीन जी को है।

कालिका प्रसाद जी के तीन पुत्र हुए अच्छन महाराज, लच्छू महाराज तथा शंभू महाराज। महाराज बिंदादीन के सानिध्य में अच्छन महाराज जी की नृत्य शिक्षा प्रारंभ हुई। परन्तु लखनऊ घराने का इतिहास वाजिद अलीशाह के बिना अधूरा है जिन्होंने अपने दरबार में न केवल नृत्य शिक्षा को सम्मान दिया वरन् स्वयं भी नृत्य की शिक्षा ली। ठाकुर प्रसाद जी ने उन्हे नृत्य की विधिवत् शिक्षा दी।

एक ही घराने के कलाकार होने के बावजूद अच्छन महाराज, लच्छू महाराज और शंभू महाराज की नृत्य शैली में भिन्नता थी। लच्छू महाराज की नृत्य शैली में नाजुकता तथा कोमलता का पुट दिखायी देता है तथा वे लास्य सम्राट

---

[9] कत्थक ज्ञानेश्वरी –पं. तीरथ राम आजाद पृ. क्र. 342

कहे जाते हैं जबकि शंभू महाराज जी की नृत्य शैली में अंग–सौष्ठव का पुरूषोचित प्रदर्शन होता था। संभवतः कत्थक नृत्य में नृंत्यकार को अपने सृजन क्षमता के प्रदर्शन में स्वतंत्रता होने के कारण नृत्य शैली मे भिन्नता दिखाई देती है।

वर्तमानकाल में श्री बिरजू महाराज जी कत्थक नृत्याकाश के सूर्य है, जिनसे कत्थक जगत् प्रकाशवान है।

बिरजू महाराज जी, अच्छन महाराज जी के पुत्र हैं। परन्तु इनके बाल्यकाल में ही अच्छन महाराज जी कि मृत्यु हो जाने के कारण इनकी नृत्य शिक्षा लच्छू महाराज और शंभू महाराज जी से हुई। इनकी नृत्य कला में चाचाद्वय की शैलियों का संयोग हुआ और आगे चलकर इन्होंने अपनी स्वतंत्र शैली विकसित कर कत्थक नृत्य को महत्वपूर्ण आयाम प्रदान किया। कत्थक नृत्य के लखनऊ घराने में इस शहर की नजाकत तथा नाजुकख्याली का समावेश दिखाई देंता हैं। इस घराने के ठाठ या थाट में स्त्रियों व पुरुषों की अलग–अलग क्रियायें है। तिहाई के साथ उठान नाचने की परम्परा हैं। सादा आमद के साथ ही परन युक्त आमद नाचने का चलन भी इस घराने में दिखाई देता है। ठुमरी पर भाव प्रदर्शन की विविधता इस घराने की प्रमुख विशेषता है जिसका निर्वहन आज भी इस घराने के कलाकार करते हैं।

जयपुर घराना

जयपुर घराने के प्रवर्तक पं. भानुजी माने गये हैं। जिन्हें शिव ताण्डव की शिक्षा किसी महात्मा से प्राप्त हुई थी। भानूजी महात्मा के द्वारा दी गयी नृत्य–साधना में संलग्न हो गये। भानू जी के पुत्र–पौत्रों ने आगे चलकर जयपुर घराने की कला का प्रवर्तन किया। इस घराने के हरिप्रसाद जी एवं हनुमान प्रसाद जी की जोड़ी बहुत प्रसिद्ध है। हरिप्रसाद जी की आकाशचारी तथा चक्करदार परने प्रसिद्ध थी तथा हनुमान प्रसाद जी का नृत्य लास्य प्रधान था। आगे की पीढ़ी में नारायण प्रसाद जी, सुंदर प्रसाद जी ने जयपुर घराने के श्रेष्ठ कलाकारों में प्रसिद्धी पाई। जयपुर घराने की नृत्य कला में राजस्थान की भौगोलिक दशा का प्रभाव स्पष्ट दिखायी देता है। इसलिये नृत्यकारों की नृत्य शैली ताण्डव अंग से प्रभावित दिखती है। बड़े–बड़े बोल, पूरे पैर का तत्कार तथा अंग सौष्ठव युक्त नृत्य का

प्रदर्शन जयपुर घराने की प्रमुख विशेषता है। कठिन व बड़े–बड़े परन व बोल यहां विलम्बित लय में नाचे जाते है तथा लय व ताल की विकटता में पदाभिनय का प्रयोग विलक्षण है।

जयपुर घरानों का नृत्य ओजपूर्ण तथा वीररस पूर्ण होता है। देशकाल के कारण जयपुर घराने के नर्तकों के नृत्य में श्रृंगार रस की अपेक्षा वीर रस ही प्रधान रहा।

यहाँ राधा कृष्ण के श्रृंगारिक वर्णन में भी मर्यादा का उल्लंघन नहीं किया गया। जयपुर घराने के अधिकांशतः कलाकार गणेशस्तुति, शिवस्तुति, दुर्गास्तुति से नृत्य आरंभ करते है। लयकारी की प्रधानता इस घराने की प्रमुख विशेषता है। आड़ी, सवाई तिगुनी, चौगनी, आदि में पूरे पैर के तत्कार का आनंद इस घराने के कलाकार ही करते हुए देखे जाते है।

धमार, चौताल, रुद्र, अष्टमंगल, लक्ष्मी, गणेश आदि प्रचलित एवं अप्रचलित तथा जटिलतालों का प्रयोग इस घराने के कलाकार करते है।

इस घराने के नर्तक पाद–भ्रमरी (एक पांव का चक्कर) का अधिक प्रयोग करते है। भूमिभ्रमरी तथा आकाशभ्रमरी का प्रयोग विशेष रूप से होता है। पं. जयलाल जी की पुत्री जयकुमारी भारत वर्ष में इस कला के लिए विख्यात रही है।

जयपुर घराने के बोलो में विविधता पाई जाती है। तथा बोलो का अंग निकास भी पृथक है। सामान्यतः कोई भी बोल एक–दूसरे से मिलते नहीं है।

इस घराने में ठुमरी की अपेक्षा भक्ति काव्य, भजन, आदि रचनाओं पर ही भाव नृत्य किये जाते है। जयपुर घराने के नृत्य में ओज और पराक्रम के साथ–साथ अध्यात्म का भी विकास हुआ है।

बनारस घराना

कत्थक नृत्य के बनारस घराने के संस्थापक जानकी प्रसाद जी थे। इन्होंने बनारस में रहकर अपनी नृत्य शैली का प्रचार–प्रसार किया।

बनारस भारत देश की प्राचीनतम धार्मिक नगरी है। इसलिये इस घराने की नृत्य शैली में हिन्दू धर्म का प्रभाव अधिक पड़ा।

जानकी प्रसाद जी नृत्य के शुद्ध तथा कोमल ध्वनि वाले बोलों का प्रयोग करते थे।

वाराणसी के ही सुखदेव महाराज एवं उनके पुत्र–पुत्रीयों में सितारादेवी, तारादेवी, चौबे महाराज ने कत्थक नृत्य शैली को नयी ऊँचाईयाँ प्रदान की।

इस शैली ने भी कत्थक को रचनात्मक दृष्टिकोण से सपंन्न किया। शुद्ध नृत्य के बोल, सात्विकभाव व तत्कार इस घराने की विशेषता है। तत्कार, एड़ी की सही चक्करदार गत् का प्रयोग इस घराने के नृत्यकार करते दिखाई देते हैं।

कत्थक नृत्य में प्रस्तुति क्रम

वंदना – कत्थक नृत्यकार सामान्यतः नृत्य प्रस्तुति वंदना से प्रारंभ करते हैं। विघ्नहरण मंगलकारक गणेश की वंदना, गुरुवंदना, विष्णुवंदना से कार्यक्रम को प्रारंभ करना परम्परागत् है।

वंदना में नृत्य के बोल के साथ सुंदर लयात्मक प्रस्तुति कर नृत्यकार दर्शकों को अपनी भाव–भंगिमा का प्रथम दिग्दर्शन करवाते हैं। इसलिए वंदना के द्वारा दर्शकों पर नृत्यकार का जो प्रभाव बनता है वह कार्यक्रम की सफलता को सुनिश्चित करता है।

थाट – थाट कत्थक की वह भंगिमा है जिसमें अंग संचालन को सुंदरता के साथ ताल लय से समन्वित किया जाता है। थाट में लय का तारतम्य बना रहता है और नृत्यकार लय के साथ कलाई, गर्दन, नेत्र, भौह के द्वारा भाव दिखाकर सम प्रदर्शित करते है। अंगों का संपूर्ण सौष्ठव, मुखाकृति का माधुर्य तथा चाल में लालित्य की अभिव्यक्ति थाट में होती है। थाट को कई विद्वानों ने ठाट भी माना है।

आमद – आमद एक ऊर्दू शब्द है जिसका अर्थ है प्रवेश या आगमन। कत्थक नृत्य में यह शब्द मुगलकाल की देन है।

आमद में नृत्यकार तबले से बजने वाली मात्रा के अनुसार प्रवेश करते है। यद्यपि नृत्यकार का प्रवेश वंदना या स्तुति के समय हो जाता है। परंतु आमद के अर्थ के अनुरूप आजकल के नृत्य में प्रवेश के संदर्भानुसार इसे ग्रहण नहीं किया

जाता है। आलाप अथवा धीमी गति से संगीतमय वातावरण तैयार किया जाता है। नृत्यकार विभिन्न विशिष्ट मुद्राओं में खड़े होते हैं। यह नृत्य के प्रारंभ में नाचा जाता है। आमद को अधिक प्रभावशाली बनाने के लिये इसमें पखावज के बोल अथवा परमेलु जोड़ देते हैं।

तोड़ा–टुकड़ा – कत्थक नृत्य के प्रस्तुति क्रम में वंदना, आमद और थाट के पश्चात् तोड़े–टुकड़े नाचे जाते है। इनकी उत्पत्ति मृदंग या तबले से होती है। विभिन्न लयों में तिहाइयों के साथ तोड़े का प्रदर्शन होता है जबकि सम से सम तक, एक आवृत्ति पर्यन्त चलने वाले बोल समूह को टुकड़ा कहते हैं।

टुकड़े के माध्यम से लय की विभिन्न बारीकियॉ तथा प्रकार प्रस्तुत किये जाते हैं। टुकड़े को समान लय में तीन बार नाचने पर उसे चक्करदार टुकड़ा कहते है। तोड़ों के अंत में चक्करों के प्रयोग से सम दिखाना कलात्मक होता है।

परन – परन कत्थक नृत्य का महत्वपूर्ण भाग है। पखावज से बजने वाले बोलों को परन कहते है। परन की रचनाएँ जोश व आवेश के साथ तीव्र गति से प्रस्तुत की जाती हैं। नृत्यकार अपने पैरों के घुंघरुओं की ध्वनि से पखावज के बोल निकालते है। द्रुत गति में होने के कारण परन ताण्डव नृत्य का एक रूप लगती है। परन के बोल में पखावज वादक और नर्तक के मध्य प्रतिस्पर्धा हो जाती है, दोनों अपने कौशल का प्रदर्शन करते हैं। परन में लय व बोल दोनों के संयोग से सौंदर्य वृद्धी होती है। परन की तीन बार पुनरावृत्ति होने पर इसे चक्करदार परन कहते हैं।

परमेलु – परमेलु अर्थात् विभिन्न वाद्यों के समाहित बोल। यथा–नगाड़ा, पखावज, झाँझ, मंजीरा, डफ, नटवरी के बोल आदि। परमेलु में नृत्य की गति द्रुत होती है।

कवित्त – कवित्त ताल पर आधारित कविता है। गायन में गीत की तुलना नृत्य में कवित्त से की जाती है। यह विशुद्ध नृत्य होता है। जिसमें नृत्यकार विभिन्न मुद्राओं तथा भंगिमाओं के द्वारा शब्द के अर्थ को अभिनीत करते हैं।

कवित्त की रचना छंदबद्ध होती है जो कि राधा–कृष्ण, कृष्ण–गोपी, गणेश लीला, बाललीला, इत्यादि विषय पर आधारित होती है।

कवित्त के शब्दों को भावों के माध्यम से प्रदर्शित करने में नृत्यकार ताल व लय के साथ सुंदर समन्वय स्थापित करते हैं। अभिनय का समावेश होने पर भी लय प्रधान्य होने के कारण कवित्त की गणना नृत्य के अंतर्गत होती है।

निकास – निकास का अर्थ है निकालना। नृत्य में किसी भाव को प्रदर्शित करने के लिए जब कोई मुद्रा बनायी जाती है तब उसे निकास कहते हैं।

अंग सौष्ठव का सुंदर प्रदर्शन चाल के माध्यम से नृत्यकार दिखाते हैं।

तत्कार – तत्कार का कत्थक नृत्य में महत्वपूर्ण स्थान है। पद संचालन की विभिन्न गतियों को ही तत्कार कहते हैं। पैर के आघातों के द्वारा जो बोल शब्द प्रकट किये जाते हैं उन्हें तत्कार कहते हैं।

कत्थक नृत्य में तत्कार का प्रारंभ दांये पैर से होता है और अंत में सम भी दांये पैर पर ही दिखाया जाता है। त्रिताल के ठेके में तबले से धां धिं धिं धा के बोल को नृत्यकार पैर से ता थेई थेई तत से प्रस्तुत करते हैं।

सभी नृत्य शैलियों में विशिष्ट पद संचालन होता है। परन्तु कत्थक नृत्य पद्धति में तत्कार एक विशेष क्रिया है। जो अन्य नृत्य शैलियों से पृथक है।

अभिनयपक्ष – कत्थक नृत्य में नृत्यकार ठुमरी, भजन ,दादरा, अष्टपदी या ग़ज़ल में भावाभिनय दिखाते हैं। कथक नृत्यकार सबसे अधिक ठुमरी का प्रयोग करते हैं। क्योंकि ठुमरी की अधिकांश रचनायें कृष्ण व धार्मिक भावनाओं पर आधारित होती हैं। साथ ही नवाबों की महफिलों का प्रभाव, श्रृंगार रस प्रधान होने के कारण ठुमरी का प्रयोग कथक नृत्य में अधिक होता है।

अध्याय–2

नाट्यशास्त्र ग्रन्थ एक परिचय

- नाट्यशास्त्र
- नाट्यशास्त्र का रचनाकाल
- भरत एक–अनेक या एक समुदाय
- नाट्यशास्त्र की विषयवस्तु
- नाट्यशास्त्र और अभिनय

अध्याय–2

नाट्यशास्त्र ग्रन्थ एक परिचय

आचार्य भरत भारतीय सौंदर्य शास्त्र के प्रथम संस्थापक है। वैदिक परंपरा से जुड़कर कला को लोकरंजन, लोकशिक्षा का माध्यम बनाकर उन्होने नाट्यशास्त्र ग्रंथ की रचना से संपूर्ण नृत्य नाट्य कला के शोधार्थियों और विद्यार्थियों के लिये मार्गदर्शन किया। भरत मुनि कृत नाट्य शास्त्र ग्रंथ केवल नृत्य नाट्य कला तक ही सीमित नहीं है वरन् वास्तुकला, काव्यकला, व्याकरण, संगीत आदि सभी कलाओं तक विस्तारित है। भरत मुनि कृत नाट्य शास्त्र ग्रंथ कला को सीमित नही करते है बल्कि यह उनकी सौंदर्य दृष्टि की प्रथम परकाष्ठा है।

भारतीय साहित्य शास्त्र मे सत्यं शिवम् सुन्दरं की जो अवधारणा प्रचलित है वह नाट्य शास्त्र ग्रंथ मे अपने संपूर्ण वैशिष्ठ्य के साथ विद्यमान है। भरत की सौंदर्यपरक दृष्टि ने जिस तरह समाज में कला के हर अंग का समन्वय किया है उससे यही प्रतीत होता है कि भरत सौंदर्य सृष्टा होने के साथ–साथ मनोवैज्ञानिक, दार्शनिक अवधारणा के पक्षपाती भी थे क्योंकि उनकी रचना प्रयोगधर्मिता की संभावनाओं पर केन्द्रित है।

नाट्यशास्त्र भारत ही नहीं सारे विश्व के साहित्य मे कला के ऊपर लिखा गया अद्भुत ग्रंथ है जिसमें भारतीय सौंदर्य शास्त्र को मनोवैज्ञानिक विश्लेषण के आधार पर प्रतिष्ठित किया है। इसलिये भरत सौंदर्य शास्त्र के प्रथम मनोवैज्ञानिक थे जिन्होने सौंदर्य शास्त्र की अवधारणा को स्पष्ट किया तथा उसका विशद् विश्लेषण भी प्रस्तुत किया। परंतु विद्वगणों के अनुसार भरत केवल सौंदर्य सृष्टा ही सिध्द नही होते वरन् उनका नाट्यशास्त्र ग्रंथ धर्म, दर्शन आदि विषयों की व्याख्या करता है।

''भरत की सौंदर्य परक दृष्टि के साथ ही नाट्यशास्त्र का समाजशास्त्रीय व सांस्कृतिक दृष्टि से भी अध्ययन किया जा सकता है क्योंकि नाट्यशास्त्र में मनोविज्ञान, नृवंशविद्या, भूगोल, पौराणिक, इतिहास, भाषा–विज्ञान, व्याकरण, धर्म व दर्शन आदि का भी पर्याप्त उल्लेख प्राप्त होता है।''[1]

भरत की सौंदर्य दृष्टि प्रयोग पर केन्द्रित है इसलिये नाट्यशास्त्र ग्रंथ मे सत्यं शिवम् सुन्दरं की अवधारणा के साथ ही समाज का चित्रांकन भी सम्मिलित है।

भरत मुनि ने अवस्था व अवसर के अनुरूप आचरण, आहार्य, भ्रमण गति, हस्तगति, नेत्र संचालन, कटिसंचालन आदि का जो सूक्ष्म विश्लेषण नाट्यशास्त्र में किया है वह अन्य रचनाओं मे इतने वृहद् स्तर पर दिखाई नहीं देता है। यद्यपि अन्य आचार्यों ने भी इस विषय पर अपने विचार प्रस्तुत किये है परंतु उनका विश्लेषण भरत के दृष्टिकोण की तरह व्यापक नहीं हैं। इसीलिये संभावना है कि भरत केवल नाट्यप्रयोक्ता ही नही वरन् अभिनेता भी रहे होंगे।

''अन्य रचनाकारो ने नाट्य को उतने विशाल वृत्त मे नही देखा है जितने विशाल वृत्त मे भरत ने देखा क्योंकि भरत स्वयं अभिनेता रहे हैं वे प्रयोक्ता भी है।''[2]

साथ ही ''दशरूपक, अभिनयदर्पण, भावप्रकाश, नाट्यदर्पण, अभिनवभारती, रसावर्णसुधाकर, नाटकलक्ष्णरत्नकोश और संगीतरत्नाकर आदि ग्रंथों मे भरत का उल्लेख अनेक बार हुआ हैं उन प्राप्त विवरणों के अनुसार भरत नाट्यशास्त्र प्रणेता एवं नाट्याचार्य भी थे।''[3]

---

[1] भरतकालीन कलायें – भारतेन्दु मिश्र पृ. क्र. xvii

[2] भरतकालीन कलायें – भारतेन्दु मिश्र पृ. क्र. xvii

[3] भरत और भारतीय नाट्यकला – सुरेन्द्रनाथ दीक्षित पृ. क्र. 8

विद्वानों ने नाट्यशास्त्र ग्रंथ की विशेषताओं के आधार पर आचार्य भरत को सौंदर्यसृष्टा, कलामीमांसाजनक, प्रयोगवादी रचनाकर की संज्ञा दी है। भरत ही वह प्रथम आचार्य सृजनकर्ता है जिन्होंने कला, रस, सृष्टिसंतुलन आदि पर विश्लेषणात्मक विवेचन प्रस्तुत किया है। जिससे भरत ने रस, कला, सौंदर्य का समन्वय कर मनोवैज्ञानिक व यथार्थ विश्लेषण किया है। नाट्यशास्त्र ग्रंथ भरत की जीवन दृष्टि को कला की समग्रता के साथ प्रस्तुत करता है।

नाट्यशास्त्र

उत्पत्ति – नाट्यशास्त्र की उत्पत्ति का प्रथम प्रमाण भरतमुनि कृत नाट्यशास्त्र में मिलता है। इस ग्रंथ के संदर्भ मे कथा प्रचलित है कि इस ग्रंथ की रचना स्वयं पितामह ब्रम्हा ने की है और भरत को ग्रंथ का प्रस्तोता बनाकर मृत्युलोक में भेजा।

नाट्य शास्त्र ग्रंथ के पहले अध्याय में नाट्य शास्त्र ग्रंथ के बारे में वर्णित है कि किस प्रकार नाट्य की उत्पत्ति हुई और इसका प्रचार प्रसार किया गया।

कथानुसार

हे मुनिगण अतिप्राचीनकाल मे जब स्वयं व मनु के मनवंतर मे सत्ययुग बीत चुका था तथा वैवस्तव मनु का त्रेतायुग प्रारंभ हो चुका था (उस समय) प्रजाजन के काम और लोभ के वशीभूत होकर ग्राम्यधर्म में प्रवृत्त होने एवं ईर्ष्या, क्रोध आदि से अभिभूत होने के कारण अपने कर्मो के अनुसार सुखी और दुखी होने पर तथा लोकों में देव, दानव, गंधर्व, यक्ष, राक्षस, सर्पाधिपतियां तथा लोक की प्रतिष्ठा हो चुकने पर महेन्द्र आदि देवताओं ने पितामह ब्रम्हाजी से आकर निवेदन किया कि हे देव! हम ऐसा मनोविनोद का साधन चाहते हैं जो देखने और सुनने के योग्य हो। विधि–निषेधात्मक तथा वेदों का शूद्रों को सुनना संभव नही है अतएव सभी वर्णों के लिए उपयोगी नाट्य वेद की रचना कीजिए। तब देवताओं को एवमस्तु कहा और देवराज इंद्र को बिठाकर संपूर्ण तत्वों के वेता ब्रम्हाजी ने योग समाधि में स्थित होकर चारों वेदों का स्मरण किया। भगवान ब्रम्हा ने सभी वेदों का

स्मरण करते हुए संकल्प किया मैं नाट्य नामक एक ऐसे पांचवे वेद की इतिहास सहित रचना करता हूँ।

तत्पश्चात ब्रम्हा ने नाट्यशास्त्र की रचना की। भारतीय समाज मे प्रचलित वर्णाश्रम प्रथा के कारण नाट्यशास्त्र की रचना हुई और नाट्यशास्त्र को पांचवे वेद की संज्ञा प्राप्त हुई। यद्यपि वर्णाश्रम की प्रथा मानवीय कर्म के अनुसार संचालित होते थे परंतु काल प्रभाव के कारण इसने एक निश्चित स्वरूप धारण कर समाज की विचारधारा को संकुचित कर दिया था। इसलिए निम्न वर्ग के मानव कल्याण हेतु नाट्यशास्त्र की रचना हुई जिसे देखने सुनने से आनंद व मोक्ष की प्राप्ति हो।

ऋगवेद से ब्रम्हा ने पाठ्य, सामवेद से गीत, यजुर्वेद से अभिनय और अथर्ववेद से रस आदि ग्रहण कर लालित्य पूर्ण नाट्यवेद की सृष्टि की जो कि चतुर्विद पुरूषार्थ अर्थात धर्म, अर्थ, काम तथा मोक्ष की प्राप्ति के योग्य है और जिसमे सर्वशास्त्र, सर्वशिल्प एवं इतिहास आदि निहित है।

चारों वेदों से संग्रह कर जब नाट्यवेद की रचना की गई। इसके उपरांत इस वेद के प्रस्तोता के रूप में ब्रम्हा जी ने भरत मुनि को नियुक्त किया।

ब्रम्हा ने भरत को बुलाकर कहा कि तुम अपने सौ पुत्रों के साथ मेरे द्वारा रचित इस पंचम वेद के प्रयोक्ता बन जाओ।

तत्पश्चात भरत मुनि के द्वारा नाट्यशास्त्र ग्रंथ का मृत्युलोक मे प्रादुर्भाव हुआ। नाट्यशास्त्र ग्रंथ की रचना का मुख्य उद्देश्य नृत्य नाट्य कला के साथ–साथ अर्थ, काम, मोक्ष, वास्तु, अध्यात्म, आहार्य आदि जीवनोपयोगी तथा शोक निवारक के लिए वर्णित की गई है।

"धर्म और अर्थ की प्राप्ति कराने वाला (धर्म तथा अर्थ के प्रयोजन का उपपादक या उनके अनुकूल) यशप्रदाता, उपदेश तथा संग्रह से युक्त, भावी जगत के लिए सभी कार्यों का पथ प्रदर्शक, सब शास्त्रों के अर्थों से परिपूर्ण और सभी शिल्पों को प्रदर्शित करने वाला होगा।"[4]

मानव जीवन की दार्शनिक व्याख्या करने के कारण नाट्यशास्त्र ने समाज में पांचवे वेद की प्रतिष्ठा प्राप्त की। "भरत के नाट्यशास्त्र की रचना ने समाज में तत्कालीन मनीषियों, चिंतकों, कवियों, अलंकारियों, शिल्पियों, वास्तुकारों, संगीतज्ञों आदि के साथ–साथ बड़े–बड़े राजाओं को गहरे तक झकझोर दिया था। समाज में

---

[4] नाट्यशास्त्रम् भाग–1 – बाबूलाल शुक्ल शास्त्री पृ.क्र. 6

आध्यात्मिक व दार्शनिक आदर्शवाद वैदिकधर्म के साथ स्थापित हो रहा था। जो कर्मकाण्ड द्वारा आम आदमी की मोक्ष के रूखे मार्ग पर चलने के लिये विवश करता था। ऐसे समय में भरत मुनि ने जनसामान्य की चेतना को अपनी ओर आकर्षित करने के लिये नितांत यथार्थवादी, जीवन के मूल्यों को लौकिक रूप में पुनः प्रस्तुतिकरण का उपदेश दिया।"[5]

पंचमवेद नाट्यशास्त्र

चारों वेदों के समावेश होने के कारण नाट्यशास्त्र को पंचम वेद की संज्ञा दी गई है। "यह महाग्रंथ न केवल नाट्यकला अपितु नृत्य, संगीत, अलंकारशास्त्र, छंदशास्त्र आदि अनेक विषयों का आदिमग्रंथ है, इसलिए इसे पंचमपवेद कहकर सम्मानित किया गया है।"[6]

नाट्यशास्त्र ग्रंथ पर विद्वानों का मत यह प्रमाणित करता है कि यह शास्त्र मनोविनोद का कारक होने के साथ ही आध्यात्मिक, दार्शनिक, आदर्शवाद स्थापित करने वाला भी है।

"यह नाट्य संसार में वेदों, विधाओं और इतिहास की गाथाओं की परिकल्पना करने वाला होकर प्रजाजन के मनोविनोद का कर्ता होगा।"[7]

भरत द्वारा रचित नाट्यशास्त्र में उस समाज की कल्पना सहज हो जाती है जिसमें धर्मकाण्ड, मानवचेतना, विज्ञान, जीवनदर्शन, आदि सभी मानव जीवन के अंग है। उस समय समाज मे प्रचलित धर्म, अर्थ, सुख–दुख आदि का दिग्दर्शन कराना इस ग्रंथ की महत्वपूर्ण उपलब्धि है।

भरत मुनि का यह मत है कि अंततः संसार का कोई ऐसा कर्म नहीं है जो नाट्य में ना आता हो और जिसकी चर्चा किसी न किसी रूप ने नाट्यशास्त्र में न की गई हो।

नाट्यशास्त्र में नाट्य कला व धर्म अध्यात्म के साथ ही भवन निर्माण, रंगमंच, विधान, मनोविचार व्याकरण, संगीत, सज्जीव नेपथ्य, वृत्ति विधान आदि की

---

5 भरतकालीन कलायें –भारतेन्दु मिश्र पृ. क्र. xvi

6 कथक नृत्य शिक्षा भाग–2 डॉ. पुरू दाधीच, पृ.क्र. 33

7 नाट्यशास्त्रम् भाग–1 – बाबूलाल शुक्ल शास्त्री पृ.क्र. 29

भी व्याख्या सम्मिलित है। जो प्रत्यक्ष या अप्रत्यक्ष रूप से हमारे जीवन का मार्ग प्रशस्त करता है।

भरत सौंदर्य सृष्टा होने के साथ–साथ मानव जीवन के लिये प्रयोगधर्मी रचनाकार हैं क्योंकि नाट्यशास्त्र में समाज का जो चित्रांकन प्राप्त होता है उसके प्रयोग प्रधान नाट्यशास्त्र तथ्य प्रयोगों के अनुभव पर आधारित है।

नाट्य में दर्शकों को आत्मसाक्षात्कार का अवसर मिलता है इसलिए नाट्यशास्त्र में जनसामान्य के यथार्थ मूल्यों का भी दिगदर्शन होता है।

नाट्यशास्त्र ग्रंथ संपूर्ण रूप से प्रयोग प्रधान ग्रंथ है जो स्थिति एवं अवसर के अनुरूप आंगिक, वाचिक, आहार्य आदि का सूक्ष्म विशलेषण करती है जो अन्यत्र दुर्लभ है। रंगमंच पर सभी कला की प्रस्तुति के लिए आवश्यक सामग्री एवं उनकी व्यवस्था पर भी आचार्य भरत ने विस्तृत विशलेषण किया है।

इस ग्रंथ मे सभी कलाओं का परस्पर समन्वय भी दिखाई देता है। अभिनेता, गायक, वादक, नर्तक, रंगमंच–व्यवस्थापक सभी के लिए भरत ने निर्देश दिए है और उन्हें आवश्यकता, अवस्था,जाति, देश आदि के अनुसार प्रयोग करने की स्वतंत्रता तथा स्वयं के कौशल के अनुसार व्यवस्थित करने का भी विधान बताया है। उन्होंने शास्त्र में वर्णित विधान के प्रयोग के लिए बाध्य नहीं किया है। सभी निर्देशों के उपरांत उन्होंने अंतिम निर्णय के लिए नाट्यजन को स्वतंत्रता प्रदान की है।

इससे आचार्य भरत की दूरदृष्टिता सिद्ध होती है। उन्होंने काल प्रभाव के कारण कला में होने वाले परिवर्तित स्वरूप पर भी प्रकाश डाला है तथा सभी कलाओं का एक दूसरे से योग कर प्रतिष्ठित स्वरूप प्रदान करने का पुनित कार्य किया है।

नाटक या रंग मंच मे संगीत, नृत्य, चित्र, वास्तु आदि विविध कलाओं व शिल्पों का विनियोग होने के साथ सौदर्यशास्त्र, कविता, गीत, व्याकरण आदि विषय लेखन मे प्रयुक्त होने वाले उद्हरणों का वर्णन नाट्यशास्त्र में प्राप्त होता है।

हर कला की रचना प्रक्रिया मे दूसरी कला का संयोग होता है। सभी का मुख्य उद्देश्य रस की उत्पत्ति करना है। सभी की प्रक्रिया के भेद अलग अलग है। सभी कलाओं में अर्थ की अवधारणा एक है परंतु अभिव्यक्ति के स्वरूप में हर कला में भिन्नता है। राग संगीत में, ताल–लय नृत्य में, रंग चित्रकारी की

आधारभूमि होते है इसी तरह नाटक में भी एक आधार शिल्प होता है। सभी में राग के तार जुडे है परंतु अलग अलग कला में इसके स्वरूप भिन्न–भिन्न है।

इसलिए सभी कलाओं के विकास हेतु नाट्यशास्त्र ग्रंथ का भारतीय साहित्य–नृत्य–नाट्य जगत मे महत्वपूर्ण स्थान है।

नाट्यशास्त्र का रचनाकाल

नाट्यशास्त्र नाट्यकला का आकार ग्रंथ है। नाट्यशास्त्र के काल निर्धारण की समस्या एक जटिल कार्य है। ऐसे आकार ग्रंथ के रचनाकाल के संबंध में प्राचीन, आधुनिक व विदेशी विद्वानों में मध्य वैचारिक मतभेद है। विद्वानों ने इस समस्या का समाधान करने का प्रयास किया है परंतु वे पूर्णतः सफल नहीं रहे। राधावल्लभ त्रिपाठी के अनुसार नाट्यशास्त्र की रचना 500 ई.पू. के पश्चात् हुई है।

"नाट्यशास्त्र का रचनाकाल चौथी शताब्दी ईसवी पूर्व से लेकर चौथी शताब्दी ईसवीं तक विभिन्न विद्वानों के द्वारा बताया जाता रहा है। पाणिनी के पूर्व शिलालि नामक आचार्य नट सूत्र लिख चुके थे। पाणिनी का समय लगभग 500 ई. पू. माना गया है। उक्त नटसूत्र के बाद ही भरत का नाट्यशास्त्र भी रचा गया। अतएव इसका रचनाकाल 500 ई.पू. के पश्चात् का है।"[8]

डॉ. पुरूदाधीच के अनुसार "विभिन्न भारतीय व पाश्चात्य विद्वानों ने इसका रचनाकाल ई.पू. 500 से लेकर 300 ईसवीं तक निर्धारित करने का प्रयास किया।"[9]

नाट्यशास्त्र क़ी रचना कब हुई है इस संदर्भ मे विद्वानों ने अनेक तर्क प्रस्तुत किए है तथा उनके तुलनात्मक आधार पर नाट्यशास्त्र की रचना काल को निर्धारित करने का प्रयास किया है। डॉ.राधावल्लभ त्रिपाठी ने नाट्यशास्त्र को कालिदास के मालविकाग्निमित्रम् से पूर्व की रचना माना है।

कालिदास भारत के प्राचीन नाट्य प्रयोक्ता थे। वे नाट्यशास्त्र ग्रंथ से परिचित प्रतीत होते है क्योंकि उन्होने मालविकाग्निमित्रम मे एक स्थान पर नाट्यशास्त्र का उल्लेख किया है।

---

[8] भारतीय नाट्यशास्त्र की परंपरा एवं विश्व रंगमंच – राधावल्लभ त्रिपाठी पृ. क्र. 2

[9] कथक नृत्य शिक्षा भाग–2 – डॉ. पुरूदधीच पृ. क्र. 34

"प्रयोग प्रधानम् हि नाट्यशास्त्रम्"[10]

उपरोक्त तथ्य से यह संभावित है कि भरत के नाट्यशास्त्र ग्रंथ की रचना कालिदास के मालिविकाग्निमित्रम् के पहले हो चुकी थी। आचार्य भरत ने कला चर्चा में संपूर्ण भारतीय कला व चेतना को किसी न किसी रूप में नामांकित किया है। इसलिए नाट्यशास्त्र ग्रंथ सौदंर्य दृष्टि को समझने व समझाने के लिए एक महत्वपूर्ण माध्यम है। विद्वानों ने नाट्यशास्त्र के रचनाकाल की कोई प्रमाणिकता नहीं होने के कारण अन्य शास्त्र, नाटक आदि से तुलना कर काल निर्धारण करने का कार्य किया है। इन रचनाओं से प्राप्त सामग्री एवं तथ्यों के आधार पर नाट्यशास्त्र की प्राचीनता का अनुमान लगाया जाता है। परंतु रचनाकाल का वास्तविक निर्धारण करना जटिल है। वैदिककाल, कर्मकाण्ड, देवताओं की मान्यता, पाषाणकाल, भाषा, सभ्यता, संस्कृति आदि विवरण के आधार पर नाट्यशास्त्र के रचनाकाल की व्याख्या विद्वानों द्वारा की जाती है।

"इस ग्रंथ का रचनाकाल विदेशी लेखकों ने ईसा को प्रथम या दूसरी शताब्दी माना है। लेकिन हाल ही के खोजों से पता चला है कि इसका रचनाकाल बहुत पुराना है।"[11]

यज्ञ और नाट्य की पारस्परिकता का अध्ययन करने पर यह तथ्य प्राप्त होता है कि यज्ञ आदि वैदिक कार्य मानव की चेतना की अभिव्यक्ति का माध्यम है। संभवतः इसी कारण यज्ञ, ललितकला, गायन, वादन, काव्यकला और वास्तुकला का केंद्र बन गया है।

नाट्यकला के उद्भव के अध्ययन से यह ज्ञात होता है कि नाट्य में वेद तथा वैदिक संस्कृति का महत्वपूर्ण स्थान रहा है। इसलिए नाट्यशास्त्र ग्रंथ की रचना में उक्त सभी का समावेश हुआ और यही विषय नाट्यशास्त्र की रचना काल का आधार बन गया। नाट्यशास्त्र के वाचिकाभिनय में वर्णित छंद, अलंकार, रस तथा भाषा आदि के तुलनात्मक अध्ययन के आधार पर नाट्यशास्त्र की रचनाकाल के निर्धारण हेतु तथ्य मिलते है। नाट्यशास्त्र में वाचिक अभिनय के अंर्तगत चार अलंकारों का वर्णन है। जबकि छंदों की संख्या अलंकारों से अधिक हैं।

---

10 भारतीय नाट्यशास्त्र की परंपरा एवं विश्व रंगमंच–राधावल्लभ त्रिपाठी पृ. क्र. 2

11 कथक ज्ञानेश्वरी – पं. तीरथराम आजाद पृ. क्र.11

नाट्यशास्त्र में एक ओर अलंकारो की न्युनता और दूसरी ओर छंदो की अधिकता से यही सिद्ध होता है कि नाट्यशास्त्र की रचना उसी काल में हुई जब अलंकार केवल चार थे। यदि अधिक होते तो नाट्यशास्त्र की रचना में छंदो की भांति उनकी भी विवेचना अवश्य होती तथा नाट्यशास्त्र में दो भाषाओं का प्रयोग किया गया है, संस्कृत तथा प्राकृत। विद्वानों ने भाषायी भिन्नता को आधार मानकर नाट्यशास्त्र की रचना काल को चौथी सदी से पूर्व तथा पहली सदी के बाद माना है।

नाट्यशास्त्र के संबंध मे मनमोहन घोष का मत है कि "इसकी प्राकृत भाषा अश्वघोष और काव्यशैली काल की प्राकृत भाषा की मध्यवर्ती है। इस आधार पर नाट्यशास्त्र का रचनाकाल चौथी सदी के पूर्व और पहली सदी के बाद हो जाता है।"[12]

विद्वानों ने अपने मतानुसार नाट्यशास्त्र की रचनाकाल के संदर्भ मे तर्क दिए है। तथा सभी तर्को के आधार पर नाट्यशास्त्र की रचना ईसा पूर्व दूसरी से पांचवी शताब्दी तक का माना जा सकता है।

भरत एक–अनेक या एक समुदाय

भारतीय एवं पाश्चात विद्वानों ने नाट्यशास्त्र के रचियता भरत मुनि के संदर्भ में विशलेषण किया है कि भरत एक व्यक्ति थे या भरत एक से अधिक व्यक्ति थे या भरत एक विशिष्ट समुदाय का प्रचलित नाम है जिनका कार्य संगीत–नृत्य–वादन से आनंद की प्राप्ति करवाना है। इस विषय पर इतिहासवेत्ता एवं कलाकारों ने अपने तर्क संगत विचार प्रस्तुत किए है जिससे इस विषय की उत्पत्ति हुई है। नाट्यशास्त्र की उत्पत्ति में यह बताया गया है कि भरत मुनि ने ब्रम्ह से नाट्यवेद प्राप्त किया और उसके प्रस्तोता बनें। परंतु नाट्यशास्त्र के प्रथम अध्याय मे किसी किसी स्थान पर भरत मुनि का उल्लेख अन्य पुरूष के रूप में किया गया है जिससे यह प्रतीत होता है कि नाट्यशास्त्र में कुछ अंश भरत के शिष्यों के द्वारा जोड़े गए होंगे।

---

[12] ना.ष.अ. – मदनमोहन घोष पृ. क्र. 68

साथ ही यह धारणा भी है कि भरत एक व्यक्ति है और तीनों लोकों में भ्रमण करने के कारण उनका नाम भरत प्रसिद्ध हुआ। नाट्यशास्त्र ग्रंथ को पंचम वेद की संज्ञा प्राप्त है इसमें चारों वेदो का समन्वय किया गया है अतः वैदिककालीन क्रियाकलाप का समावेश इस ग्रंथ मे दिखाई देता है इसी लिए कुछ विद्वानों ने भरत को एक समुदाय माना है।

वस्तुतः अभिनव भारती भाग–4 में अभिनव गुप्त के अनुसार "रसभर (रस के भर) का उद्वहन (ढोना) करने वाला होने से उसे भरत कहा जाता है।"[13]

अभिनव गुप्त के मतानुसार भरत एक व्यक्ति सिद्ध होते है। विद्वानों ने भरत को एक व्यक्ति या अनेक के संदर्भ मे मानने हेतु अनेक तर्क प्रस्तुत किए है। परंतु अधिकांश विद्वान भरत को एक व्यक्ति मानते है जबकि भरत और उनका नाट्यशास्त्र के लेखक श्री बृजवल्लभ मिश्र मानते है कि भरत एक नहीं है अनेक है।

"भरत एक या अनेक" यह स्पष्ट प्रमाणित करना एक जटिल कार्य है जिस तरह नाट्यशास्त्र के रचनाकाल के संदर्भ में विद्वानों में मतभेद है उसी तरह भरत एक व्यक्ति है या अनेक इस विषय पर भी मतभेद दिखाई देता है। नाट्यशास्त्र की विशद व्याख्या होने के कारण विद्वानों ने अपने मतानुसार भरत को एक व्यक्ति या जाति समूह के रूप मे प्रतिष्ठित किया है। परंतु सामान्य अवधारणा यही है कि भरत नाट्यशास्त्र के रचयिता होने के कारण एक व्यक्ति है।

नाट्य शास्त्र की विषयवस्तु

नाट्याचार्य बाबूलाल शुक्ल शास्त्री के अनुसार नाट्य शास्त्र ग्रंथ मे 36 अध्याय है, जिनका संक्षिप्त विवरण निम्न प्रकार है :–

1. नाट्यवेद की उत्पत्ति।
2. प्रेक्षागृह का निर्माण।
3. नाट्यमंडप में धार्मिक क्रियाएं।
4. तांडव नृत्य, नाट्यप्रयोग व नाटिकाएं।
5. पूर्वरंग विधान, नादी प्रस्तावना, ध्रुवाएं।

---

[13] अभिनव भारती भाग–4 – पृ. क्र. 497

6. रसाध्याय।
7. भावाध्याय।
8. आंगिकाभिनय।
9. आंगिकाभिनय मे हस्त, कटि, जानु का प्रयोग।
10 वक्ष, पाद शरीर के अन्य भागों का वर्णन।
11. चारियों का वर्णन।
12. मंडल लक्षण व प्रयोग।
13. गति प्रचार।
14. रंगमंच विधान।
15. वाचिकाभिनय।
16. वाचिकाभिनय–विस्तार।
17. समविषम वृत।
18. नाटकोपयोगी, भाषा, संस्कृत, विराम, काकु आदि प्रयोग।
19. पात्र संबोधन, गद्य–पाठ्य के गुण, स्वर व्यंजन का अध्ययन।
20. रूपक विभेद, नाट्यशास्त्र के मुख्य विषय, दशरूपकलक्षण।
21. नाटक की कथा वस्तु के अधिकारिक प्रासंगिक, भेद निरूपण, पंच संधिमा, पांच अवस्थाएं।
22. नाटकोपयोगी वृत्तियां।
23. आहार्य अभिनय।
24. सामान्य अभिनय, हाव भाव, हेला व वाचिकाभिनय के अलाप प्रलाप।
25. वैशिक पुरूष के लक्षण, सहज गुण।
26. चित्राभिनय व आंगिकाभिनय का विस्तार विवरण।
27. सिद्ध व्यंजकाध्याय – नाट्य प्रदर्शन मे हाने वाली देवी, मानुषी, सिद्धी।
28. 28 से 34 अध्याय तक संगीतशास्त्र का प्रतिपादन, वाद्य, स्वर, स्वरग्राम, मूर्च्छना, श्रुतियां, जातियाँ।
29. जातियों के रसाश्रित वर्ण, अलंकार।
30. बांसुरी का स्वरूप व वादन विधी।
31.ताललय का सांगोपांग वर्णन।
32. ध्रुवाध्याय पात्रों के प्रदेश, गायक, वादक, बांसुरी वादक के गुण।

33. वाद्याध्याय ! मृदंग आदि अवनद वाद्यो का विवेचन, अवसरानुसार वाद्य विवरण।
34. पुरुष एवं स्त्रियों की विविध प्रकृति साथ ही चार नायकों का वर्णन।
35. भूमिका पात्र विकल्पाध्याय! नाट्य मंडली के सदस्यों का विभाजन।
36. पृथ्वी पर नाट्य के अवतरित होने की जिज्ञासा पर मुनियों की प्रश्नावली।

नाट्य शास्त्र के कुछ संस्करणों मे 37 अध्याय है जिनमें से अंतिम अध्याय में नहुष की कथा का विवरण है। नाट्यशास्त्र मे रंगमंच, संगीत, नृत्य, नाट्य, वाद्य, आहार्य सभी का विशलेषण किया गया है जिसमें पात्र की प्रस्तुति रस प्रदायक हो।

अभिनय

आचार्य भरत ने नाट्यशास्त्र ग्रंथ के आठवे अध्याय में अभिनय शब्द के स्वरूप की व्याख्या की है। अभिनय शब्द की व्युत्पत्ती सर्वप्रथम नाट्यशास्त्र ग्रंथ मे ही की गई है। अभिनय शब्द मे मूल धातु नी है। जिसका अर्थ होता है ले जाना नी धातु के साथ अभि उपसर्ग जुड़ा हुआ है जिसका अर्थ होता है चारों ओर। अभिनय शब्द का पूरा अर्थ ग्रहण करे तो हृदय के भावों को चारों ओर ले जाने वाली क्रिया अभिनय कहलाती है। अर्थात अभिनय के माध्यम से भावों का संप्रेषण किया जाता है। नाट्य मे तीनों लोकों का भावानुकिर्तन होता है। जीवन के सुख दुख व परिवेश की परिस्थितियों द्वारा मनुष्य के मन, अंग एवं वाणी में जो गतिशीलता या प्रतिक्रिया होती है उनको हाव भाव व चेष्टाओं के द्वारा दर्शकों के समक्ष कलात्मक प्रदर्शन करना ही अभिनय होता है। अभिनय के द्वारा पात्र दर्शकों के हृदय मे सौंदर्यानुभूति का उद्बोधन कराते है। दर्शकों की सौंदर्य चेतना अभिनय की रसानूभूति से परिपूर्ण होती है।

अभिनय मे वादन, गायन, नर्तन, मंच सज्जा, काव्यपक्ष, दर्शन, मनोविज्ञान, योग, रस आदि सभी विषय सम्मिलित है। अभिनय शब्द की विशालता एवं व्यापकता का विशद वर्णन नाट्यशास्त्र ग्रंथ मे उपलब्ध है।

नाट्यशास्त्र और अभिनय

भरत ने नाट्यकला के सिद्धांत एवं प्रयोग का वर्णन नाट्यशास्त्र मे किया है। प्रयोग के अंर्तगत अंग, आहार्य, वाणी, सत्य आदि का विशलेषण प्रस्तुत किया गया है। नाट्यशास्त्र में नाट्य प्रयोग के सिद्धांतो का सूक्ष्म विशलेषण किया गया है। देश, काल, स्थिति, दशा आदि सभी को दृष्टिगत कर भरत ने अभिनय प्रयोग से संबंधित तथ्य दिए है। नाट्य प्रयोग अभिनय के द्वारा संपन्न होता है। इसलिए प्रयोग संबंधी शास्त्रीय सिद्धांत की व्याख्या अभिनय के अंर्तगत की गई है। अभिनय के द्वारा नाट्य मे रस की उत्पत्ति होती है। पात्रों के द्वारा आंगिक चेष्टाओं, वाणी का संतुलित क्रम, मनोभावों की अभिव्यंजना तथा उचित केश–वेश विन्यास के द्वारा कथानक की विषयवस्तु को रूपायित करने से ही दर्शक रसाभिमुख होते है।

नाट्य शास्त्र ग्रंथ के आठवें अध्याय से अभिनय का व्यापक अध्ययन प्रारंभ होता है। आचार्य ने अभिनय को चार श्रेणियों मे विभाजित किया है:–

1. आंगिक
2. वाचिक
3. आहार्य
4. सात्विक

अभिनय भेद

भरत मुनि ने अभिनय के चार भेद बताये हैं –

आंगिकों वाचिकाश्चैव हाहार्य सात्तिवकस्तथा।
चतवारो अभिनया होते विज्ञेया नाट्य संश्रया।।

अभिनय के चार भेद माने गए है – आंगिक, वाचिक, आहार्य तथा सात्विक। इन चार अभिनयों के अनेक उपभेद भी है। इस अध्याय मे इनकी परिभाषा तथा भेदों का परिचय मात्र किया गया है क्योंकि आगे के अध्याय मे इसका विस्तृत विवरण है।

1. आंगिक अभिनय : ऐसा अभिनय जो शरीर के प्रमुख अंगों द्वारा प्रदर्शित किया जाए उसे आंगिक अभिनय कहते है। शाखा और उपांगो से संयुक्त होने वाले आंगिक अभिनय तीन प्रकार के होते है– शरीरज, मुखज व चेष्टाकृत।

2. वाचिक अभिनय : वाचिक शब्द का अर्थ है– वाचना अर्थात वाणी का प्रयोग। काव्य या नाटक जिसके द्वारा प्रस्तुत किये जाते है उसे वाचिक अभिनय कहते है।

भरत ने वाचिक को नाट्य का शरीर माना है।

वाचिक अभिनय के अंतर्गत आचार्य ने भाषा, वर्ण, शब्द–रचना, छंद, अलंकार, लक्षण दोष आदि का विस्तृत वर्णन किया है।

3. आहार्य अभिनय : नेपथ्य अर्थात् वेशभूषा, आभूषण, अंगरचना आदि की विधियों को ही आहार्य कहा जाता है। किसी नृत्य शैली का प्रथम परिचय आहार्य के द्वारा प्राप्त होता है। इसके चार भेद है –

1. पुस्त – वेष्टिम, वितव, संधात्य, ग्रंथित।
2. अलंकार – आवेश्य, बंधनीय, प्रक्षेप्य, आरोप्य, पुष्पसज्जा।
3. अंगरचना – शुद्ध, विचित्र, मलिन, मुकुट, केशकर्म, घटी, शस्त्र रचनादि।
4. सज्जीव – जीवित प्राणियों का रंगमंच मे प्रयोग।

4. सात्विक अभिनय : सत्य से अभिप्राय है – मन मे उत्पन्न होने वाला भाव। दूसरे शब्दों मे मनोविज्ञान का प्रदर्शन ही सात्विक अभिनय कहलाता है। सर्वश्रेष्ठ अभिनय वह होता है जिसमें सत्व अर्थात कलाकार का मनोयोग संयुक्त होता है।

सात्विक भाव के आठ भेद निम्नानुसार हैं–

स्तम्भ, रोमांच, स्वेद, अश्रु, वैवर्ण्य, स्वरभंग, वेपथु तथा प्रलय।

अध्याय–3

नाट्यशास्त्र में वर्णित आंगिकाभिनय का कत्थक नृत्य में अनुप्रयोग

- आंगिकाभिनय की परिभाषा
- मस्तकाभिनय
- दृष्टि भेद
- ताराकर्म
- दर्शन विधि
- पुट कर्म
- भृकुटी कर्म
- नासा कर्म
- मुखराग
- ग्रीवा कर्म
- हस्त मुद्रायें
- वक्षकर्म
- पार्श्वकर्म
- कटिकर्म
- पाद–कर्म
- चारी विधान
- स्थानक
- मंडल
- गतिप्रचार
- आसन
- शयन

अध्याय–3

नाट्यशास्त्र में वर्णित आंगिकाभिनय का कत्थक नृत्य में अनुप्रयोग

आचार्य भरत ने नाट्यशास्त्र ग्रंथ के आठवें अध्याय में आंगिकाभिनय का वर्णन किया है उन्होंने इस अभिनय के तीन प्रकार बताये है–

त्रिविधस्त्वाङ्गिको ज्ञेयः शरीरों मुखजस्तथा।
चेष्टाकृतश्चैव शाखाङ्गोपाङ्गसंयुतः।।[1]

यह अंगाभिनय तीन प्रकार के है–

1. शरीरज

तस्य शिरोहस्तोरः पार्श्वकटीपादतः षङ्गानि।[2]

शास्त्रानुसार शिर, हाथ, वक्ष, पार्श्व, कमर तथा पैर के द्वारा विभिन्न मुद्राओं के प्रदर्शन को ''शरीरज'' अभिनय कहते है।

---

[1] नाट्यशास्त्रम् भाग–2, पं. बाबूलाल शुक्ल शास्त्री, अध्याय–8/11

[2] वही, अध्याय–8/13

2. मुखज

नेत्रभ्रूनासाधरकपोलचिबुकान्युपाङ्गानि।।[3]

नेत्र, भौंह, नासिका, अधर, कपोल, चिबुक उपांगों के द्वारा प्रदर्शित मुद्राओं को ''मुखज'' अभिनय कहा जाता है।

3. चेष्टाकृत

अङ्गहारविनिष्पन्नं नृत्तन्तु करणाश्रयम्।
मुखजेऽभिनये विप्रा नानाभावरसाश्रये।।[4]

चेष्टाकृत के संबंध में भरत ने बताया है कि जब नर्तक को शरीर की विभिन्न मुद्राएँ बनानी पड़ती है जिसमें शरीर के अन्य छोटे भागों का भी प्रयोग होता है उन्हें चेष्टाकृत कहते है। पूरे शरीर के द्वारा मनोगत भावों या बाह्य चेष्टाओं द्वारा किया जाने वाला अभिनय ही चेष्टाकृत है।

आचार्य ने आंगिकाभिनय के अंतर्गत छः अंग छः उपांग बताये है।

अंग – मस्तक, हस्त, वक्ष, कटि, पार्श्व तथा पैर।
उपांग – नेत्र, भौंह, नासिका, ओंठ, कपोल तथा ठुड्डी।

नाट्यशास्त्र में आंगिकाभिनय को प्रधानता दी गई है क्योंकि अन्य अभिनयों का प्रदर्शन भी इसी के द्वारा होता है।

नाट्यशास्त्र में वर्णित आंगिकाभिनय का कत्थक नृत्य में उपयोग होता है जिसका वर्णन इस प्रकार है–

मस्तकाभिनय

मानव शरीर में मस्तक (कपाल) को सबसे कठोर तथा महत्वपूर्ण माना जाता है, क्योकि शरीर के संचालन में मस्तिष्क का निर्देशन होता है। मस्तिष्क की माँसपेशियों का संबंध हृद्य, यकृत से होता है, तथा शरीर के किसी भी अंग में

---

[3] वही, अध्याय–8/13
[4] वही, अध्याय–8/15–16

होने वाली हलचल को माँसपेशियाँ शीघ्र ही मस्तिष्क तक पहुचाती है। नृत्य–नाट्य कला में मस्तक का स्थान सर्वोपरि है। देखने, बात करने, तथा अन्य दैनिक कार्यो में मस्तिष्क का चालन होता है।

आचार्य भरत ने नाट्यशास्त्र में मस्तक के संचालन का वर्णन किया है। उनके अनुसार मस्तकाभिनय के 13 भेद हैं। जिनके नाम इस प्रकार है :–

आकम्पितं कम्पितञ्च धुतं विधुतमेंव च।
परिवाहितमाधूतमवधूतं तथाञ्चितम्।।
निहञ्चितं परावृत्तमुत्क्षिप्तञ्चाप्यधोगतम्।
लोलितञ्चेति विज्ञेयं त्रयोदशविधं शिरः।।[5]

ये तेरह मुद्रायें हैं –

1. आकम्पित
2. कम्पित
3. धुत
4. विधुत
5. परिवाहित
6. आधूत
7. अवधूत
8. अंचित
9. निहंचित
10. परावृत्त
11. उत्क्षिप्त
12. अधोगत
13. लोलित।

इन मस्तको के संचालन के लक्षण तथा योजना का वर्णन नाट्यशास्त्र के अनुसार तथा कत्थक नृत्य में उनका प्रयोग किस संदर्भ या भाव के अभिनय में किया जाता है इसका वर्णन निम्नानुसार है:–

---

[5] नाट्यशास्त्रम् भाग–2, पं. बाबूलाल शुक्ल शास्त्री, अध्याय–17–18

1. आकम्पित – कम्पित शिर :–

"शनैराकम्पनादूर्ध्वमधश्चाकम्पितं भवेत्।
द्रुतन्तदेव बहुशः कम्पितं कम्पितं शिर :।।

ऊपर तथा नीचे की ओर धीरे – धीरे मस्तक के हिलाने को 'आकम्पित' तथा उसी को यदि अनेक बार द्रुत गति में कम्पित किया जाए तो कम्पित कहलाता है।"[6]

"संज्ञोपलम्भप्रश्नेषु स्वभावाभाषणे तथा।
निर्देशावाहने चैव भवेदाकम्पितं शिरः।।

इशारा करने, उपदेश देने, प्रश्न करने, दैनिक सम्भाषण में सम्बोधित करने, आज्ञा प्रदान करने तथा बुलाने में आकम्पित मस्तक का प्रयोग करना चाहिए।

रोषे वितर्के विज्ञाने प्रतिज्ञानेऽथ तर्जने।
प्रश्नातिशयवाक्येषु शिरः कम्पितमिष्यते।।

क्रोध, वितर्क, विज्ञान के समझने, प्रतिज्ञा करने, तर्जन करने, अतिशय प्रश्न करने में कम्पित मस्तक का प्रयोग करना चाहिए।"[7]

किसी विषयवस्तु पर अपनी सहमति देने, उपदेश देने, प्रश्न करने, इशारा कर बुलाने में आकम्पित सिर का प्रयोग कत्थक नृत्य में देखा जाता है।

कम्पित सिर का प्रयोग कत्थक नृत्य में बहुत कम दिखाई देता हैं।

2. धुत – विधुत शिर :–

"शिरसो रेचनं सम्यक्छनैस्तद्धुतमिष्यते।
द्रुतमारेचनादेतद्विधुतं तु भवेच्छिरः।।

---

[6] नाट्यशास्त्रम् भाग–2, पं. बाबूलाल शुक्ल शास्त्री, अध्याय–8/19
[7] वही, अध्याय–8/20–21

मस्तक का धीरे–धीरे हिलाना 'धुत' तथा इसे ही यदि तीव्रता से हिलाया जाए तो 'विधुत' कहलाता है।

अनीप्सिते विषादे च विस्मये प्रत्यये तथा।
पार्श्वावलोकने शून्ये प्रतिषेधे धुतं शिरः।।

अनिच्छा, विषाद, विस्मय, विश्वास, कोखो के अवलोकन, शून्यता तथा प्रतिशोध में 'धुत' का विनियोजन करना चाहिए।

शीतग्रस्ते भयार्त्ते च त्रासिते ज्वरिते तथा।
पीतमात्रे तथा मद्ये विधुतं तु भवेच्छिरः।।

शीत से ग्रस्त, भय से पीड़ा होने, त्रास, ज्वर की अवस्था तथा मद्यपान की प्रथमावस्था में 'विधुत' की योजना करनी चाहिए।''[8]

नाट्यशास्त्र में वर्णित योजनानुसार ही कत्थक नृत्य में भी अनिच्छा, नही कहने का भाव, तथा विस्मयादि भावो में धुत शिर का प्रयोग दिखाई देता है। तथा शीतग्रस्त, भयभीत होने का अभिनय करते समय विधुत शिर का प्रयोग किया जाता है।

3. परिवाहित–आधूत शिर :–

"पर्यायशः पार्श्वागतं शिरः स्यात् परिवाहितम्।
आधूतमुच्यते तिर्यक् सकृदुद्वाहितन्तु यत्।।

यदि दोनों पार्श्वो की ओर मस्तक को क्रमशः कम्पित किया जाए तो परिवाहित तथा जब यह तिरछा तथा एक बार ही कम्पित किया जाए तो 'आधूत' कहलाता है।

---

[8] नाट्यशास्त्रम् भाग–2, पं. बाबूलाल शुक्ल शास्त्री, अध्याय–8/22–2

साधने विस्मये हर्षे स्मृते चामर्षिते तथा।
विचारे विहृते चैव लीलायां परिवाहितम्।।

साधन, विस्मय, प्रसन्नता, स्मरण, क्रोध, विचार, भावगोपन तथा लीला–पूर्वक क्रीड़ा में 'परिवाहित' मस्तकाभिनय की योजना करनी चाहिए।

गर्वेच्छादर्शने चैव पार्श्वस्थोद्ध्वनिरीक्षणे।
आधूतन्तु शिरो ज्ञेयमात्मसम्भावनादिषु।।

गर्व की भावना में, पर्व विशेष पर ऊपर की ओर देखने तथा आत्म – सम्मान बतलाने में 'आधूत' मस्तकाभिनय की योजना करें।''[9]

प्रसन्नता, किसी वस्तु के सौंदर्य का वर्णन करने, विचारयुक्त अभिनय में परिवाहित शिर का प्रयोग कत्थक नृत्य में दिखाई देता है। व आधूत शिर का प्रयोग रूठने का अभिनय दिखाने में होता हैं।

4. अवधूत :–

''यद्धः सकृदाक्षिप्तमवधूतन्तु तच्छिरः।
सन्देषवाहनालोपसंज्ञादिषु तदिष्यते।।

यदि मस्तक को नीचे की ओर एक बार कम्पित किया जाए तो अवधूत कहलाता है। इसकी योजना सन्देश देने, आवाहन करने, अलुप्त होने तथा किसी व्यक्ति को (समीप आने के हेतु) संकेत करने में की जाती है।''[10]

कत्थक नृत्य में अवधूत शिर का प्रयोग नाट्यशास्त्र में वर्णित योजनानुसार ही होता है। परंतु किसी को समीप बुलाने का अभिनय दिखाने के लिये अवधूत व आकम्पित शिर दोनों का प्रयोग होता है। दोनों सिरों के द्वारा प्रेषित अभिनय में भिन्नता होती हैं साधारणतः विचार युक्त सहमति के लिए आकम्पित सिर का प्रयोग

[9] नाट्यशास्त्रम् भाग–2, पं. बाबूलाल शुक्ल शास्त्री, अध्याय–8–25–27
[10] वही, अध्याय–8–28

किया जाता हैं परन्तु किसी विशेष प्रयोजन से बुलाने का अभिनय दिखाने के लिए अवधूत सिर का प्रयोग कत्थक नृत्यकार करते है।

5. आञ्चित शिर :

"किञ्चित्पार्श्वानतग्रीवं शिरो विज्ञेयमञ्चितम्।
व्याधिते मूर्च्छिते मत्ते सचिन्ते दुःखिते भवेत्।।

यदि ग्रीवा को एक ओर झुका लिया जाए तो अञ्चित कहलाता है। इसकी योजना व्याधि–ग्रस्तता, मूर्च्छा, चिन्तायुक्त होने तथा दुखी होने के भाव में की जाती है।"[11]

कत्थक नृत्य में रूठने का भाव दिखाने में अंचितशिर का प्रयोग दिखाई देता है।

6. निहंचित शिर :–

"उत्क्षिप्तबाहुशिरसस्तथाञ्चिशिरोधरम्।
निहञ्चितं तु विज्ञेयं स्त्रीणामेतत् प्रयोजयेत्।।
गर्वे विलासे विब्बोके ललिते किलकिञ्चते।
मोट्टायिते कुट्टमिते स्तम्भे माने निहञ्चितम्।।

यदि दोनों कंधे ऊपर की ओर फैला दिये जाए और गर्दन को एक ओर संकुचित कर लिया जाए तो 'निहञ्चित' कहलाता है। स्त्रियों के द्वारा गर्व, विलास, विब्बोक, ललित, किलकिंचित, मोट्टयित, कुट्टमित, स्तम्भ तथा मान में 'निहञ्चित' मस्तक का अभिनय किया जाए।"[12]

कत्थक नृत्य में निहंचित शिर का प्रयोग सामान्यतः कम दिखाई देता है। नाट्यशास्त्र में वर्णित इस सिर के योजनानुसार गर्व, मान आदि का अभिनय

[11] नाट्यशास्त्रम् भाग–2, पं. बाबूलाल शुक्ल शास्त्री, अध्याय–8/29
[12] वही, अध्याय–8/30–31

प्रदर्शन करने के लिये ग्रीवा में संकुचन बताया गया है। जबकि सामान्यतः इन भावो के प्रदर्शन में अंगो को प्रसारित किया जाता है। इसलिए निहञ्चित ग्रीवा का प्रयोग कत्थक नृत्यकार कम करते हुये दिखाई देते हैं।

7. परावृत्त शिर :–

"परावृत्तानुकरणात् परावृत्तमिहोच्यते।
तत् स्यान्मुखापहरणे पृष्ठतः प्रेक्षणादिषु।।

यदि चेहरे को गोल घुमाव दिया जाए तो परावृत्त कहलाता है। इसकी योजना मुँह के मोड़ने तथा पीछे की ओर देखने आदि में की जाती है।"[13]

रूठने का भाव दिखाने में कत्थक नृत्य में परावृत्तशिर का प्रयोग होता है। नायिका भेद तथा बोलो के निकास में इसका विशेष प्रयोग दिखाई देता हैं।

8. उत्क्षिप्त शिर :–

"उत्क्षिप्तञ्चापि विज्ञेयमुन्मुखावस्थितं शिरः।
प्रांशु दिव्यास्त्रयोगेषु स्यादुत्क्षिप्तं प्रयोगतः।।

यदि मस्तक ऊपर की ओर देखते हुए स्थित हो तो उत्क्षिप्त कहलाता है। इसका प्रयोग ऊँची वस्तु तथा दिव्य–अस्त्र की प्राप्ति में किया जाए।"[14]

इस शिर का प्रयोग कत्थक नृत्य में बहुत होता है। आकाश, बिजली की चमक, तारे, चन्द्र, सूर्यदर्शन, तथा वंदना आदि का अभिनय करते समय यह शिर उपयोगी है।

---

[13] नाट्यशास्त्रम् भाग–2, पं. बाबूलाल शुक्ल शास्त्री, अध्याय–8/32
[14] वही, अध्याय–8/33

9. अधोगत शिर :–

" अवाङ्गमुखस्थित चापि बुधाः प्राहुरधोगतम्।
लज्जायाञ्च प्रणामें च दुःखे चाधोगतं शिरः।।

यदि चेहरे को (शिर सहित) नीचे की ओर झुका लिया जाए तो 'अधोगत' कहलाता है। इसकी योजना लज्जा, प्रणाम करने तथा दुःख प्रकट करने में की जाए।"[15]

अधोगत शिर का प्रयोग कत्थक नृत्य में बोलो के निकास एवं लज्जा का अभिनय करते समय दिखाई देता हैं। भूमिवंदना, संसार आदि का अंभिनय अधोगत शिर की अवस्था में ही दिखाया जाता हैं।

10. लोलित शिर :–

"सर्वतोभ्रमणाश्चैव शिरो लोलितमुच्यते।
मुर्च्छाव्याधिमदावेशग्रहनिद्रादिषु स्मष्तम्।।

यदि मस्तक को चारों ओर घुमाया जाए तो 'लोलित' कहलाता हैं। इसकी योजना मूर्च्छा, व्याधि, मद, आवेश, भूत आदि ग्रहों से आविष्ट होने तथा निद्रा आदि में की जाए।"[16]

संपूर्ण ब्रम्हाण्ड (आकाश–पृथ्वी) का अभिनय करते समय लोलित शिर का प्रयोग किया जाता है। नृत्य शैली में अभ्यास के समय व्यायाम के रूप में भी लोलित शिर का प्रयोग किया जाता है इससे शिर के संचालन में लचीलता आती है। तथा मद, आवेश आदि का अभिनय प्रदर्शित करने में शिर के साथ दृष्टि, भ्रु आदि का संयोग होता है।

---

[15] नाट्यशास्त्रम् भाग–2, पं. बाबूलाल शुक्ल शास्त्री, अध्याय–8 / 34
[16] वही, अध्याय–8 / 35

दृष्टि भेद

'नेत्र' शरीर के महत्वपूर्ण अंगों में से एक है। संपूर्ण संसार का दिग्दर्शन नेत्रों के द्वारा होता हैं। बिना आँखो के संसार अंधकार भय है। मनुष्य के हदृय के भाव सर्वप्रथम आँखो के द्वारा दिखाई देते है। यदि आँखो के भाव मनुष्य समझ नही पाते तो साहित्य संसार आँखों की उपमा– रचना से अभिभूत नही होता। आँखे ही मन के विचारों का दर्पण होती है। सौंदर्य में नेत्रों का महत्व सर्वोपरि है। संस्कृत साहित्य, हिन्दी साहित्य और अन्य साहित्य में सुंदरता का वर्णन नायिका के नयन भाव से ही प्रारंभ होता हैं। अधिकांश साहित्यकारों ने नायिका के नयनों की तुलना हरिण तथा कमलिनी से की हैं तथा उन्होने नायिका की आँख को कटार व तलवार की धार के समान तीक्ष्ण बताया है।

साहित्यकला में विशेषकर रीतिकालीन कवियों की रचना का मुख्य विषय शृंगार रस था इसलिये इस काल के कवियों ने नायिका के सौंदर्य–प्रतिमा का संपूर्ण चित्रण किया है। इस सौंदर्य मापदण्ड में उन्होने आँखो की सुंदरता, चपलता तथा चंचलता व इसके भावप्रणय पर अनुपम साहित्य रचनायें की है। आँखो की सुंदरता के साथ ही उनके द्वारा व्यक्त किये जाने वाले भाव के संदर्भ में कवि बिहारी द्वारा रचित यह उपमा प्रसिद्ध हैं –

"कहत, नटत, रिझत, खिझत,
खिलत, मिलत, लजियात।
भरे भवन में करतु है,
नैनन ही सौ बात।।

इस संदर्भ के अनुसार कवि ने बतलाया है कि सभी लोगों की उपस्थिति के बावजूद नायक –नायिका अपने मन की व्यथा एक दूसरे से संवाद किये बिना ही नयनभाव से संप्रेषित करते हैं। उनकी आँखो से रूठने, मनाने, लजाने आदि सारे भाव व्यक्त हो जाते है। इसलिये न केवल मानव संसार वरन् अभिनय संसार भी आँखो के बिना अंधकारमय होता। नेत्रों का अभिनय में महत्वपूर्ण स्थान है क्योंकि इनके द्वारा हर भाव का प्रकाशन हो जाता है।

उपांगो के अन्तर्गत दृष्टि से भावों की अभिव्यक्ति सुस्पष्ट होती है। भाव बहुत ही सूक्ष्म मनोविकार है जिन्हे मुख पर लाने का काम दृष्टि करती है।

हर भाव को संप्रेषित करने की सक्षमता ने ही दृष्टि को सर्वोपरि व सर्वोपयोगी बना दिया जिसका सबसे अधिक प्रभाव नृत्य शैली में दिखाई देता है।

कत्थक नृत्य में दृष्टियों का प्रयोग व महत्व और भी बढ़ जाता है क्योकि अन्य नृत्य शैलियो में मुद्राओं का प्रयोग भी (अधिक) अभिनय में सहायक होता है जबकि कत्थक नृत्य में मुद्राओं का प्रयोग विशेषकर अभिनय के संदर्भ में गौण हो जाता हैं तथा दृष्टियों के द्वारा प्रेषित भाव प्रमुख हो जाते हैं। इसलिये भावाभिनय का प्रबल प्रदर्शन आँखो के द्वारा होता है। कत्थक नृत्य शैली में अभिनय की प्रधानता होने के कारण आँखो के भाव का प्रदर्शन महत्वपूर्ण होता है और आँखो से दिखाये जाने वाले भाव दर्शकों को प्रभावित करते है।

कत्थक नृत्य में नायिका भेद पर आधारित बंदिशों में कुछ बंदिशे ऐसी है जिनका प्रदर्शन अधिकाशतः आँखों से ही क्रियान्वित होता है। यथा–खण्डिता नायिका पर आधारित महाराज बिंदादीन द्वारा रचित ठुमरी :–

"काहे को मेंरे घर आये हो"

में अधिकांश प्रदर्शन आँखो पर आधारित होता है। कत्थक नृत्यकार का प्रयास यही होता हैं कि इस बंदिश के भावों की प्रधानता में हस्त व अन्य अंगो का संचालन गौण हो जाए तथा आँखों के द्वारा प्रदर्शित भाव की प्रधानता हो जाये। आँखों के द्वारा प्रदर्शित क्रोध, घृणा, तिरस्कार, विरह–वेदना का भाव नायिका की मनः स्थिति का चित्रण करने में महत्वपूर्ण भूमिका निभाते है। संभवतः ऐसी ही कुछ विशेष परिस्थितियों व बंदिशों की विशेषता ने कत्थक नृत्य में दृष्टि के महत्व का आंकलन किया होगा।

नाट्यशास्त्र में वर्णित दृष्टियों के प्रकार :–

आचार्य भरत ने दृष्टियों को रस, भाव के आधार पर विभाजित किया है उन्होने दृष्टियों को तीन भागों में विभाजित किया हैं–

1. रस दृष्टियाँ
2. स्थायी भाव दृष्टियाँ
3. संचारी भाव दृष्टियाँ

1. रस दृष्टियाँ

"कांता भयानका हास्या करूणा चाद्भूता तथा।
रौद्री वीरा च वीभत्सा विज्ञेया रसदृष्टयः।।[17]

अर्थात् रस की अभिव्यक्ति करने वाली ये दृष्टियाँ है :–

1. कान्ता,
2. भयानका,
3. हास्या,
4. करूणा,
5. अद्भुता,
6. रौद्री,
7. वीरा
8. वीभत्सा।

2. स्थायीभाव दृष्टियाँ

"स्निग्धा ह्रष्टा च दीना च क्रुद्धा दृप्ता भयन्विता।
जुगुप्सिता विस्मिता च स्थायिभावेषु दृष्टयः।।[18]

अर्थात् स्थायी भाव में प्रयुक्त होने वाली दृष्टियाँ है –

1. स्निग्धा,
2. ह्रष्टा,

---

[17] नाट्यशास्त्रम् भाग–2, पं. बाबूलाल शुक्ल शास्त्री, अध्याय–8/38
[18] नाट्यशास्त्रम् भाग–2, पं. बाबूलाल शुक्ल शास्त्री, अध्याय–8/39

3. दीना,
4. क्रुद्धा
5. दृप्ता,
6. भयान्विता
7. जुगुप्सिता
8. विस्मिता।।

3. संचारीभाव दृष्टियाँ –

> **"शून्या च मलिना चैव श्रान्ता लज्जान्विता तथा।**
> **ग्लाना च शङ्किता चैव विषण्णा मुकुला तथा।।**
> **कुञ्चिता चाभितप्ता च जिह्मा सललिता तथा।**
> **वितक्रितार्धमुकुला विभ्रान्ता विप्लुता तथा।।**
> **आकेकरा विकोशा च त्रस्ता च मदिरा तथा।**
> **षट्त्रिंशद् दृष्टयो ह्येता नामतोऽभिहिता मया।।"**[19]

संचारी भावो में उपयोगी दृष्टियाँ ये है – शून्या, मलिना, श्रान्ता, लज्जान्विता, ग्लाना, शंकिता, विषण्णा, मुकुला, कुंचिता, अभितप्ता, जिह्म, ललिता, वितक्रिता, अर्धमुकुला, विभ्रान्ता, विप्लुता, आकेकरा, विकोशा, त्रस्ता तथा मदिरा। इस प्रकार सभी मिलाकर ये दृष्टियाँ 36 हो जाती है।

यद्यपि रसजा और भावजा दृष्टियों में समानता का बोंध होता हैं क्योकि दोनों दृष्टियों को समान रस के लिए प्रयुक्त किया जाता है परन्तु कत्थक नृत्य में अभिनय के अनेक सूक्ष्म प्रदर्शन होने के कारण इन दृष्टियों का प्रयोग नये अर्थो को संप्रेषित करता हैं। यथा– शृंगार रस युक्त अभिनय में कान्ता (रसजा) व स्निग्धा (भावजा) दोनों दृष्टियों का प्रयोग होता है परंतु दोनों की संचालन प्रक्रिया में भिन्नता होती है। कान्ता दृष्टि के द्वारा गर्व, स्नेह युक्त हर्ष का भाव प्रकाशित होता है जबकि स्निग्धा दृष्टि के द्वारा माधुर्य तथा आनंद–जनित अश्रु युक्त भाव का संप्रेषण होता हैं। अर्थात् दोनों दृष्टियों के द्वारा शृंगार रस के दो भावों का

---

[19] वही, अध्याय–8 / 40–42

प्रदर्शन होता हैं तथा दोनों भावों में विषयगत भिन्नता हैं। यह आचार्य के वैज्ञानिक दृष्टिकोण का परिणाम हैं कि उन्होने दृष्टिविधान का सूक्ष्म अध्ययन प्रस्तुत किया हैं जिसका प्रयोग कत्थक नृत्यकार अपने नृत्य प्रदर्शन में करते है।

कत्थक नृत्य में उपयोगी दृष्टियों के लक्षण एवं अनुप्रयोग –

(1) रसाभिव्यंजक दृष्टियाँ (लक्षण तथा प्रयोग कत्थक नृत्य के संदर्भ में)

कान्ता दृष्टि

"जब अतिशय स्नेह (राग) में आविष्ट व्यक्ति भौहे और कटाक्षपूर्ण दृष्टि से देखे तो हर्ष और प्रसाद से उद्भूत ऐसी दृष्टि 'कान्ता' कहलाती है। इसका प्रयोग श्रृंगार रस में किया जाए।"[20]

कान्ता दृष्टि का प्रयोग कत्थक नृत्य के थाट प्रदर्शन में दिखाई देता है। स्नेहपूर्ण, मनमोहक तथा श्रृंगार प्रियता का भाव इस दृष्टि के द्वारा संप्रेषित होता है। नायिका द्वारा स्नेहपूर्वक नायक की ओर देखने, तथा स्वयं के श्रृंगार आभूषण धारण करने से उत्पन्न मोहक भाव को अभिनीत करते समय दृष्टि कान्ता अवस्था में होती है।

भयानका दृष्टि

"जिसमें पलको को ऊपर उठाकर स्थिर कर दिया जाए और पुतलियों को ऊपर की ओर चमकाते हुए गोल घुमाव दिया जाए तो 'भयानका दृष्टि' होती है। यह अतिशय भय को सूचित करती है और इसका प्रयोग 'भयानक रस' में किया जाता हैं।"[21]

अतिशय भय को अभिनीत करने के लिये भयानक दृष्टि का प्रयोग कत्थक नृत्य में दिखाई देता है।

---

[20] नाट्यशास्त्रम् भाग–2, पं. बाबूलाल शुक्ल शास्त्री, पृ. क्र. 11–12
[21] नाट्यशास्त्रम् भाग–2, पं. बाबूलाल शुक्ल शास्त्री, पृ. क्र. 12

हास्या दृष्टि

"हास्यादृष्टि में दोनों पलके क्रमशः सिकुड़ी हुई रहती हैं और ये पुतलियों के साथ थोड़ी खुली तथा घूमती हुई (विभ्रान्त) रखी जाती हैं। इसका प्रयोग गुदगुदाने या छूकर हंसाने के प्रदर्शन के अवसर पर किया जाए।"[22]

सामान्यतः कत्थक नृत्य में हास्य भाव को प्रस्तुत करते समय हास्या दृष्टि का प्रयोग किया जाता है। सखियों द्वारा नायिका के साथ आलाप तथा कृष्ण की बाल लीला पर आधारित अभिनय में इसका प्रयोग होता हैं।

करूणा दृष्टि

"जिसमें दोनों ऊपरी पलके नीचे की ओर आ रही हो, क्रोध के कारण पुतलियाँ धीमी हो गई हो, आँखो से आँसू ढलकते हो तथा नासिका की नोक पर दृष्टि स्थित हो तो उसे 'करूणा दृष्टि' समझना चाहिए। इसका करूण रस में प्रयोग होता हैं।"[23]

कत्थक नृत्यकार करूण रस का भाव अभिनीत करने के लिये दोनों दृष्टियों को नाक की नोक पर स्थित करते हैं जिससे स्वतः करूण रस का अभिनय प्रदर्शित हो जाता हैं। यदि कलाकारों को करूण रस की अभिव्यक्ति में कठिनाई होती हो या हृदय में करूणता का भाव जागृत न हो तब यह विधि अत्यन्त उपयोगी हैं। आचार्य भरत ने अभिनय विधान को ऐसी तकनीकी दृष्टियों से पुष्ट किया है जिससे दर्शको को अर्थ भाव को समझाने में सरलता रहे।

अदभूत दृष्टि

"जिस (दृष्टि) में बरौनियाँ नोक पर थोड़ी सिकुड़ी हुई रहे, पुतलियाँ आश्चर्य से ऊपर की ओर उठी हुई रहे और आँखे खिली हुई दशा को सुदंरतापूर्वक प्रदर्शित करे तो उसे 'अद्भूता दृष्टि' जानो। इसे अद्भूत रस में प्रयुक्त किया जाये।"[24]

---

[22] वही, पृ. क्र. 12

[23] नाट्यशास्त्रम् भाग–2, पं. बाबूलाल शुक्ल शास्त्री, पृ. क्र. 12

[24] वही, पृ. क्र. 12

नायिका के मोहक रूप दिखाने तथा गतभाव में कत्थक नृत्यकार इस दृष्टि का प्रयोग करते हैं।

वीर दृष्टि

"जो दृष्टि चमकीली फैली हुई , क्षुब्ध गंभीर हो, पुतलियाँ बीच में स्थित हो तथा जिसका मध्य भाग फैला हुआ हो तो यह 'वीरा' दृष्टि कहलाती हैं। इसे वीर रस में प्रयुक्त किया जाता हैं।"[25]

मान, दम्भ तथा साहस का भाव दिखाते समय कत्थक नृत्य में वीर दृष्टि का प्रयोग होता हैं। राम, कृष्ण तथा धीरोदात्त नायक अभिनय में इस दृष्टि का प्रयोग करते हैं जिससे आवेग, विस्मयारहित तथा मोहशून्यता का भाव प्रकट होता हैं।

वीभत्सा दृष्टि

"जिसमें पलकों से नेत्रों के कोने ढ़क लिये गए हो, पुतलियाँ धुमाव के कारण दबी (उपप्लुत) या विन्धित हों और बरौनियाँ एक–दूसरे से मिली हुई और स्थिर हों तो (यह) 'वीभत्सा' दृष्टि कहलाती हैं। इसका प्रयोग वीभत्सरस (के प्रदर्शन) में किया जाए।"[26]

घृणित भाव, दानव द्वारा कृतकार्य, अप्रिय, अनिष्ट पदार्थ आदि का अभिनय दिखाने में कत्थक नृत्य में इस दृष्टि का प्रयोग करते है।

(2) स्थारीभावाभिव्यंजक दृष्टियाँ

आचार्य भरत ने स्थायीभावो के आधार पर दृष्टि की व्याख्या की है –

स्निग्धा दृष्टि

"जिसका मध्य भाग फैला हुआ हो, जो माधुर्य लिये हो, जिसकी पुतलियाँ स्थिर हो तो आनंद–जन्य अश्रुओ से पूर्ण ऐसी दृष्टि 'स्निग्धा' कहलाती है। इसका रति नामक स्थायीभाव में प्रयोग करना चाहिए।"[27]

---

[25] नाट्यशास्त्रम् भाग–2, पं. बाबूलाल शुक्ल शास्त्री, पृ. क्र. 13

[26] वही, पृ. क्र. 13

[27] वही, पृ. क्र. 13–14

कत्थक नृत्य में नायक द्वारा नायिका का अवलोकन, नायिका द्वारा शृंगार करने, किसी मनमोहक वस्तु या व्यक्ति की ओर देखने का अभिनय स्निग्धा दृष्टि द्वारा प्रतिपादित होता है। स्निग्धा दृष्टि का विशेष प्रयोग कत्थक नृत्यकार थाट, गतनिकास तथा नायिका भेद पर आधारित ठुमरी में करते है।

ह्रष्टा दृष्टि

"जिसमें दृष्टि घूमने वाली चंचल हो, पलके थोड़ी सी लगती हुई रहे और जिसकी पुतलियाँ पूर्णरूप से देखने योग्य न रह गई हो, पलक गिरती न हो तथा वे थोड़ी सिकुड़ी हुई हो तो ऐसी 'ह्रष्टा' दृष्टि कहलाती है। यह हास नामक स्थायीभाव में प्रयुक्त होती है।"[28]

पात्रो द्वारा हंसने, उपहासयुक्त अभिनय करते समय व बाल सुलभ किलकारियों का अभिनय करने में हास दृष्टि का प्रयोग कत्थक कलाकार करते है।

दीना दृष्टि

"जिस दृष्टि में ऊपरी पलक थोड़ी झुकी रहे, पुतलियाँ थोडी रूकी (ढंकी) हुई रहे और जिसका हलन–चलन मन्द गति से हो रहा हो तो उसे 'दीना' दृष्टि जानो। इसका प्रयोग शोक स्थायीभाव में किया जाए।"[29]

दीन अवस्था अथवा दीन–हीन व्यक्ति को देखने का अभिनय करते समय दीना दृष्टि का प्रयोग होता है। यद्यपि शोक का भाव दिखाते समय कत्थक कलाकार करूण दृष्टि (रसजा दृष्टि) का प्रयोग करते है परंतु अल्प समय में शोक का भाव प्रकट करते समय दीना दृष्टि का प्रयोग होता है। यथा करूण रस पर आधारित ठुमरी या अभिनय में करूण दृष्टि का प्रयोग होता है जबकि किसी अभिनय के एक अल्प अंश में शोक का अभिनय दिखाने में दीना दृष्टि का प्रयोग किया जाता है।

---

[28] नाट्यशास्त्रम् भाग–2, पं. बाबूलाल शुक्ल शास्त्री, पृ. क्र. 14

[29] वही, पृ. क्र. 14

क्रुद्धा दृष्टि

"जो दृष्टि रूखी हो जिसमें पलके ऊपर की ओर तथा गतिहीन हो पुतलियाँ ऊपर की ओर घूमने वाली तथा स्थिर हो और भ्रुकुटी टेढ़ी हो तो उसे क्रुद्धा दृष्टि जानो। इसका प्रयोग क्रोध स्थायीभाव में किया जाता है।"[30]

कत्थक नृत्यकार के द्वारा तीव्र क्रोध का भाव अभिनीत करने में कुद्धा दृष्टि का प्रयोग किया जाता है।

दृप्तादृष्टि

"जिस दृष्टि में आँखे स्थिर और पूरी तरह फैली हों, पुतलियाँ स्तब्ध हो तथा जिससे सत्व प्रकट हो रहा तो उसे दृप्ता दृष्टि जानो। इसका प्रयोग उत्साह स्थायीभाव में किया जाए।"[31]

कत्थक नृत्यकार दृप्ता दृष्टि का प्रयोग धैर्य, शौर्य, रोमांच तथा उत्साहित व्यक्ति का अभिनय दिखाने में किया जाता है।

भयान्विता दृष्टि

"जिसमें आँखों की पुट पूरी तरह फैली हों, पुतलियाँ भय से कांप रही हो और जो बीच के स्थान से थोड़ी हटकर रखी जाए तो वह 'भयान्विता दृष्टि' जानो। इसका प्रयोग भय नामक स्थायी भाव में किया जाए।"[32]

भयभीत होने का अभिनय दिखाने के लिये कत्थक नृत्यकार भयान्विता दृष्टि का प्रयोग करते है परंतु इस दृष्टि का प्रयोग नृत्यकला में अन्य दृष्टियों की तुलना में कम किया जाता है। संभवतः इसका कारण यह हो सकता है कि यह अत्यधिक भय की दशा है तथा इसके तुरतं बाद अन्य दृष्टि का प्रयोग करने में नृत्याकार को कठिनाई होती है।

---

[30] वही, पृ. क्र. 14

[31] नाट्यशास्त्रम् भाग–2, पं. बाबूलाल शुक्ल शास्त्री, पृ. क्र. 14

[32] वही, पृ. क्र. 14–15

जुगुप्सिता दृष्टि

"जिसमें पलकें सिकुड़ी और परस्पर न मिलती हों, पुतलियॉ घूमती हों और वे (दृष्टि में आने वाले) लक्ष्य से लौटने वाली रखी जाए तो उसे जुगुसितां दृष्टि जानो। इसका प्रयोग जुगुप्सा स्थायी भाव में किया जाए।"[33]

इस दृष्टि का प्रयोग कत्थक कलाकार करते है। जुगुप्सा का भाव प्रदर्शित करने में वीभत्सा दृष्टि (रसजा) का प्रयोग कत्थक़ कलाकार अधिक करते है।

विस्मिता दृष्टि

"जो बराबर खुली (या फैली) हुई हों, जिसमें पुतलियाँ ऊपर की ओर घुमाव लेती हुई और पलके स्थिर हों तो विस्मिता दृष्टि जानो। इसका प्रयोग विस्मय स्थायीभाव में किया जाए।"[34]

कलाकार द्वारा स्वंय की अपेक्षा से अधिक किसी मूल्यवान वस्तु, अनायास अलौलिक वैभव का अभिनय दिखाते समय आंखो में विस्मिता दृष्टि होती हैं। बीर योद्धा के वैभव का वर्णन सुनने का अभिनय दिखाते समय विस्मिता दृष्टि उपयोगी है।

(3) संचारी भाव अभिव्यंजक दृष्टियाँ

शून्या दृष्टि

"जो क्षीण तथा स्थिर दृष्टि हो जिसमें पुतलियाँ और पलकें सम हो और अपने स्थान पर ही लौटने वाली होकर जो किसी भी बाह्य–पदार्थ को ग्रहण न करे तो उसे 'शून्या' दृष्टि जानो।"[35] भाव शून्य या शिथिलता का अभिनय करने में शून्या दृष्टि कत्थक नृत्य में उपयोगी हैं।

---

33 नाट्यशास्त्रम् भाग–2, पं. बाबूलाल शुक्ल शास्त्री, पृ. क्र. 15

34 वही, पृ. क्र. 15

35 नाट्यशास्त्रम् भाग–2, पं. बाबूलाल शुक्ल शास्त्री, पृ. क्र. 15

श्रान्ता दृष्टि

"श्रम के कारण जिसंकी पलके म्लान हो गई हों, आँखो के कोने सिकुड़ गए हों, दृष्टि निर्बल हो जिसकी पुतलियाँ नीचे झुकी हों तो उसे श्रान्ता दृष्टि कहते है।"[36]

कत्थक नृत्यकार श्रमयुक्त ,शिथिलता का अभिनय करने में, द्रौपदी चीरहरण में इस दृष्टि का प्रयोग करते हैं।

लज्जान्विता दृष्टि

"जिसमें बरौनियो के अग्र भाग थोड़े झुके रहे, भीरूता से ऊपरी पलके नीचे की ओर हों और पुतलियॉ लज्जा से झुकी हो तो उसे लज्जान्विता दृष्टि जानो।"[37]

लज्जा का अभिनय करने में लज्जान्विता दृष्टि का प्रयोग कत्थक नृत्यकार करते है। नाट्य शास्त्र के लक्ष्णानुसार लज्जान्विता दृष्टि किसी गलत कार्य के होने से झिझक या संकोच के फलस्वरूप दिखाई देता है।

ग्लाना दृष्टि

"जिसमें भौहे, पलके तथा बरौनियाँ म्लान हो, धीरे–धीरे घूमती हो और पुतलियां श्रम के कारण पलकों में ढकी रहे तो उसे 'ग्लाना' दृष्टि जानो।"[38] मूर्च्छा का भाव दिखाने में ग्लाना दृष्टि का प्रयोग होता है।

शंकिता दृष्टि

"जो दृष्टि कभी हिलती हो कभी स्थिर रहती हो कभी ऊपर कभी तिरछी और कभी विस्तृत फैली हो, जो कभी गूढ़ हो जाए और जिसमें पुतलियाँ भयभीत या चकित लगती हों तो उसे 'शंकिता' दृष्टि जानो।"[39]

कत्थक नृत्य में अनायास विचार तथा किसी अनिष्ट की आशंका का अभिनय दिखाने में शंकिता दृष्टि का प्रयोग किया जाता है।

---

[36] वही, पृ. क्र. 16

[37] वही, पृ. क्र. 16

[38] वही, पृ. क्र. 16

[39] नाट्यशास्त्रम् भाग–2, पं. बाबूलाल शुक्ल शास्त्री, पृ. क्र. 16

कुञ्चिता दृष्टि

"सिकुडी पलको के कारण जिसकी बरौनियों की नोके झुकी हुई हों और पुतलियाँ भी जिसमें सिकुड़ी हुई रहें तो उसे 'कुञ्चिता' दृष्टि जानो।"[40]

कुचिता दृष्टि का प्रयोग कत्थक नृत्य में तनाव युक्त अभिनय दिखाने में किया जाता है।

संचारी भावजा दृष्टियाँ कुछ समय के लिए दिखाई देती हैं और लुप्त हो जाती हैं इसलिए विषयवस्तु के अनुरूप कत्थक नृत्य में इनका प्रयोग किया जाता हैं।

ताराकर्म

भ्रमणं वलनं पातश्चलनं सम्प्रवेशनम्।।
विवर्त्तनं समुद्वृत्तं निष्कामः प्राकृतं तथा।
एतानि नवकर्माणि ताराकर्म द्विजोत्तमाः।।[41]

"इन पुतलियों के नव कार्य होते हैं – .

1. भ्रमण – पलकों में पुतलियों का गोल घुमाना।
2. वलन – पुतलियों को तिरछे ले जाना।
3. पात – पुतलियों का ऊपर से नीचे आना।
4. चलन – पुतली का दोनों ओर बराबर घुमना।
5. सम्प्रवेशन – पुतली का अंदर खींचना या जाना।
6. विवर्तन – एक कोनें में पुतली ले जाकर कटाक्षपूर्ण देखना।
7. समुदवृत्त – पुतलियो का फैलाव लेते हुये ऊपर की ओर उठना।
8. निष्काम – पुतलियों को बाहर की ओर धकेलना।
9. प्राकृत – पुतलियों की स्वभाविक दशा में रहना।"[42]

---

[40] वही, पृ. क्र. 17

[41] नाट्यशास्त्रम् भाग–2, पं. बाबूलाल शुक्ल शास्त्री, अध्याय–8/95–96

[42] वही, पृ. क्र. 22

कत्थक नृत्य में वलन तथा विवर्तन का प्रयोग थाट, ठुमरी आदि में किया जाता हैं तथा पात के द्वारा आश्चर्य मिश्रित, उपेक्षा के भाव प्रेषित होते हैं। हस्त संचालन व नेत्राभ्यास में चलन का प्रयोग किया जाता है। वंदना तथा नृत्यप्रारंभ में प्राकृत ताराकर्म उपयोगी होती है।

दर्शन विधि

अथात्रैव प्रवक्ष्यामि प्रकारान् दर्शनस्य तु।
समं साच्यनुवृत्ते च ह्यालोकितविलोकिते।।
प्रलोकितोल्लोकिते चाप्यवलोकितमेव च।[43]

"ये आठ होते है –

1. सम – जिसमें पुतलियाँ समान तथा सौम्य हों।
2. साची – जिसमें पुतलियाँ पलको के अंदर दबकर तिरछी हो जाए।
3. अनुवृत्त – चारो ओर किसी भी स्वरूप को ध्यान पूर्वक देखा जाए।
4. आलोकित – सहसा किसी वस्तु को देखना।
5. विलोकित – पीछे की ओर देखना।
6. प्रलोकित – दोनों कोखों की ओर देखना।
7. उल्लोंकित -- ऊपर की ओर देखना।
8. अवलोकित -- नीचे की ओर देखना।"[44]

विषयवस्तु के अनुरूप कत्थक नृत्य में सभी दर्शन विधियों का प्रयोग होता है।

पुट कर्म

तारागतोऽस्यानुगतं पुटकर्म निबोधत।
उन्मेषश्च निमेषश्च प्रसृतं कुञ्चितं समम्।
विवर्त्तितं स स्फुरितं पिहितं सविताडितम्।[45]

---

[43] नाट्यशास्त्रम् भाग–2, पं. बाबूलाल शुक्ल शास्त्री, अध्याय–8/104–105

[44] वही, पृ. क्र. 23

"ये पुटकर्म नौ हैं :–

1. उन्मेष – पलकों का एक–दूसरे से अलग होना उन्मेष कहलाता है।
2. निमेष – पलकों का इकट्ठा होना निमेष कहलाता है।
3. प्रसृत – पलकों का फैलाना प्रसृत कहलाता है।
4. कुञ्चित – पलकों का सिकुड़ना कुञ्चित कहलाता है।
5. सम – पलकों का स्वाभाविक अवस्था में रहना सम कहलाता है।
6. विवर्तित – पलकों का ऊपर की ओर उठाना विवर्तित कहलाता है।
7. स्फुरित – पलकों का स्पंदन स्फुरित कहलाता है।
8. पिहित – पलकों का बंद करना पिहित कहलाता है।
9. विताड़ित – आकस्मिक रूप से पलकों का पटपटाना विताड़ित कहलाता है।"[46]

कत्थक नृत्य में ध्यान, जप, तप में उन्मेष व निमेष की, आश्चर्य व घृणित भाव दिखाने में कुञ्चित की, आकाश, सूर्य, चन्द्र आदि दिखाने में विवर्तित की तथा लज्जा में निमेष व पिहित का प्रयोग दिखाई देता है।

भ्रुकुटी कर्म

"उत्क्षेपः पातनं चैव भ्रुकुटी चतुरन्तथा।
कुञ्चितं रेचितञ्चैव सहजञ्चे ति सप्तधा।"[47]

"ये भ्रुकुटी कर्म सात प्रकार के होते हैं :–

1. उत्क्षेप – भ्रुकुटियों को एक साथ या क्रमशः ऊपर चढ़ाना 'उत्क्षेप' कहलाता है।
2. पातन – भ्रुकुटियों का नीचे उतारना 'पातन' कहलाता है।

---

[45] नाट्यशास्त्रम् भाग–2, पं. बाबूलाल शुक्ल शास्त्री, अध्याय–8/108–109
[46] नाट्यशास्त्रम् भाग–2, पं. बाबूलाल शुक्ल शास्त्री, पृ. क्र. 24
[47] नाट्यशास्त्रम् भाग–2, पं. बाबूलाल शुक्ल शास्त्री, अध्याय–8/117–118

3. भ्रुकुटी – भ्रुकुटी के दोनों मूलों को एक साथ ऊपर चढ़ाना भ्रुकुटी कहलाता है।
4. चतुर – दोनों भ्रुकुटियों की थोड़े हलन–चलन के द्वारा मधुरता तथा विस्तार को चतुर कहते हैं।
5. कुञ्चित – भ्रुकुटियों को क्रमशः धीरे–धीरे एक साथ पास–पास झुकाना कुञ्चित कहलाता है।
6. रेचित – एक भ्रुकुटी को लालित्यपूर्ण ढंग से ऊपर की ओर उठाना 'रेचित' कहलाता है।
7. सहज – भ्रुकुटियों का अपनी स्वाभाविक दशा में होना 'सहज' कहलाता है।''[48]

कत्थक नृत्य में आश्चर्य का भाव दिखाने में 'उत्क्षेप', सहमति देने में 'पातन', थाट निकास एवं ठुमरी में 'रेचित' तथा 'चतुर' का प्रयोग दिखाई देता है।

नासा कर्म

''नता मन्दा विकृष्टा च सोच्छ्वासाथ विकूणिता।
स्वाभाविका चेति बुधैः षड्विधा नासिका स्मृता।।''[49]

''ये नासा कर्म छः प्रकार के होते हैं :–

1. नता – यदि नासा पुट बार–बार मिलते हों तो नता कहलाता है।
2. मन्दा – यदि नासा पुट स्थिर हों तो मन्दा कहलाता है।
3. विकृष्टा – यदि नासापुट फुले हों तो 'विकृष्टा' कहलाता है।
4. सोच्छ्वासा – नासापुटों में साँस खींचा जाये तो 'सोच्छ्वासा' कहलाता है।
5. विकूणिता – यदि नासापुट सिकुड़े हों तो विकूणिता कहलाता है।
6. समा – यदि नासापुट सहज भाव में हों 'समा' दशा होती है।''[50]

---

[48] नाट्यशास्त्रम् भाग–2, पं. बाबूलाल शुक्ल शास्त्री, पृ. क्र. 26
[49] नाट्यशास्त्रम् भाग–2, पं. बाबूलाल शुक्ल शास्त्री, अध्याय–8/128
[50] नाट्यशास्त्रम् भाग–2, पं. बाबूलाल शुक्ल शास्त्री, पृ. क्र. 27

मुखराग

नृत्य में मुखराग का बहुत अधिक महत्व है। नृत्यकार यदि नृत्य में दक्ष है प्रस्तुतियों में भी योग्यता है किन्तु उसके मुखराग में आकर्षण या सौम्यता नहीं हे तो वह कुशल नर्तक नहीं माना जा सकता और न ही वह अपने प्रदर्शन से रस का संचार कर सकता है।

भरतमुनि ने नाट्यशास्त्र में मुखराग को प्रमुखता दी है। जिस तरह रात्रि में चन्द्रमा से उसकी शोभा बढ़ जाती है। उसी तरह मुखराग से कलाकार की शोभा बढ़ जाती है। मुखराग के आकर्षण के कारण दर्शकों का ध्यान मुखमण्डल पर ही केन्द्रित रहता है। मुखराग के द्वारा ही कलाकार अपने भावों को संप्रेषित करते हैं।

हर कलाकार का प्रयास होता है कि वह जो अर्थभाव प्रस्तुत करे उसका दर्शको के मन–मस्तिष्क पर अमिट प्रभाव पड़े। अतः मुखराग ही वह सशक्त माध्यम है जिसके द्वारा शारीरिक चेष्टा की न्यूनता होकर भी श्रेष्ठता दिखाई देती है। भौह, नेत्र, भ्रुकुटी आदि के कुशल प्रयोग से ही मुख की शोभा बढ़ती है और अभिनय में दक्षता आती है जिससे रस का पूरा परिपाक दर्शकों में आनंद लाता है। नाट्यशास्त्र में मुखराग के चार प्रकार बताये गए हैं–

"स्वाभाविकः प्रसन्नश्च रक्तः श्यामोऽर्थसंश्रयः।"[51]

कत्थक नृत्य में चारों मुखरागों का प्रयोग होता है। कथा प्रधान होने के कारण स्वाभाविक, प्रसन्न, रक्त तथा श्याम चारों मुखरागों का प्रयोग अभिनय के प्रदर्शन में दिखाई देता है। कत्थक नृत्य में मुखराग का प्रयोग लोकानुभूति पर आधारित है। रक्त मुखराग का प्रयोग वीर रौद्र रसो पर आधारित अभिनय में दिखाई देता है।

भयभीत तथा शोकजनित अभिनय में श्याम मुखराग की योजना होती है। सामान्यतः नायक–नायिका स्वाभाविक मुखराग का प्रयोग करते है जबकि मुख पर उत्साह की आभा प्रसन्न मुखराग को जनित करती है। नायक–नायिका का मिलन

---

[51] नाट्यशास्त्रम् भाग–2, पं. बाबूलाल शुक्ल शास्त्री, अध्याय–8/160

मनमोहक वस्तु का अवलोकन तथा सौदर्यजनित (श्रृंगार) कार्यो में प्रसन्न मुखराग का प्रयोग कत्थक नृत्यकार करते है।

ग्रीवा कर्म

"समा नतोन्नता त्र्यस्त्रा रेचिता कुञ्चिताञ्चिता।
वलिता च विवृत्ता च ग्रीवा नवविधार्थतः।।"[52]

"ये ग्रीवा कर्म नौ प्रकार के हैं–(1) समा, (2) नता, (3) उन्नता, (4) त्र्यस्त्रा, (5) रेचिता, (6) कुञ्चिता, (7) अञ्चिता, (8) वलिता, (9) विवृत्ता।

कत्थक नृत्य में उपयोगी ग्रीवा भेद :–

1. **समा** – "अपनी सहज अवस्था में विद्यमान ग्रीवा समा ग्रीवा कहलाती हैं।"[53] इसका उपयोग जप, ध्यान आदि अभिनय में किया जाता है।

2. **नता** – "यदि ग्रीवा झुकी हो तो नता कहलाती है।"[54] आभूषण धारण करने तथा लज्जा का अभिनय दिखाते समय यह ग्रीवा कत्थक नृत्य में उपयोगी है।

3. **उन्नता** – "ऊपर की ओर चेहरे को उठाकर रखी हुई ग्रीवा उन्नता कहलाती है।"[55] ऊपर की ओर देखने का अभिनय इसके द्वारा दिखाया जाता है।

4. **रेचिता** – "यदि ग्रीवा कम्पित या घूमते हुए रखी जाए तो रेचिता कहलाती है।"[56] कत्थक नृत्य में थाट, ठुमरी में इसका प्रयोग होता है।

---

[52] नाट्यशास्त्रम् भाग–2, पं. बाबूलाल शुक्ल शास्त्री, अध्याय–8 / 168–169
[53] नाट्यशास्त्रम् भाग–2, पं. बाबूलाल शुक्ल शास्त्री, पृ. क्र. 35
[54] वही, पृ. क्र. 35
[55] नाट्यशास्त्रम् भाग–2, पं. बाबूलाल शुक्ल शास्त्री, पृ. क्र. 35
[56] वही, पृ. क्र. 35

हस्त मुद्रायें

भारतीय सभ्यता में मुद्रा शब्द का प्रचलन प्राचीन काल से चला आ रहा हैं। मुद्रा शब्द का अर्थ हैं – हस्त की विशेष स्थिति, संकेतो की भाषा तथा द्रव्य। धर्म व अध्यात्म में मुद्रा शब्द का प्रयोग मंत्रोच्चारण में किया जाता हैं। भारतीय संस्कृति की योग साधना में मुद्रा का विशेष महत्व बतलाया जाता हैं। तंत्र शास्त्र में मुद्राओं का स्वरूप निर्धारित कर के तांत्रिको के द्वारा मंत्रसिद्धी के प्रयोग किये जाते है।

मंदिर की प्राचीन मूर्तियों एवं शिलालेखो से स्पष्ट होता है कि प्रतिमाओं में हाथों को एक विशेष अवस्था में प्रदर्शित किया गया है। यथा भगवान गौतम बुद्ध की प्रतिमा में उनके दोनों हाथों में अराल मुद्रा धारण कर उन्हें घुटनो पर अवस्थित किया गया है। भगवान राम के चित्रण में उनके दाहिने हाथ में पताका व बाँयें हाथ में शिखर मुद्रा धारण कर (आशीर्वाद देने) प्रदर्शित किया जाता हैं, कभी–कभी बाँयें हाथ में सूची मुद्रा बनाकर धनुर्धारी के रूप में श्री रामचन्द्र व कामदेव को अभिनीत किया जाता हैं। उपरोक्त तथ्य से स्पष्ट हैं कि प्राचीन काल से ही धर्म व अध्यात्म में मुद्राओं का प्रयोग किया गया है तथा कला के क्षेत्र में इसका प्रयोग बाद के कालों में हुआ हैं।

यद्यपि काल प्रवाह ने मुद्रा की परिभाषा को अलग–अलग रूपों में प्रदर्शित किया है। यथा द्रव्य, संकेतो की भाषा, प्रतीको का साकार रूप, उपासना का माध्यम, तंत्रोक्त प्रणाली की अवस्था आदि। इन सभी की भाषा बनने के कारण मुद्रा शब्द का प्रयोग भिन्न–भिन्न रूपों में हुआ। धर्म से कला और कला के बाद इस शब्द ने और भी अर्थ ग्रहण किये परंतु कला के क्षेत्र में मुद्रा शब्द ने एक निश्चित रूप धारण कर लिया और वह हैं– हस्तो की विशेष अवस्था। जिसका प्रमाण हमें प्राचीन मूर्तियों व चित्रों को देखकर प्राप्त होता हैं।

मुद्राओं को नृत्त, नृत्य तथा अभिनय तीनों में ही विशेष रूप से अंगीकृत किया गया हैं तथा सभी में इसके कलात्मक स्वरूप भिन्न–भिन्न हैं।

भारतीय नृत्य शैलियो की भावाभिव्यक्ति की प्रमुख कारक हस्त मुद्रायें व मुखाकृति हैं। जिनके संचालन से अर्थ की उत्पत्ति होती हैं। इसलिये हस्त मुद्रायें

अर्थ की सांकेतिक भाषा का प्रदर्शन करती हैं तथा मुखाकृति उस प्रदर्शन (भाव) को अर्थ प्रदान करती हैं। जिससे अर्थ की पुष्टि दर्शको को होती हैं।

मुद्राओं के माध्यम से कथानक के प्रसंगों का प्रदर्शन नृत्य में किया जाता हैं। भावाभिव्यक्ति, संकेत के द्वारा नर्तक के शरीर एवं अंगोपांगों के मुद्राओं का प्रयोग ताल और संगीत से मिश्रित होकर दर्शक को आनंद प्रदान करता हैं।

हस्त मुद्रायें नृत्य जगत में विशिष्ट स्थान रखती है साथ ही चित्रकला, मूर्तिकला में भी भावाभिव्यक्ति को कलात्मक स्वरूप प्रदान करने में हस्तमुद्रायें महत्वपूर्ण हैं। अजंता–एलोरा, किशनगढ पहाड़ी, तंजौर मंदिर इसके जीवंत उदाहरण हैं।

कला का रूप कोई भी हो –स्थिर हो या गतिशील। सभी में मुद्रायें मौन भाषा बन कर हृदय के भाव को जाग्रत कर संप्रेषित करने का महत्वपूर्ण कार्य करती हैं। जड़ और चेतन के प्रतीक हस्त मुद्राओं के द्वारा सरलता से व्यक्त किये जा सकते हैं।

हस्त के द्वारा जब अर्थ को प्रदर्शित किया जाता है तो मुँह से कुछ बोले बिना ही अर्थ का संप्रेषण दर्शकों को हो जाता हैं। लक्ष्मी, सरस्वती, दुर्गा, ब्रम्हा, विष्णु, शंकर, चन्द्र, सूर्य, तारे, सर्प, मृग आदि सभी का प्रदर्शन हस्तमुद्राओं के द्वारा किया जाता है।

कोई भी भाषा, संकेत, अर्थ हस्तमुद्राओं से अछूता नही हैं। हर भावाभिव्यक्ति में हस्त मुद्रायें सक्षम हैं तथा नृत्य–नाटय, चित्रकला, मूर्तिकला को कलात्मक स्वरूप प्रदान करने में इनका महत्व स्वतः सिद्ध हैं।

नाट्यशास्त्र में हस्त मुद्रायें

आचार्य भरत ने नाटयशास्त्र ग्रंथ के नवंम अध्याय में हस्ताभिनय का विशद वर्णन किया हैं। हस्त मुद्रायें एक माध्यम है जो आंतरिक भाव को स्वरूप प्रदान कर रसभूमि पर ले जाती हैं। तथा मानवीय चेष्टाओं की अभिव्यक्ति का सशक्त माध्यम हस्तमुद्रायें होती हैं।

समस्त आंगिक प्रधान अभिनय में हस्ताभिनय का महत्व सर्वोपरि होता है। हस्ताभिनय के द्वारा मुद्रा एवं भाव–भंगिमाओं की रचना को आचार्य भरत ने विस्तार

से विचारित एवं वर्गीकृत किया हैं। नृत्य–नाट्य प्रयोग में हस्त मुद्राओं की सुकुमारता व अर्थ युक्ति का महत्वपूर्ण स्थान हैं। पात्र हाथ की मुद्राओं के द्वारा न जाने कितने अर्थो का प्रकाशन करते हैं। जिससे चमत्कार पूर्ण अर्थ परंपरा का सृजन होता हैं। आचार्य भरत ने हस्तमुद्राओं के तीन प्रकार बतलाये है –

1. असंयुक्त हस्त मुद्रायें।
2. संयुक्त हस्त मुद्रायें।
3. नृत्त हस्त मुद्रायें।

एक हाथ से बनने वाली हस्तमुद्रा जिसमें किसी अर्थ की अभिव्यक्ति होती हैं उसे असंयुक्त हस्तमुद्रा कहते हैं। दोनों हाथों के योग से प्रदर्शित होने वाली मुद्रा को संयुक्त हस्त मुद्रा तथा नृत्त में प्रयोग में आने वाली हस्त मुद्रा जिससे किसी अर्थ की अभिव्यक्ति नही होती है वह नृत्त हस्त मुद्रा कहलाती हैं।

यद्यपि इन हस्तमुद्राओं का प्रयोग नृत्य–नाटय दोनों शैली में होता है। तथापि नृत्य शैली में इन हस्त मुद्राओं का महत्वपूर्ण स्थान होता हैं क्योंकि नाट्य में जो अभिव्यक्ति संवाद के माध्यम से होती हैं, नृत्य में अभिव्यक्ति का प्रमुख कारक हस्तमुद्रायें होती हैं।

आचार्य भरत ने 24 असंयुक्त, 13 संयुक्त तथा 30 नृत्त हस्त मुद्राओं का वर्णन नाट्यशास्त्र ग्रंथ में किया हैं।

असंयुक्त हस्त मुद्रायें

नाट्यशास्त्र में वर्णित 24 असंयुक्त हस्त मुद्राओं के नाम निम्नानुसार है –

"पताकस्त्रिपताकश्च तथा वै कर्तरीमुखः।
अर्धचन्द्रो ह्यरालश्च शुकतुण्डस्तथैव च।।
मुश्टिश्च शिखराख्यश्च कपित्थः कटकामुखः।
सूच्यास्यः पद्मकोषश्च तथा वै सर्पशीर्षकः।।
मृगशीर्षः परो ज्ञेयो हस्ताभिनययोक्तृभिः।
लाङ्गलोत्पलपद्मश्च चतुरो भ्रमरस्तथा।।

हंसास्यो हंसपक्षश्च सन्दंशो मुकुलस्तथा।
ऊर्णनाभस्ताम्रचूडश्चतुर्विंशतिरीरिताः।।"[57]

असंयुक्त हस्त मुद्रायें 24 है –

1. पताक	2. त्रिपताक	3. कर्तरीमुख
4. अर्धचन्द्र	5. अराल	6. शुकतुण्ड
7. मुष्टि	8. शिखर	9. कपित्थ
10. कटकामुख	11. सुच्यास्य (सूची मुख)	12. पद्मकोष
13. सर्पशीर्ष	14. मृगशीर्ष	15. कांगुल
16. अलपद्म	17. चतुर	18. भ्रमर
19. हंसास्य	20. हंसपक्ष	21. सन्दंश
22. मुकुल	23. ऊर्णनाभ	24. ताम्रचूर्ण।

कत्थक नृत्य में उपयोगी असंयुक्त हस्त मुद्राओं के लक्षण एवं प्रयोग

1. पताका हस्तमुद्रा

"प्रसारिताः समाः सर्वाः यस्यांल्ङल्यो भवन्ति हि।
कुञ्चितश्च तथाङगुष्ठः स पताक इति स्मृतः।।

सभी ऊंगलियो को फैलाकर यदि अंगूठे को तिरछा कर दे और उसे तर्जनी के मूल में लगा दे तो पताका हस्तमुद्रा होती हैं।"[58]

कत्थक नृत्य व अन्य नृत्य शैलियों में भी पताका हस्त मुद्रा का प्रयोग अधिक होता हैं क्योंकि इसके द्वारा अनेक अर्थों की अभिव्यक्ति होती हैं।

एक हाथ से व दोनों हाथों में पताका हस्तमुद्रा धारण कर इसके द्वारा आशीर्वाद देने, प्रेरणा देने, प्रहार करने, वायु प्रवाह ,अग्नि की ताप, पुष्पवृष्टि,

---

[57] नाट्यशास्त्रम् भाग–2, पं. बाबूलाल शुक्ल शास्त्री, अध्याय–9/4–7

[58] नाट्यशास्त्रम् भाग–2, पं. बाबूलाल शुक्ल शास्त्री, पृ. क्र. 41

दरवाजा बंद करना, लहरों का वेग, पर्वत उठाना, बाढ का वेग, मनुष्य का कोलाहल आदि का अभिनय कत्थक नृत्यकार प्रदर्शित करते हैं।

प्रतिमा विज्ञान में पताक हस्त मुद्रा के द्वारा अभय मुद्रा का प्रकाशन दिखाई देता है। सम्भवतः इसी कारण यह हस्तमुद्रा प्रथम श्रेणी में नामांकित है।

2. त्रिपताक

"पताके तु यदा वक्रानामिका त्वङ्गलिर्भवेत्।
त्रिपताकः स विज्ञेयः कर्मचास्य निबोधत।।

यदि पताक मुद्रा युक्त हाथ में अनामिका अंगुली को झुका दिया जाए तो त्रिपताक मुद्रा हो जाती हैं।"[59]

कत्थक नृत्य में तिलक करने, मुकुट धारण करने, अश्रु पोंछने का अभिनय करने में त्रिपताक हस्तमुद्रा उपयोगी हैं।

3. अर्धचन्द्र

"यस्याङ्गइल्यस्तु विनताः सहाङ्गुष्ठेन चापवत्।
सोऽर्धचन्द्र इति ख्यातः करः कर्मास्य वक्ष्यते।।

यदि अंगुलियों को अंगूठे सहित धनुष जैसी झुका कर फैला दी जाए तो अर्धचन्द्र मुद्रा कहलाती हैं।"[60]

कत्थक नृत्य में अर्धचन्द्र हस्तमुद्रा का प्रयोग नायिका द्वारा शृंगार करते समय कानो में कुण्डल धारण करने का अभिनय दिखाने में किया जाता हैं।

4. अराल

"आद्या धनुर्नता काया कुञ्चितोऽङ्गुष्ठकस्तथा।
शेषा भिन्नोर्ध्ववलिता ह्यरालेऽङ्गुलयः करे।।

---

[59] नाट्यशास्त्रम् भाग–2, पं. बाबूलाल शुक्ल शास्त्री, पृ. क्र. 43
[60] वही, पृ. क्र. 46–47

यदि तर्जनी अंगुली झुकी हुई, अगूंठा सिकुड़ा हुआ तथा शेष उँगलियाँ उससे पृथक तथा ऊपर की ओर खड़ी रखी जाए तो अराल मुद्रा जानो।''[61]

अराल हस्तमुद्रा का प्रयोग कथक नृत्य में बहुतायत होता हैं।

आर्शीवचन, सत्यवचन, उपदेश देने, बुलाकर रोकने का भाव दिखाते समय हाथों में अराल हस्तमुद्रा धारण किया जाता हैं नायिका के केश सम्मार्जन तथा सौन्दर्ययुक्त वस्तु का अभिनय करने में अराल मुद्रा का प्रयोग होता हैं।

5. मुष्टि

''अङ्गुल्यो यस्य हस्तस्य तलमध्येऽग्रसंस्थिताः।
तासामुपरि चाङ्गुष्ठः स मुष्टिरिति संज्ञितः।।

यदि सारी अंगुलियाँ हथेली में बाँध दी जाएँ और अंगूठे को ऊपर रख ले तो मुष्टि मुद्रा कहलाती हैं।''[62]

कत्थक नृत्य में मुष्टि मुद्रा द्वारा त्रिशुल धारण करने, प्रहार करने, वीरता का प्रदर्शन तथा गौ दुग्ध निकालने का अभिनय किया जाता हैं।

6. शिखर

''अस्यैव च यदा मुष्टेरुर्ध्वोऽङ्गुष्ठः प्रयुज्यते।
हस्तः स शिखरो नाम तदा ज्ञेयः प्रयोक्तृभिः।।

यदि मुष्टि हस्त में अंगूठे को ऊपर सीधा उठा लिया जाये तो शिखर मुद्रा कहलाती हैं।''[63] धनुष की डोरी, कामदेव, ओष्ठ का सौन्दर्य, शक्ति तथा दंभ का अभिनय करते समय इस हस्त मुद्रा का प्रयोग कत्थक नृत्य में किया जाता हैं।

---

[61] वही, पृ. क्र. 47

[62] नाट्यशास्त्रम् भाग–2, पं. बाबूलाल शुक्ल शास्त्री, पृ. क्र. 49

[63] वही, पृ. क्र. 50

7. कपित्थ

"अस्यैव शिखराख्यस्य द्वयङ्गुष्ठकनिपीडिता।
यदा प्रदेशिनी वक्रा स कपित्थस्तदा स्मृतः।।

यदि शिखर हस्त में तर्जनी उंगली को झुकाकर अंगूठे पर दबा कर रख दी जाये तो कपित्य म्रुद्रा कहलाती हैं।"[64]

कत्थकनृत्य में कपित्थ हस्त के द्वारा लक्ष्मी, पुष्प ग्रहण करने, बाण को छोड़ने, आंचल पकड़ने तथा दीपार्जन का अभिनय बतलाया जाता हैं।

8. कटकामुख

"उत्क्षिप्त वक्रा तु यदानामिका सकनीयसी।
अस्यैव तु कपित्थस्य तदासौ कटकामुखः।।

यदि कपित्थ हस्त मुद्रा में अनामिका तथा कनिष्ठिका उंगलियों को ऊपर उठाकर मोड़ा जाये तो कटकामुख मुद्रा कहलाती हैं।"[65]

कटकामुख हस्तमुद्रा का प्रयोग कत्थकनृत्य में बहुतायत से होता हैं। नायिका द्वारा घूँघट लेने का अभिनय करने में कटकामुख हस्तमुद्रा का विशेष प्रयोग होता है। इसके अतिरिक्त फूल तोड़ने, रस्सी खीचने, हार धारण करने तथा वस्त्र खीचने का अभिनय भी कटकामुख मुद्रा के द्वारा प्रदर्शित किया जाता है।

9. सूचीमुख

"कटकाख्ये यदा हस्ते तर्जनी सम्प्रसारिता।
हस्तस्य सूची मुखो नाम तदा ज्ञेयः प्रयोक्तृभिः।।

---

64 नाट्यशास्त्रम् भाग–2, पं. बाबूलाल शुक्ल शास्त्री, पृ. क्र. 50
65 वही, पृ. क्र. 51

यदि कटकामुख मुद्रावाले हाथ की तर्जनी उंगली फैला दी जाये तो सूचीमुख मुद्रा कहलाती हैं।''[66]

कत्थकनृत्य में बाण छोड़ने, बिजली चमकने, दीप शलाका, तारे (ऊपर) एक ही संख्या, प्रश्न करने का भाव प्रदर्शित किया जाता हैं।

10. पद्यकोष

''यस्याङ्गुल्यस्यस्तु विरलाः सहाङ्गुष्ठेन कुञ्चिताः।
उर्ध्वाः ह्यसङ्गताग्राश्च स भवेत् पद्यकोशकः।।

यदि अंगूठे सहित सभी उंगलियो को ऊपर की तरफ मुँह वाली अलग–अलग तथा सिकुडी हुई रखी जाय तो पद्यकोषहस्त हो जाता है।''[67]

कत्थक नृत्य में पद्यकोष हस्तमुद्रा का प्रयोग विकसित कमल, कैथाफल, पुष्प की कली, का अभिनय करने में होता हैं।

11. सर्पशीर्ष

''अङ्गुल्यस्सहतास्सर्वा : सहाङ्गष्ठेन यस्य तु।
तथा निम्नतलश्चैव स तु सर्पशिराः करः।।

यदि सभी अँगुलियाँ अँगूठे सहित एक दूसरे से मिली हुई हो और हथेली झुकी रखी जाए तो (सर्प के फन के समान हो जाने के कारण) सर्पशीर्ष हस्त बन जाता हैं।''[68]

सर्पशीर्ष नामक हस्तमुद्रा की व्युत्पत्ति सर्प का अभिनय करने से हुई है तथा घड़ा उठाने (जल भरने), का अभिनय करने में कत्थक नृत्यकार इसका उपयोग करते हैं।

---

[66] नाट्यशास्त्रम् भाग–2, पं. बाबूलाल शुक्ल शास्त्री, पृ. क्र. 51–52
[67] वही, पृ. क्र. 54
[68] वही, पृ. क्र. 55

12. अलपल्लव (अल्लपद्य)

"आवर्तिताः करतले यस्याङ्गुल्यों भवन्ति हि।
पार्श्वागत–विकीर्णाश्च स भवेदलपल्लवः।।

यदि सारी अँगुलियाँ हथेली में गोलाकार में सिकुड़ी हुई तथा बिखरी हुई रखी जाए तो अलपल्लव मुद्रा कहलाती हैं।"[69]

कत्थकनृत्य कथाप्रधान (अभिनय प्रधान) होने के कारण हस्तमुद्राओ के द्वारा सम्पूर्ण अभिव्यक्ति प्राप्त करता है। अलपल्लव हस्तमुद्रा के द्वारा प्रश्नसूचक वाक्यो को प्रदर्शित किया जाता हैं।

13. भ्रमर

"मध्यमाङ्गुष्ठयसन्दष्टो वक्रा चैव प्रदेशिनी।
उर्ध्वमन्ये प्रकीर्णे च द्वयङ्गुल्यौ भ्रमरे करे।।

यदि मध्यमा उंगली और अंगूठे को एक–दूसरे से मिलाकर उंगली को टेढ़ी कर ले तथा दो उंगलियाँ ऊपर की ओर फैला दी जाये तो भ्रमर हस्तमुद्रा कहलाता हैं।"[70]

कत्थक में इस मुद्रा के द्वारा भंवरा, तोता, का भाव अभिनीत किया जाता हैं।

14. सन्दंश

"तर्जन्यङ्गुष्ठसन्दष्टस्तवरालस्य यदा भवेत्।
आभुग्नतलयध्यस्थः स सन्दंश इति स्मृतः।।

यदि अरालहस्त में तर्जनी तथा अंगूठे का अग्रभाग मिलाकर हथेली को थोड़ी नमा दी जाए तो सन्दंश हस्त हो जाता है।

---

[69] नाट्यशास्त्रम् भाग–2, पं. बाबूलाल शुक्ल शास्त्री, पृ. क्र. 57
[70] वही, पृ. क्र. 59

सन्दंश हस्त का प्रयोग तीन स्थितियो के अनुसार किया जाता हैं।

1. अग्रज (सामने की ओर रहने वाला)
2. मुखज (मुख के समीप रहने वाला)
3. पार्श्वगत (एक ओर रहने वाला)''[71]

कत्थक नृत्य में इन तीनो स्थितियो में सन्दंश हस्त की अभिव्यक्ति भिन्न–भिन्न होती है। अग्रज सन्दंश के द्वारा पुष्पों की सूत्र, माला गूथना, बाण खीचना, मुख सन्दंश से दीपक की बाती, शलाका, कोप तथा पार्श्व सन्दंश के द्वारा खुबसुरती, कोमलता का अभिनय प्रदर्शित होता हैं। नेत्रों में अंजन धारण करना, चित्रकारी, महावर लगाने का अभिनय भी सन्दंश हस्त द्वारा बतलाया जाता है।

संयुक्त हस्त मुद्रायें

नाट्यशास्त्र में वर्णित तेरह संयुक्त हस्त मुद्रायें हैं –

''अज्जलिश्च कपोतश्च कक्रटः स्वस्तिकस्यतथा।
कटकावर्धमानश्च ह्यत्सङ्गो निषधस्तथा।
दोलः पुप्पपुटश्चैव तथा मकर एव च।।
गजदन्तोऽवहित्थश्च वर्धमानस्तथैव च।
एते तु संयुता हस्ता मया प्रोक्तास्त्रयोदश।।''[72]

जिनके नाम है–

1. अंजलि
2. कपोत

---

[71] नाट्यशास्त्रम् भाग–2, पं. बाबूलाल शुक्ल शास्त्री, पृ. क्र. 61
[72] नाट्यशास्त्रम् भाग–2, पं. बाबूलाल शुक्ल शास्त्री, अध्याय–9/8–10

3. ककृट
4. स्वास्तिक
5. कटकावर्धमानक
6. उत्संग
7. निषध
8. दोला
9. पुष्पपुट
10. मकर
11. गजदन्त
12. अवहित्थ
13. वर्धमान

कत्थक नृत्य में उपयोगी संयुक्त हस्त मुद्राओं के लक्षण एवं उपयोग

1. अंजली

"पताकाभ्यान्तु हस्ताभ्यां संश्लेषादञ्जलिः स्मृतः।
देवतानां गुरूणाश्च मित्राणाञ्चाभिवादने।।

दो पताक हस्तों को मिलाने से अंजलि हस्त मुद्रा हो जाती है।"[73]

2. कपोत

"उभाभ्यामपि हस्ताभ्यामन्योन्यं पार्श्वसङ्ग्रहात्।
हस्तः कपोतको नाम कर्म चास्य निबोधत।।

दो हस्तो को परस्पर दोनों–कोनों से मिलाने पर 'कपोत' मुद्रा होती हैं।"[74]

---

[73] नाट्यशास्त्रम् भाग–2, पं. बाबूलाल शुक्ल शास्त्री, पृ. क्र. 65
[74] वही, पृ. क्र. 65

कत्थक नृत्य में अंजलि व कपोत दोनों के द्वारा प्रणाम करने, अभिवादन करने का भाव प्रेषित होता हैं।

3. कक्रट

"अङ्गुल्यो यस्य हस्तस्य ह्यन्योन्यान्तरनिस्सृताः।
स कक्रट इति ज्ञेयः करः कर्म च वक्ष्यते।।

यदि दोनों हाथों की उंगलियाँ मिलकर एक–दूसरे के बीच से निकली हुई रहे तो इसे कक्रट मुद्रा होती है।"[75]

इसके द्वारा कत्थक नृत्य में अगंडाई लेना तथा विचार चिंतन का भाव दिखाया जाता है।

4. पुष्पपुट

"यस्तु सर्पशिराः प्रोक्तस्तस्याङ्गुंलिनिरन्तरः।
द्वितीय पार्श्वसंश्लिष्टः स तु पुष्पपुटः स्मृतः।।

दो सर्पशीर्ष हस्तों की अंगुलियों को सटाकर दोनों हाथों को एक–दूसरे से सटा देने पर पुष्पपुट मुद्रा हो जाती हैं।"[76]

इसके द्वारा जल, पुष्प आदि ग्रहण करने का भाव दिखाया जाता हैं।

5. मकर

"पताकौ तु यदा हस्तावूर्ध्वाङ्गुष्ठावधोमुखौ।
उपर्युपरि विन्यस्तौ तदासो मकरः स्मृतः।।

---

[75] नाट्यशास्त्रम् भाग–2, पं. बाबूलाल शुक्ल शास्त्री, पृ. क्र. 66
[76] वही, पृ. क्र. 69

यदि दो पताका हस्तों को (अँगूठा उठाते हुए) फैलाकर एक–दूसरे पर रख दिया जाए तो मकर नामक हस्तमुद्रा हो जाती हैं।"[77]

कत्थक नृत्य में मत्स्य का भाव दिखाने में यह उपयोगी हैं।

नृत्तहस्त

आचार्य ने नाट्यशास्त्र में तीस नृत्तहस्तों का वर्णन किया हैं। ये नृत्तहस्त एक अलंकार है जिससे शारीरिक भंगिमा में लावण्यता व कोमलता का प्रदर्शन होता हैं। यद्यपि नृत्तहस्त में हाथों की सुंदर संचालन का महत्व होता है। परन्तु इसमें पैर व शरीर के अन्य अंगो का भी सामंजस्य रहता है और इस सामंजस्य से ही नृत्य प्रदर्शन शोभाशाली बनती हैं।

नृत्तहस्त की रचना संयुक्त व असंयुक्त हस्तो व इनके योग से होती है। नृत्तहस्त एक निश्चित मुद्रा नहीं है वरन् यह चालन की एक स्थिति हैं इसलिये नृत्तहस्तों का चित्रांकन संभव नहीं हैं।

आचार्य भरत ने हस्तमुद्राओं के प्रयोग के संदर्भ में बतलाया है कि ज्येष्ठ अभिनय के लिए हस्तमुद्राओं का प्रयोग निम्न रहना चाहिए। जबकि मध्यम अभिनय के लिए मध्यम व निम्न अभिनय में हस्तमुद्राओं का प्रयोग अधिक होना चाहिए। कत्थक नृत्य अभिनय प्रधान्य नृत्य शैली हैं।

कत्थक नृत्य शैली में असंयुक्त व संयुक्त हस्तमुद्रा का प्रयोग होता है परन्तु उसी अनुपात में नृत्तहस्त का प्रयोग इस नृत्य शैली में सामान्यतः कम दिखाई देता है। ये नृत्तहस्त शरीर की विशिष्ट भंगिमा को प्रदर्शित करते है।

वक्षकर्म

आचार्य भरत ने नाट्यशास्त्र ग्रंथ के दसवें अध्याय में वक्षकर्म की व्याख्या की है उनके अनुसार वक्ष संचालन के पाँच प्रकार है –

"आभुग्नमथ निर्भुग्नं तथा चैव प्रकम्पितम्।
उद्वाहितं समञ्चैव ह्युरः पञ्चविधं स्मृतम्।।"[78]

---

[77] वही, पृ. क्र. 69

वक्षः स्थल के पाँच प्रकार है यथा –

(1) आभुग्न
(2) निर्भुग्न
(3) प्रकम्पितम्
(4) उद्वाहित
(5) सम्

नाट्यशास्त्र के अनुसार इनके लक्षण एवं कत्थक नृत्य में अनुप्रयोग

1. आभुग्न

"निम्नमुन्नतपृष्ठञ्च व्याभुगनांसं श्लथं क्वचिद्।
आभुग्नं तदुरो ज्ञेयं कर्म चास्य निबोधत।।
सम्भ्रमविषद्मूर्च्छाशोकभयव्याधिहृदयशल्येषु।
कार्य शीतस्पर्शे वर्षे लज्जान्वितेऽर्थवशात्।

लक्षण : यदि स्कधं झुके हुए, पीठ उठी हुई तथा वक्षः स्थल और दोनों कन्धे नीचे झुके हो तो 'आभुग्न' वक्षः स्थल कहलाता है। इसकी योजना सम्भ्रम, विषद, मूर्च्छा, शोक, भय, व्याधि, ह्दयशल्य, शीतस्पर्श, वर्षा तथा लज्जा में (आवश्यकतानुसार) की जाती है।"[79]

नाट्यशास्त्र में वर्णित आभुग्न वक्ष का प्रयोग कत्थकनृत्य में भय, शोक तथा लज्जा का अभिनय करने में किया जाता है।

2. निर्भुग्न

"स्तब्धञ्च निम्नपृष्ठञ्च निर्भुग्नांससमुन्नतम्।
उरो निर्भुग्नमेंतद्धि कर्म चास्य निबोधत।।
स्तम्भे मानग्रहणे विस्मयदृष्टे च सत्यवचने च।
अहमिति च दर्पवचने गर्वोत्से के च कर्त्तव्यम्।।

---

[78] नाट्यशास्त्रम् भाग–2, पं. बाबूलाल शुक्ल शास्त्री, अध्याय–10/1

[79] नाट्यशास्त्रम् भाग–2, पं. बाबूलाल शुक्ल शास्त्री, पृ. क्र. 84

लक्षण : यदि वक्षःस्थल दृढ, पीठ झुकी हुई तथा कंधे उठे हुए हों तो उसे निर्भुग्न वक्षः स्थल जानों। इसकी योजना स्तम्भ, मान, विस्मयपूर्वक अवलोकन, सत्यवचन, 'अहम्' (गर्वयुक्त) वचन तथा गर्वातिशय में करनी चाहिए।''[80]

उपरोक्त लक्षणानुसार निर्भुग्न वक्ष का प्रयोग कथक नृत्य में नायक–नायिका के द्वारा अहम् (गर्व) का प्रदर्शन (अभिनय) करने में किया जाता है।

3. प्रकम्पित्

ऊर्ध्वक्षेपैरुरो यत्र निरन्तरकृतैः कृतम्।
प्रकम्पितञ्च तज्ज्ञेयमुरो नाटयप्रयोक्तृभिः।।
हसितरूदितेषु कार्ये श्रमे भये श्वासकासयोश्चैव।
हिक्के दुःखे च तथा नाट्यज्ञैरर्थयोगेन।।[81]

लक्षण : यदि वक्षः स्थल निरंतर फुलाया या सिकुड़ाना जाए तो 'प्रकम्पित् ' वक्षः स्थल कहलाता है। इसकी योजना हास्य, रूदन, भ्रम, श्वास, कास, हिक्का तथा दुख की दशा में स्थिति के अनुसार करनी चाहिए।''

प्रकम्पित वक्षकर्म का प्रयोग नाट्यकला में बहुतायत होता है। तथापि श्वासों की गति (रूदन) में उतार–चढ़ाव को अभिनित करने में कत्थक नृत्य में इसका प्रयोग दिखाई देता है। विशेषकर थाट के प्रदर्शन में मसक क्रिया में प्रकम्पित कर्म का सौंदर्यबोध होता है।

4. उद्वाहित

''उद्वाहितं तूर्ध्वकृतमुरो ज्ञेयं प्रयोक्तृभि :।
दीर्घोच्छवासोन्नतालोके जृम्भणादिषु चेष्यते।।

लक्षण : यदि वक्षःस्थल को उठा हुआ रखे तो ' उद्वाहित' वक्षःस्थल होता है। इसे दीर्घ उच्छ्वास, ऊँची वस्तु का अवलोकन तथा जंभाई लेने की अवस्था में प्रयुक्त करना चाहिए।''[82]

---

[80] नाट्यशास्त्रम् भाग–2, पं. बाबूलाल शुक्ल शास्त्री, पृ. क्र. 84
[81] नाट्यशास्त्रम् भाग–2, पं. बाबूलाल शुक्ल शास्त्री, पृ. क्र. 85

कत्थक नृत्य में उद्वाहित वक्ष का प्रयोग ऊँची वस्तु का अवलोकन करने का अभिनय करते समय होता है।

5. सम

"सवैरेवाङ्गविन्यासैश्चतुरश्रकृतैः कृतम्।
उरः समन्तु विज्ञेयं स्वस्थं सौष्ठवसंयुतम्।।

लक्षण : सभी अवयव चतुस्त्र हों (समान रहे) तथा सौष्ठव युक्त हो तो (वह) वक्षःस्थल 'सम' कहलाता है। इसे स्वाभाविक दशा के अभिनय में प्रयुक्त करें।"[83] नृत्य के प्रारंभ में व हर स्थिति में नायक–नायिका का सम अवस्था में रहना चाहिए।

यद्यपि आभुग्न, सम, उद्वाहित तथा निर्भुग्न का प्रयोग स्थिर दशा के प्रकटन में होता है परंतु प्रकम्पित स्थिति में श्वासों का उतार–चढ़ाव दिखायी देता है तथा कत्थक नृत्य के अभिनय व थाट में इसका सौंदर्यबोध होता है।

पार्श्वकर्म

भारतीय शास्त्रीय नृत्य शैली का प्रमुख अंग है – हस्त। हाथो में बनी मुद्राओं एवं हस्त संचालन के द्वारा अनेक अर्थो की अभिव्यक्ति हो जाती है। नृत्य की संपूर्ण सौंदर्याभिव्यक्ति हाथो के संचालन से प्रभावी बनती है। आचार्य भरत ने हस्ताभिनय का जिस वैज्ञानिक विधि से विश्लेषण किया है उसका वर्णन एवं अनुकरण सभी पूर्ववर्ती आचार्यो ने किया है। "निःसंदेह हस्ताभिनय का भरत ने जिस वैज्ञानिक रीति से विश्लेषण और वर्गीकरण किया है वह विस्मयावह है। अपनी भाव सम्पदा के प्रकाशन में न जाने कितने प्रकार से कितनी म्रुदाओं के साथ मनुष्य अपने भावों को रूप देता है, उन सब का अध्ययन और तुलना करके प्रतीक रूप में उनको शास्त्रीय रूप देना कम साहस की बात नही है।"[84]

---

[82] नाट्यशास्त्रम् भाग–2, पं. बाबूलाल शुक्ल शास्त्री, पृ. क्र. 85
[83] वही, पृ. क्र. 85
[84] भरत एवं भारतीय नाट्यकला –सुरेन्द्रनाथ दीक्षित पृ. क्र. 360

नृत्य सर्जना में विद्वानों के विचारानुसार जिस तरफ हाथ जाए उस तरफ आँखें संचालित होनी चाहिए और जिस तरफ आँखे जाये उससे ही भावों की अभिव्यक्ति होती है।

नाट्यशास्त्र ग्रंथ में आचार्य भरत ने पार्श्व संचालन के 5 भेद बतलाये है यद्यपि सभी भेदों का कथक नृत्य में उपयोग नही होता है परंतु नाट्यकला में इनका विस्तृत प्रयोग दिखाई देता है।

"नतं समुन्नवञ्चैव प्रसारित विवर्तिते।
तथापसृतमेवन्तु पार्श्वायोः कर्म पञ्चधा।।

"पार्श्व के पाँच प्रकार हैं। यथा – (1) नत (2) समुन्नत (3) प्रसारित (4) विवर्तित (5) अपसृत।"[85]

1. नत : यदि कटी तथा उसी होर की पार्श्व (बाजू) थोड़ी झुकी हुई और कंधा नमता हुआ रखा जाए तो 'नत' पार्श्व जानों।
2. समुन्नत : यदि दूसरी बाजू (जो कि नत पार्श्व की हो) उठी हुई रहे तथा कटी, पार्श्व, भुजा और कंधा भी उठा हुआ हो तो 'समुन्नत पार्श्व' जानों।
3. प्रसारित : यदि कोख की दोनों बाजुओं को उनकी अपनी दिशा में फैलाया जाए तो प्रसारित पार्श्व होता है।
4. विवर्तित : यदि त्रिक (पीठ) को एक घुमाव दिया जाए तो 'विवर्तित' पार्श्व होता है।
5. अपसृत : यदि विवर्तित (पार्श्व) की स्थिति से पार्श्व भाग पुनः अपनी मूल स्थिति में आ जाए तो उसे अपसृत पार्श्व जानों।"[86]

कत्थक नृत्य में हस्तसंचालन से अर्थ एवं सौदर्य की अभिव्यक्ति होती है। इसलिये पार्श्व कर्म का प्रयोग कत्थक नृत्य में बहुतायत से होता है। नाट्यशास्त्र में

---

[85] नाट्यशास्त्रम् भाग–2, पं. बाबूलाल शुक्ल शास्त्री, पृ. क्र. 86
[86] नाट्यशास्त्रम् भाग–2, पं. बाबूलाल शुक्ल शास्त्री, पृ. क्र. 86

वर्णित नत, प्रसारित, विवर्तित तथा अपसृता का प्रयोग बोल एवं अभिनय में दिखायी देता है।

कटिकर्म

शरीर के हर अंग का एक विशेष महत्व है। आँख, भौह, चिबुक, ओठ, पैर, हाथ आदि सभी के द्वारा शरीर का संचालन होता है। कटि तथा कमर की क्रियाये शरीर के चालन के अतिरिक्त नृत्य–नाट्यकला में भी उपयोगी हैं। लोकनृत्यों में कमर की चपलता दृष्टिगत होती है जबकि शास्त्रीय नृत्यो में कमर की सहजता विद्यमान होती है।

कटि शरीर का वह भाग है जो ताल व लय से संबंद्ध होता है जबकि अभिनय प्राधान्य नृत्य शैलियो में कटि का चालन बहुत कम होता है।

संभवतः इसीकारण कत्थक नृत्य में कटि भेद का प्रयोग अत्यल्प होता है। कत्थक नृत्य शैली में कटि भेद के प्रयोग की अत्यल्पता का एक कारण यह भी हो सकता है कि कटि के द्वारा किसी मुद्रा का संकेत या अभिनय की अभिव्यक्ति नही होती है।

भरत मुनि की नाट्य परिकल्पना के आधार पर कटिकर्म का वर्णन नाट्य शास्त्र में किया गया है, परंतु नृत्य कला विशेषकर कत्थक नृत्य शैली में अभिनय की प्रधानता होने के कारण कटिकर्म का प्रयोग कम दिखाई देता है।

कटि भेद

आचार्य भरत ने कटि के 5 भेद बतायें है जिनका वर्णन निम्नानुसार है –

"छिन्ना चैव निवृत्ता च रेचिता कम्पिता तथा ।
उद्वाहिता चेति कटी नाट्ये नृत्ते च पञ्चधा।।[87]

[87] नाट्यशास्त्रम् भाग–2, पं. बाबूलाल शुक्ल शास्त्री, पृ. क्र. 88

नाट्य तथा नृत्त में उपयोगी कटि के पाँच प्रकार है :–

1. छिन्ना
2. निवृता
3. रेचिता
4. कम्पिता
5. उद्वाहिता

इन पाँच भेदों के लक्षण निम्नानुसार है –

"कटि मध्यस्य वलनाच्छिन्ना सम्परिकीर्तिता।
पराङ्मुखस्याभिमुखी निवृत्ता स्यान्निवर्तिता।।
सर्वतो भ्रमणाच्चापि विज्ञेया रेचिता कटि।
तिर्यग्गतागता क्षिप्रं कटी ज्ञेया प्रकम्पिता।।
नितम्बपार्श्वोद्वहनाच्छनैरुद्वाहिता कटी।

अर्थात् बीच से लचकती हुई रहने वाली कटि 'छिन्ना' कहलाती है, सामने की ओर घुमाव देकर फिर सामने की ओर उठाकर रखने या लौटाने पर 'निवृता', चारो ओर घुमाव देने पर 'रेचिता', द्रुतगति से आड़ी तिरछी आने–जाने वाली 'कम्पिता' तथा बगल और नितंब भाग से ऊपर की ओर धीरे–धीरे उठाने पर 'उद्वाहिता' कटि कहलाती है।"[88]

कत्थक नृत्य में कटि भेद का प्रयोग सामान्यतया कम होता है। रेचिता कटि का प्रयोग भ्रमण आदि क्रियाओं में दिखाई देता है तथा थाट के प्रदर्शन में कमर का सौंदर्यपूर्ण प्रयोग होता है।

पाद–कर्म

सामान्य दिनचर्या हो या नृत्य–नाट्यकला; पावों के संचालन के बिना कोई कार्य संभव नही है। यदि मनुष्य एक स्थान पर बिना हलन–चलन के स्थिर हो

[88] नाट्यशास्त्रम् भाग–2, पं. बाबूलाल शुक्ल शास्त्री, पृ. क्र. 88

जाए तो वह मूर्तिवत हो जाएगा। जिस तरह मूर्तियाँ निष्प्राण होती है उसी तरह मनुष्य भी बिना हलचल के जड़वत हो जाएँगे। साहित्यकारों व कलाकारों ने पाँवो के संचालन को महत्व दिया है। नाट्यकला विशेषकर नृत्य कला में पावों का चलन और भी महत्वपूर्ण हो जाता है क्योंकि यह कला एक स्थान पर मूर्तिवत रूप में प्रस्तुत नही की जा सकती है। सभी शास्त्रीय एवं लोक–नृत्यों में पाँवो के चालन में भिन्नता होती है जो उस नृत्य शैली की विशेषता होती है। पाँव के तल से लेकर एड़ी तक हर हिस्सा एक विशेष अर्थ का प्रयोजन करता है, कभी कठोर तो कभी मधुर ध्वनि का उद्घोष इन पदघातो पर ही निर्भर करता है। नृत्यकारो व साहित्यकारों ने भी नायक–नायिका के पैरों की सुन्दरता का वर्णन साहित्य में किया है। नारी के पैरों के लक्षण के शुभ–अशुभ प्रभाव से भारतीय समाज अंगीकृत है। भारतीय नारियो के संदर्भ में यह मान्यता आज भी समाज में प्रचलित है कि नारी के चरणों पर ही गृह की सुख समृद्धि आश्रित है। सामान्यतः नारी के शुभ 'चरण' को 'सुलक्ष्मीनारी' या घर में अच्छी नारी के चरण आदि विषयों पर चर्चा सामाजिक जीवन में दिखाई देता है। उपरोक्त तथ्यो से पैरों का महत्व सिद्ध होता है।

पैरों के द्वारा जिस प्रकार संपूर्ण शरीर संतुलित होता है उसी प्रकार नृत्यकला में पैरों के संचालन से नृत्य की गतिविधियाँ क्रियान्वित होती है। किसी नृत्य शैली में पदघात से कठोर ध्वनियाँ उत्पन्न की जाती है जबकि कुछ में कोमल ध्वनि उत्पन्न होती है। यथा– भरतनाट्यम एवं कथाकली नृत्य शैली में नृत्यकार पैरों से धरती पर कठोर आघात करते है, जबकि मोहिनी–अट्टम में नृत्यकार पैरों से मधुर ध्वनि उत्पन्न करते है। कत्थक नृत्य शैली में भी जयपुर व लखनऊ घराने में पदघातों में भिन्नता है। जयपुर घराने के कलाकार पैरों से बलपूर्वक पृथ्वी पर आघात करते है, जबकि लखनऊ घराने के नृत्यकार पैरों की लावण्यमयी ध्वनि प्रदर्शित करते है। दोनों पैरों से पद्घात करने के अतिरिक्त एक पैर उठाकर या तिरछे रखकर भी नृत्यकार अनेक भंगिमाओं को प्रदर्शित करते है जो अर्थ–भाव को संप्रेषित करने के साथ–साथ सौन्दर्यपूर्ण भी दिखाई देता है। इसे कत्थक नृत्य में अंदाज कहा जाता है। बोलों की प्रस्तुति में पैरों के पद्घातों के द्वारा बोल में आए हुए शब्दों को उच्चारित किया जाता है साथ ही बोल के अंत में 'सम' का अदांज दिखाने के लिए भी पैरों में विशेष भंगिमा बनायी जाती है जिससे 'पोज़' या 'सम

का अदाज' कहा जाता है। पैरों के संचालन में शरीर को संतुलित रखना नृत्यकला में सर्वाधिक महत्वपूर्ण है। भ्रमरी लेने के पश्चात् शरीर को एक विशेष पोज़ (स्थिति) में संतुलित रखने से ही उस स्थिति या पोज़ की खूबसूरती दिखाई देती है। इसलिये नृत्यकार के पैरों को सधा हुआ होना आवश्यक है।

संभवतः यही कारण है कि नृत्यकला के प्रारंभिक शिक्षण में ही विद्यार्थियों को ततकार का अभ्यास कराया जाता है और नृत्य प्रशिक्षक उनके पैरों के अभ्यास से ही उनके नृत्य क्षेत्र में भविष्य को देखते है। तत्, तिरकिट, किड्धा, त्रांग, जैसे बोल कत्थक नृत्य में बहुतायत से दिखाई देते है जबकि कत्थक नृत्य के अभिनय पक्ष में पैरों के संचालन को अल्प रखा जाता है। यथा संभव पद्घातो का प्रयोग यदि आवश्यक हो तभी करें अन्यथा अभिनय में पैरों का संचालन अल्प ही रखें। नृत्य शैली में जिस तरह पैरों का संचालन होता है उसी क्रम में नृत्यकार के घुंघरू भी ध्वन्यमान होते है। यदि पैर से जोर का आघात लगाया जाता है तो घुँघरूओं से भी तेज आवाज आएगी इसके विपरित यदि पैर से धीरे से आघात किया जाता है तो घुँघरू की ध्वनि भी सुमधुर होगी। फलतः पैर की क्रियाओ के द्वारा घुँघरूओं का संचालन प्रभावित होता है। कत्थक नृत्य के जयपुर घराने के कलाकारो के पद्घात कठोर होने से घुँघरूओं की ध्वनि तेज होती है जबकि लखनऊ घराने के कलाकार घुँघरूओं से कोमल ध्वनि निकालते है। नृत्यकला के इतिहास के परिप्रेक्ष्य में देखे तो स्पष्ट होता है कि शरीर के धीरे–धीरे हलन चलन से ही नृत्यकला की उत्पत्ति हुई है तथा ये हलन–चलन हाथ व पैरों की गतिशीलता का परिणाम है।

यद्यपि सभी नृत्यो में पैर का संचालन विशिष्ट होता है तथा हर नृत्य शैली में यह संचालन भिन्न होता है। नाट्यशास्त्र में पादकर्म के पाँच प्रकार बतलाये गये है।

"इत्येवं जगङ्घयोः कर्म पादयोस्तु निबोधत।
उद्घट्टितः समश्चैव तथाग्रतलसञ्चरः।।
अञ्चितः कुञ्चितश्चैव पादः पञ्चविधः स्मृतः।

"पादकर्म के पाँच भेद है–

1. उद्घट्टित

2. सम
3. अग्रतलसंचर
4. अंचित
5. कुंचित।''[89]

1. उद्घट्टितपाद

पैरों से पंजे के बल खड़े होकर एड़ी से भूमि का स्पर्श करने पर उद्घट्टित पाद होता है। इसको अनुसरण करने तथा एक या अनेक बार होने वाली द्रुत और मध्यम गति में संयोजित किया जाता है।

2. समपाद

स्वाभाविक रूप से समतल भूमि पर स्थापित पैर को समपाद कहते हैं। इसका स्वाभाविक अभिनय में उपयोग होता है।

3. अग्रतल संचर

यदि एड़ी उठी हुई, अँगूठा आगे की ओर फैला हुआ और उँगलिया झुकी हुई हो तो अग्रतल संचर नामक पाद होता है।

प्रेरणा, कूटना, स्थित होना, पीटना, पृथ्वी की ताड़ना करना, भ्रमण, फेंकना, विभिन्न रेचक गतियों की दशा में तथा एड़ी के बल आने में अग्रतल संचर पाद की योजना की जाए।

4. अंचितपाद

एड़ी भूमि पर टिकी हो, पंजा ऊपर उठा हुआ तथा उँगलियाँ सिकुड़ी हुई (झुकी हुई) रहे तो अंचित पाद कहलाता है।

पंजों के बल खड़े होकर चलने, किसी ओर घूमने और लौटने, पैर से पीटने तथा भ्रमरी चारी के प्रदर्शन में इस अंचित पाद की योजना करनी चाहिए।

---

[89] नाट्यशास्त्रम् भाग–2, पं. बाबूलाल शुक्ल शास्त्री, पृ. क्र. 91

5. कुंचितपाद

जिसमें एड़ी ऊपर उठाई हुई, उँगलिया सिकुड़ी हुई तथा पैर का आधा भाग नमा हुआ रहे तो कुंचितपाद कहलाता है।

शिष्टजन की चाल, सीधी ओर घूमने, लौटने और, अतिक्रांताचारी के प्रदर्शन में इस कुंचितपाद की योजना करनी चाहिए।''[90]

नृत्य शैली के प्रदर्शन में नायक नायिका को सदैव समपाद अवस्था में रहना चाहिए क्योंकि यह शरीर की स्वाभाविक दशा को प्रदर्शित करता है तथा तत्कार, बोलों के निकास एवं अभिनय में सभी पाद कर्मों का प्रयोग कत्थक नृत्यकार करते हैं।

चारी विधान

नाट्यशास्त्र के ग्यारहवे अध्याय में चारी विधान की विस्तृत व्याख्या की गई है। चारी शब्द का सामान्य अर्थ है–चाल।

''एवं पादस्य जड़ाया उरोः कटयास्तथैव च।
समानकरणे चेष्टा चारीति परिकीर्तिता।।

(हाथ) पैर, जंघा, उरू, तथा कटि अंगो की एक साथ चलनात्मक चेष्टा 'चारी' कहलाती है।''[91]

कटि, उरू, जंघा, पैर सभी अंगो के एक साथ संचालित होने के कारण चारी विघान को महत्वपूर्ण माना गया है क्योकि इसके द्वारा चेष्टाओ का प्रदर्शन किया जाता है। चारी के द्वारा नृत्त व् अंगहारो का सृजन संपन्न होता है। इसलिए इसका महत्व बताते हुए आचार्य भरत ने बतलाया कि बिना चारी के हस्तक आदि अंगों का संचालन नही हो सकता। अतः आंगिक अभिनय की आधारभूत रहने से चारी का अभिनय के क्षेत्र में असाधारण महत्व माना गया है।

---

[90] नाट्यशास्त्रम् भाग–2, पं. बाबूलाल शुक्ल शास्त्री, पृ. क्र. 91–93

[91] नाट्यशास्त्रम् भाग–2, पं. बाबूलाल शुक्ल शास्त्री, पृ. क्र. 95

भारतीय नृत्य शैलियो में पैरों को उठाकर विभिन्न स्थितियो में रखने की क्रिया को पादकर्म कहा जाता है। अधिकांशतः नृत्य शैलियो की पद्घातो में विविधता होती है। पैरों का महत्व नृत्य शैली में इसलिए भी बढ़ जाता है क्योकि संपूर्ण शरीर की गतिविधि व संचालन की स्थितियाँ पैरों पर अवलंबित होती है जो लोग नृत्य कला में रूचि रखते है वे पैरों की क्रियाओं से परिचित होते है।

आचार्य भरत ने नाट्यशास्त्र ग्रंथ में चारी संचालन के दो भेद बताए जिनकी संख्या 16–16 है।

1.	भौमीचारी	16
2.	आकाशिकी चारी	16

भौमीचारी

"समपादा स्थितावर्ता शकटास्या तथैव च।
अध्यर्धिका चाषगतिर्विच्यवा च तथापरा।।
एलकाक्रीडिता बद्धा उरूद्वत्ता तथाड्डिता।
उत्स्पन्दिताथ जनिता स्पन्दिता चापस्पन्दिता।।
समोत्सारित मत्तल्ली मत्तलीचेति षोडश।
एता भौम्यस्मृताश्चार्यः।

ये सोलह भौमी चारी है। –

(1) समपादा,
(2) स्थितावर्ता,
(3) शकटास्या,
(4) अध्यर्धिका,
(5) चाषगति,
(6) विच्यवा,(विच्युता),
(7) एलकाक्रीडिता,
(8) बद्धा,

(9) ऊरूद्वृता,
(10) अङ्गिता (अंगिता),
(11) उत्स्पन्दिता (उत्स्यन्दिता),
(12) जनिता,
(13) स्पन्दिता,
(14) अपस्पन्दिता,
(15) समोत्सारित–मत्तल्ली तथा
(16) मत्तल्ली।''[92]

कत्थक नृत्य में उपयोगी भौमी चारियो के लक्षण व विनियोग निम्नानुसार है –

1. समपादा

**''पर्दैर्निन्तरकृतैस्तथा समनखैरपि।
समपादा तु सा चारी विज्ञेया स्थानसंश्रया।।**

दोनों पैरों के पास रखते हुए तथा नखो को बराबर मिलाते हुए अपने स्थान पर स्थित रहने (या खड़े रहने) को 'समपादा' चारी कहते है।''[93]

कत्थक नृत्य शैली के आरंभ में यह स्थिति निर्मित होती है। नृत्यारंभ में नृत्यकार के द्वारा स्वाभाविक दशा के लिये कत्थक नृत्य में समपादा का प्रयोग किया जाता है।

2. स्थितावर्ता

**''भूमिघृष्टेन पादेन कृत्वाभ्यन्तरमण्डलम्।
पुनरूत्सारयेदन्यं स्थितावर्ता तु सा स्मृता।।**

---

[92] नाट्यशास्त्रम् भाग–2, पं. बाबूलाल शुक्ल शास्त्री, पृ. क्र. 97
[93] वही, पृ. क्र. 98

यदि भूमि रगड़ते हुए एक (अग्रतलसंचर) पाद को ऊपर उठाकर स्वस्तिक दशा बनाते हुए दूसरे पैर को अपने पास खीचे तथा दोनों के पृथक होने के पश्चात यही गति पुनः आवृत्त की जाए तो 'स्थितावर्ता चारी होती है।''[94]

कत्थक नृत्य में नायक–नायिका के मध्य लीला–विलास के प्रदर्शन तथा बोलो के निकास में सौदर्ययुक्त आंगिक चेष्टाओ को दिखाने के लिये स्थितावर्ता चारी का प्रयोग होता है।

3. शकटास्या

"निशण्णाङ्गस्तु चरणं प्रसार्य तलसञ्चरम्।
उद्वाहितमुरः कृत्वा शकटास्यां प्रयोजयेत्।।

शरीर को सीधा रखते हुए एक चरण को अग्रतलसंचर दशा में सामने (की) ओर रखें तथा छाती को उद्वाहित स्थिति में रखें तो शकटास्या चारी होती है।''[95]

पैरों की आवाज (आहट) को दबाकर चलने का अभिनय, ऊँची वस्तु को पकड़ने तथा ऊँचाई से उतरने व चढ़ने का अभिनय दिखाने में शकटास्या चारी का प्रयोग कत्थक नृत्य में दिखाई देता है।

4. अध्यर्धिका

" सव्यस्य पृष्ठतो वामश्चरणस्तु यदा भवेत्।
तस्यापसर्पणञ्चैव ज्ञेया साध्यार्धिका बुधैः।।

यदि बाएं पैर की एड़ी (के पिछले भाग) पर दाहिना पैर रखकर फिर उसे पीछे हटाया जाए (तथा यह डेढ़ताल के कालप्रमाण पर हो) तो 'अध्यर्धिका' चारी जानो।''[96]

कत्थक नृत्य में बोल के निकास, अंभिनय, (गतभाव) आदि में अध्यर्धिका चारी का प्रयोग दिखायी देता है परन्तु पैरों के बीच काल प्रमाण का निर्धारण

---

[94] नाट्यशास्त्रम् भाग–2, पं. बाबूलाल शुक्ल शास्त्री, पृ. क्र. 98
[95] वही, पृ. क्र. 98
[96] नाट्यशास्त्रम् भाग–2, पं. बाबूलाल शुक्ल शास्त्री, पृ. क्र. 98

नृत्यकार की सहजता पर निर्भर करता है। दोनों पैरों के बीच कालप्रमाण उतना ही रखा जाता है जिससे शरीर संतुलित अवस्था में रहे।

5. चाषगति

"पादः प्रसारितः सव्यः पुनश्चैवोपसर्पितः।
वामः सव्यापसर्पी च चाषगत्यां विधीयते।।

यदि दाहिने पैर को (आगे) फैलाकर फिर पीछे की ओर रख दिया जाए और बायां पैर उसी समय पीछे की ओर रखकर पुनः आगे बढ़ाकर रख दें तो चाषगति चारी जानो।"[97]

चाष का अर्थ होता है – नीलकण्ठ पक्षी। संभवतः नीलकण्ठ पक्षी की गति के आधार पर निर्मित होने के कारण इसे चाषगति कहा गया है। पक्षियों की गति, गतनिकास, पैरों के लालित्य पूर्ण संचालन एवं अभिनय में चाषगति का प्रयोग किया जाता है।

6. विच्यवा

"विच्चवात् समपादाया विच्यवां सम्प्रयोजयेत्।
निकुट्टयंस्तलाग्रेण पादस्य धरणीतलम्।।

यदि समपादा चारी के दोनों पैरों को अलग हटाकर (उनके) पंजो को पृथ्वी पर (ताल देते हुए) पटके तो 'विच्यवा' चारी जानो।"[98]

इस चारी में दोनों पैरों के अलग–अलग होने (च्युत होने) के कारण ही इसे विच्यवा चारी कहते है। बोलो के निकास, मात्रा की गिनती व पैरों का काम (तत्कार, लयबॅाट) आदि में कत्थक नृत्यकार इसका प्रयोग करते है।

---

[97] वही, पृ. क्र. 98
[98] नाट्यशास्त्रम् भाग–2, पं. बाबूलाल शुक्ल शास्त्री, पृ. क्र. 99

7. एलकाक्रीडिता

"तलसञ्चरपादाभ्यामुत्प्लुत्य पतनन्तु यत्।
पर्यायशश्च क्रियते एडकाक्रीडिता तु सा।।

यदि तलसंचर पादो से उछाल लेकर पृथ्वी पर क्रमशः गिरता रहे तो एलकाक्रीडिता चारी जानो।"[99]

एलक या एड़क का अर्थ होता है–मेंढा (भेड़ा)। इसकी गति के अनुकरण पर निर्मित होने के कारण से ही इस गति का नाम एलकाक्रीडिता अन्वर्थक है।

कत्थक नृत्य में बोलो के निकास (किड़धा, तक्काड़न) आदि में इसका प्रयोग दिखाई देता है।

8. अड्डिता

"अग्रतः पृष्ठतो वापि पादो ऽग्रतलसञ्चरः।
द्वितीयपादनिर्घृष्टो यस्यां स्यादड्डिता तु सा।।

यदि एक अग्रतलसंचर पैर को आगे या (और) पीछे की ओर पृथ्वी को रगड़ता हुआ रखा जाए तो ' अड्डिता' चारी जानो।"[100]

इस चारी के द्वारा नायिका की लावण्यमयी गति तथा घुँघरूओ की ध्वनि (प्रयोगगत) को उच्चारित करने का कार्य कत्थक नृत्यकार के द्वारा किया जाता है।

वर्तमान में कत्थक नृत्यकार अनेक नवीन कथानको पर आधारित नृत्य प्रयोग करते है। जिससे घुँघरूओ की ध्वनि से वर्षाऋतु, बादलों की गर्जना, वर्षा के बूंदो की प्रचण्डता व सहजता आदि सभी को पैरों के कंपन से गुँजायमान किया जाता है। तथा इन स्थितियों में अड्डिता चारी उपयोगी है। परन्तु इस चारी में आचार्य ने दाहिना पैर या बायां पैर में से पहले कौन गतिमान होगा इस तथ्य का वर्णन नही किया है।

---

[99] वही, पृ. क्र. 99

[100] नाट्यशास्त्रम् भाग–2, पं. बाबूलाल शुक्ल शास्त्री, पृ. क्र. 99

9. स्यन्दिता

"पञ्चतालान्तार पादं प्रसार्य स्यन्दितां न्यसेत्।
द्वितीयेन तु पादेन तथापस्यन्दितामपि।।

यदि एक पैर को दूसरे पैर से पाँच ताल के अन्तर से सामने रखी जाए तो 'स्यन्दिता' चारी होती है।

10. अपस्यन्दिता

स्यन्दिता–चारी के ठीक विपरीत रखा जाए तो अवस्यन्दिता चारी जानो।''[101] स्यन्दिता तथा अपस्यन्दिता चारी का प्रयोग कत्थक नृत्य में दिखाई देता है परन्तु दोनों पैरों के बीच में पाँच ताल का अन्तर सम्भव नही होता है। पक्षी की चाल, उछलने का अभिनय दिखाने में यह उपयोगी है परन्तु शरीर को संतुलित रखने के लिए कत्थक नृत्यकार पैरों के बीच का अन्तर अपनी सुविधानुसार रखते है।

11. समोत्सारित

"तलसञ्चरपादाभ्यां घूर्णमानोपसर्पणैः।
समोत्सारितमत्तली व्यायामें समुदाहृता।।

यदि तलसंचर पादों से पीछे की ओर गोल चक्कर लगाते हुये जाया जाए तो 'समोत्सारित–मत्तली' चारी होती है।''[102]

कत्थक नृत्यकार भ्रमरी, निकास दिखाते समय इस चारी का प्रयोग करते है। कत्थक नृत्यकार एक पैर तलसंचर में रखते हुये दूसरे पांव को पृथ्वी पर रखते है जिससे शरीर पीछे की ओर गतिशील होता है और भ्रमरी क्रिया पूर्ण होती है।

---

[101] वही, पृ. क्र. 100

[102] नाट्यशास्त्रम् भाग–2, पं. बाबूलाल शुक्ल शास्त्री, पृ. क्र. 100

आकाशिकी चारी लक्षण

श्रृणुताकाशिकीः पुनः।।
अतिक्रान्ता ह्यपक्रान्ता पार्श्वक्रान्ता तथैव च।
ऊर्ध्वजानुश्चसूची च तथा नूपुरपादिका।।
डोलापादा तथाक्षिप्ता आविद्धोद्वत्तसंज्ञिते।
विद्युद्भ्रान्ता ह्यलाता च भुजङ्गत्रासिता तथा।
मृगप्लुता च दण्डा च भ्रमरी चेति षोडश।
आकाशिक्यः स्मृता ह्येता लक्षणञ्च निबोधत।।

आकाशिकी चारी सोलह है। यथा–

1. अतिक्रान्ता
2. अपक्रान्ता
3. पार्श्वक्रान्ता
4. ऊर्ध्वजानु
5. सूची
6. नूपुरपादिका
7. दोलपादा (डोलापादा)
8. आक्षिप्ता
9. आविद्धा
10. उद्वृता
11. विद्युद्भ्रान्ता
12. अलाता
13. भुजंगत्रासिता
14. हरिणीप्लुता
15. दण्डा
16. भ्रमरी।''[103]

---

[103] नाट्यशास्त्रम् भाग–2, पं. बाबूलाल शुक्ल शास्त्री, पृ. क्र. 97

कत्थक नृत्य में उपयोगी आकाशिकी चारी के लक्षण एवं उपयोग –

1. अतिक्रान्ताः–

"कुञ्चितं पादमुत्क्षिप्य पुरतः सम्प्रसारयेत्।
उत्क्षिप्य पातयेच्चैनमतिक्रान्ता तु सा स्मृता।।

एक कुंचित पैर को ऊपर उठाकर सामने फैलाये तथा ऊपर उठाकर (फिर) नीचे पटके तो अतिक्रान्ता चारी जानो।"[104]

किसी चरित्र के चाल का अनुकरण दिखाने में कत्थक नृत्यकार इसका प्रयोग करते है। नाट्यशास्त्र में वर्णित चारियाँ सांकेतिक पद्धति में वर्णित है। जिसके कारण कुछ अस्पष्टता की स्थिति निर्मित होती है। यथा अड्डिता चारी में दाहिना पैर पहले गतिमान होगा या बायां पैर। इनका प्रयोग अन्य शास्त्रीय नृत्य शैलियों में भी दिखाई देता है।

कत्थक नृत्य में भी इनका प्रयोग बोलो के निकास व अभिनय में किसी चरित्र के अनुकरण में सहायक होता है।

स्थानक

स्थानक को ही स्थान कहा जाता हैं। जब नृत्यकार या नाटयकार मंच पर निश्चत खड़े हो या मंच पर भावाभिव्यक्ति करने के लिए गतिमान हो उसकी समस्त चेष्टाओं का प्रदर्शन किसी स्थान पर संपन्न होता है।

मंच के सीमित स्थान पर नृत्यकार को कथानक के हर चरित्र यथा धरती, नदी, बिजली, आकाश राजमहल आदि सभी की अभिव्यक्ति दिखानी होती है जिसके लिए मंच पर एक स्थान सुनिश्चित किया जाता है। आचार्य भरत ने स्थान के महत्व को नाट्यशास्त्र ग्रंथ के ग्यारहवे अध्याय में वर्णित किया हैं नृत्य की प्रस्तुति तभी शोभायमान होती है जबकि चारी मंडल अंग उपांग की ललित चेष्टाओं का संतुलित समन्वय होता है तथा स्थान या गति से संबद्ध होता है। नृत्य में गति व स्थान का अभिन्न सम्बन्ध होता है तथा हर स्थान में पात्र की गति सुनिश्चित

---

[104] नाट्यशास्त्रम् भाग–2, पं. बाबूलाल शुक्ल शास्त्री, पृ. क्र. 100–101

होती हैं। दोनो के समन्वय से नृत्य का सौंदर्यात्मक तत्व दिखाई देता है। भरत ने स्थानक को छैः स्थितियो में विभाजित किया है।

"वैष्णवं समपादञ्च वैशाखं मण्डलन्तथा।
प्रत्यालीढं तथालीढं स्थानान्येतानि षण्णृणाम्।।

इनके नाम हैं –

1. वैष्णव स्थान

यदि दोनो पैर अढाई ताल के अंतर से रखे जाएँ। इन पैरों में एक पैर खड़ा और दूसरा पैर टेढ़ा और बाजू में स्थित रखें जंघा थोड़ी झुकी हुई या सिकुड़ी हुई अंचित हो और एड़ी भी तिरछी हो शरीर के सभी अवयव सौष्ठव युक्त हों तो वैष्णव स्थान कहलाता हैं। विष्णु इस स्थान के अधिकारी देवता हैं।"[105]

कत्थक नृत्य में कृष्ण तथा विष्णु की स्थिति दिखाने मे वैष्णव स्थान का प्रयोग होता हैं। गतिशील होने पर इस स्थान के द्वारा तिहाई व निकास की अभिव्यक्ति होती है।

2. समपाद स्थान

"यदि दोनों पैर एक ताल के अंतर से अपनी स्वाभाविक मुद्रा में समान स्थित हों तथा स्वाभाविक सौष्ठव लिये हुए हो तो समपाद स्थान होता हैं इसके अधिकारी देव ब्रह्मा जी हैं।"[106]

कत्थक प्रस्तुति में नृत्य के आरंभ में इस स्थानक का प्रयोग होता है।

---

105 नाट्यशास्त्रम् भाग–2, पं. बाबूलाल शुक्ल शास्त्री, पृ. क्र. 105
106 वही, पृ. क्र. 106

3. वैशाख स्थान

"यदि दोनों पैर साढें तीन ताल के अंतर से गतिहीन रखें और पैर तिरछे तथा एक दूसरे के सम्मुख बाजू को बतलाते हुए रखे जाए तो वैशाख स्थान होता है।"[107]

कत्थक नृत्य में वैशाख स्थान के द्वारा त्रिशूल धारण कर शिव का अभिनय दिखाया जाता हैं।

4. मण्डलस्थान

"मण्डल स्थान के अधिदेवता इन्द्र देव है। इस स्थान में पैर चार ताल के अंतर से होते हैं वे तिरछे तथा एक दूसरे के सम्मुख समान अवस्था में रखे जाते है कटि तथा घुटने अपने स्वाभाविक स्वरूप में रहते हैं।"[108]

कत्थक नृत्य में मण्डल स्थान का प्रयोग सामान्यतया वाद्य वादन के अभिनय में दिखायी देता है।

5. आलीढ़ स्थान

"यदि मण्डल स्थान में दाहिने पैर को ऊपर फैलाया जाए तो आलीढ़ स्थान हो जाता है।"

6. प्रत्यालीढ़ स्थान

आलीढ़ स्थान से विपरित अर्थात् दाहिने पैर को सिकुड़ाकर उस दाहिनें पैर में बांए पैर का पांच ताल के अंतर से ऊपर फैलाना प्रत्यालीढ़ स्थान कहलाता हैं।"[109]

---

107 नाट्यशास्त्रम् भाग–2, पं. बाबूलाल शुक्ल शास्त्री, पृ. क्र. 107

108 वही, पृ. क्र. 107

109 वही, पृ. क्र. 108

कत्थक नृत्य में गतनिकास व कलात्मक ढंग से चलन क्रिया का प्रदर्शन करते समय आलीढ़ एवं प्रत्यालीढ़ स्थान का प्रयोग दिखाई देता है।

निष्कर्षतः भरत द्वारा वर्णित स्थानको के माध्यम से मंच पर देवताओं का स्थान निश्चित किया गया है संभवतः इसका कारण भारतीय नृत्य क्रियाओं का धर्म एवं अध्यात्म से संबंद्ध होगा।

भरत के परवर्ती आचार्य शारंगदेव व अशोकमल्ल ने भी स्थानों को महत्व दिया है तथा उनकी संख्या में वृद्धि की है। जिनका प्रयोग आज भी नृत्य शैलियों में दिखाई देता है।

मण्डल विधान

नाट्यशास्त्र में चारियों की तरह ही मण्डलों का भी वर्णन किया गया है। इस ग्रंथ के बारहवें अध्याय को मण्डल विधान कहा गया है।

चारियों के समूह से मण्डल का निर्माण होता है। मंच पर अभिनय प्रदर्शित करते समय चारियों का प्रयोग होता है तथा चारियों के प्रयोग से मण्डल का प्रतिपादन स्वतः हो जाता है। मंच पर नृत्य प्रस्तुत करते समय चारी से करण, करण से खण्ड तथा तीन या चार खण्डों के संयोग से मण्डल की सृष्टि होती है। मण्डल के द्वारा बोल की संपूर्ण क्रियात्मक प्रस्तुति होती है। इसलिये चारी व मण्डल को नृत्य के संदर्भ में अलग करके नही देखा जाता है। नृत्य में सभी आंगिक क्रियाओं यथा हाथ, पैर, दृष्टि, कपोल आदि के संयोग से अभिनय का संपादन किया जाता है उसी श्रृंखला में चारी एवं मण्डल भी साथ–साथ काम करते है। चारियो की संबद्वता के कारण ही भरत मुनि ने मण्डलों को भी आकाशिक व भौमिक मण्डल में विभाजित किया है।

नाट्यशास्त्र में वर्णित मण्डलो का वर्णन निम्नानुसार है–

आकाशिक मण्डल –

"अतिकान्तं विचित्रञ्च तथा ललितसञ्चरम्।
सूचीविद्धं दण्डपादं विह्रतालातके तथा।।
वामविद्ध सललितं क्रान्तश्चकाशगानिह।

आकाशिक मण्डल दस है –

1. अतिक्रान्त
2. विचित्र
3. ललितसंचर
4. सूचीविद्ध
5 दण्डपाद
6 विहृत
7. अलातक
8. वामविद्ध
9. ललित
10. क्रान्त।

भौमिक मण्डल भी दस है –

भ्रमरास्कन्दिते स्यातामावर्तञ्च ततः परम्।
समोत्सारितमप्याहुरेलकाक्रीडितं तथा।।
अड्डितं शकटास्यश्च तथाध्यर्धकमेंव च।
पिश्टकुट्टञ्च विज्ञेयं तथा चाषगतं पुनः।।
एतान्यपि दषेक्तानि भूमिगानिह नामतः।
अतः परं प्रवक्ष्यामि लक्षणानि यथाक्रमम्।।

अर्थात्

1. भ्रमर
2 आस्कंदित
3 आवर्त
4 समोत्सारित
5 एलकाक्रीडित
6 अड्डिता
7 शकटास्या
8 अध्यर्धक

9 पिष्टकुट्ट

10 चाषगत।''[110]

कत्थक नृत्य में उपयोगी मण्डलो के लक्षण व अनुपयोग

1. समोत्सारित

''कृत्वादौ समपादन्तु स्थानं हस्तौ प्रसारयेत्।
निरन्तरावूर्ध्वतलावावेष्टयोद्वेष्ट्य चैव हि।।
कटीतटे विनिक्षिप्य चाद्यमावर्तयेत् क्रमात्।
यथाक्रमं पुनर्वाममावर्तेन प्रसारयेत्।।
चार्यानया च भ्रान्त्वा तु पर्यायेणाथ मण्डलम्।
समोत्सारितमेतच्च ज्ञेयं व्यायाममण्डलम्।।

समोत्सारित – सर्वप्रथम समपाद स्थान का प्रदर्शन कर दोनों हाथो को फैलाकर उनकी हथेली ऊपर की ओर मुँह वाली रखें, पुनः हाथो को आवेष्टन (हाथो का पारस्परिक लपेटना) तथा उद्वेष्टन गतियुक्त कर ले, फिर बाएं हाथ को कटि प्रदेश पर रखें और दाहिने हाथ को आवर्तित गति में रखें, फिर दाहिने हाथ को कटि पर रखें और बाएं हाथ क्रमशः(पर्याय में) गोल घुमाव लेते हुए रखने तथा आवर्तित चारी में स्थित रहने पर समोत्सारित मण्डल हो जाता है।''[111]

2. चाषगत

''सर्वैश्चाषगतैः पादैः परिक्रमय च मण्डलम्।
एतश्चाषगतं विद्यान्नियुद्धे चापि मण्डलम्।।

यदि चाषगत चारी के पादो से गोल घुमाव लेकर मण्डल बनाए तो इसे चाषगत नामक मण्डल जानो। इसकी बाहुयुद्ध में योजना की जाए।''[112]

---

110 नाट्यशास्त्रम् भाग–2, पं. बाबूलाल शुक्ल शास्त्री, पृ. क्र. 115

111 वही, पृ. क्र. 123–124

112 नाट्यशास्त्रम् भाग–2, पं. बाबूलाल शुक्ल शास्त्री, पृ. क्र. 126

उक्त मण्डलों का प्रयोग कत्थक नृत्य में अभिनय तथा बोलो के निकास में दिखाई देता है। इनके द्वारा युद्ध, बाहुयुद्ध तथा सुमधुर अंगो के अभिनय के प्रदर्शन के समय वाद्यों की संगत के साथ प्रस्तुत किया जाता है।

गतिप्रचार

आचार्य भरत ने नाट्यशास्त्र ग्रंथ के तेरहवें अध्याय में गतिप्रचार का वर्णन किया है। यद्यपि गति प्रचार का मुख्यतः प्रयोग नाट्यकला में किया जाता है तथापि नृत्यकला के संचालन में भी गतिप्रचार का महत्वपूर्ण स्थान है। रस तथा पात्र के द्वारा अभिनित किये जाने वाले चरित्र के अनुसार गति का प्रयोग कलाकार करते है। श्रृंगार, वीर, करूण, तथा अन्य रसों पर आधारित अभिनय का प्रदर्शन करते समय पात्र की गति सामान्य न होकर विशिष्ट हो जाती है। इसके अतिरिक्त पात्र के विषयवस्तु मे वर्णित चरित्र के अनुसार भी गति भिन्न–भिन्न होती है। वीर पुरूष, श्रृंगारिक स्त्री, विदूषक, राक्षस, दासी, आदि जनों का अभिनय करते समय पात्र की गति विशिष्ट होती है।

पात्र जब रंगमंच पर चलते है तो उनकी गति (चाल) में असामान्य परिवर्तन होता है। संगीत व लय से बद्ध होकर नृत्यकार एक–एक पांव कलात्मक ढंग से विशेष मुद्रा धारण कर चलता है तो दर्शकों में सहज ही आनंद का संचार होता है। स्त्री व पुरूष दोनों पात्रो की गतियों में अंतर होता है, परन्तु कथानक की विषयवस्तु के अनुरूप नृत्यकार की गति में परिवर्तन होता है। यह परिवर्तन पात्र को चरित्र के समीप ले जाने का कार्य करता है। यदि पात्र के द्वारा नर्तकी के श्रृंगार कर चलने का अभिनय दिखाया जाता है तो पात्र की चाल मे लावाण्यता, स्निग्धता व अभिमान का प्रदर्शन होता है जंबकि पात्र के द्वारा यदि किसी बालक का अभिनय दिखाया जा रहा हो तो पात्र की चाल मे चंचलता, लड़कपन व अल्हड़ता दिखाई देती है। कथक सम्राट श्री बिरजू महाराज जी के द्वारा कृष्ण की बाल लीला पर आधारित माखन चोरी व अन्य गत भावों को देख कर यह अनुमान लगाना कठिन है कि अभिनय करने वाले व्यक्ति की उम्र 70 वर्ष है और उनके द्वारा 7 वर्ष के बालक का जीवंत अभिनय किया जा रहा है। बालक की स्वच्छंदता,

जिद, अल्हड़ व चंचल स्वभाव का अभिनय उनकी चाल से उस बालक के चरित्र को द्विगुणित कर दर्शकों तक संप्रेषित करता है।

नृत्यशैली नृत्त और अभिनय का समन्वित रूप है, शारीरिक हलचल में कलात्मक गति का विशेष महत्व होता है। किसी अभिनय में पात्र की स्थिति का विश्लेषण बहुत सीमा तक गति के द्वारा प्रदर्शित होता है। कथक नृत्य में नायिका, युवा, बालक, वृद्ध, राक्षस, देवता, योद्धा, मोर, हाथी, सर्प आदि के चाल का अनुकरण प्रदर्शित किया जाता है इसलिए कथक नृत्य व अन्य सभी शास्त्रीय नृत्यों मे गति प्रचार का महत्वपूर्ण स्थान है।

नाट्यशास्त्र में वर्णित गतिविधान का कत्थक नृत्य में अनुप्रयोग

आचार्य भरत ने नाट्यशास्त्र ग्रंथ में पात्रानुसार गति का वर्णन किया है। साथ ही पैरों की स्थितियों का भी सूक्ष्म विश्लेषण किया है। पात्र के रंगमंच पर प्रवेश का वर्णन आचार्य ने इस प्रकार किया है –

"तत्रोपवहनं कृत्वा भाण्डवाद्यपुरस्कृतम्।
यथामार्गरसोपेतं प्रकृतीनां प्रवेशने।।
ध्रुवायां सम्प्रवृत्तायां पटे चैवापकर्षिते।
कार्यः प्रवेशः पात्राणां नानार्थरससम्भवः।।

जब विधि वाद्य–वादन के साथ मार्ग, कला एवं रसानुकूल विचार को ध्यान में रखते हुए उपोहन–क्रिया सम्पन्न हो चुकी हो, ध्रुवागान आरंभ हो चुका हो एवं जवनिका को हटाया जा चुका हो तो ऐसे अवसर पर अनेक अर्थ एवं रसों का उत्पन्न करने वाला पात्र–प्रवेश रंगमंच पर किया जाता है।"[113]

नाट्यप्रयोग में चाल या गति पात्र की अवस्था, काल व स्थान के अनुसार दिखाई जाती है, क्योंकि नाट्य प्रयोग मे पात्र की चाल उनकी प्रकृति एवं कार्य के अनुरूप बदलती हुई रहती है। कभी–कभी पात्र की चाल में समय या कारणवश भी परिवर्तन होता है जिसके कारण शरीर के अन्य अंग एवं उपांग प्रभावित होते

---

[113] नाट्यशास्त्रम् भाग–2, पं. बाबूलाल शुक्ल शास्त्री, पृ. क्र. 127–128

हैं। इसलिए गतिविधान नृत्य–नाट्यकला में महत्वपूर्ण स्थान रखता है। पात्र जब रंगमंच पर प्रवेश करते हैं तो उनकी गति ही उनके द्वारा प्रस्तुत नृत्य या नाट्यकला का प्रथम प्रदर्शन होती है। यह प्रदर्शन ही दर्शकों के मन में नृत्य के प्रति आकर्षण व कौतुहल की भावना विकसित करती है। इसलिए आचार्य ने रंगमंच पर पात्र के प्रवेश को अतिमहत्वपूर्ण बताया है। यह प्रवेश इस प्रकार होना चाहिए कि सामाजिकों के हृदय में रस का उदय होने लगे।

आचार्य भरत के अनुसार

''स्थर्योपपन्ना गतिरूतमानां
मध्या गतिर्मध्यमसम्मतानाम् ।
द्रुता गतिश्च प्रकृताधमानां
लयत्रयं सत्ववशेन योज्यम्।।

''उत्तम पात्रों की गति (चार कला या) स्थित लय में, मध्य पात्रो की (दो कला या) मध्य लय तथा अधम पात्रों की (एक कला या) द्रुत लय में उनके सामर्थ्यनुसार सयोजित करना चाहिए।''[114]

वस्तुतः आचार्य ने उत्तम , मध्यम व अधम पात्रो की चाल का निर्धारण उनके डग के अनुसार बताया है। यथा पैरों को कितने ताल के अंतर से उठाया जाए और कितने ताल के अंतर से पृथ्वी पर रखा जाए।

वाद्यों के वादन की रसमय प्रस्तुति के साथ पात्र का रंगमंच पर प्रवेश कलात्मक होता है। यदि कलाकार मंच पर सीधी गति से प्रवेश करे तो यह गति कलात्मक ना होकर साधारण होगी जो कि आनंददायी नही होती है। संगीत, लय व ताल में बंधी हुई गति तथा विशिष्ट मुद्रा धारण कर पात्र के मंच में प्रवेश करने से नृत्य–प्रदर्शन की भूमिका का प्रादुर्भाव हो जाता है।

आचार्य भरत ने पात्र के द्वारा की जाने वाली गति को स्वभाव, अवस्था, रस, पात्र तथा आसन के अनुसार विभाजित किया है। उक्त गतियों का कत्थक नृत्य में प्रयोग निम्नानुसार दिखाई देता है –

---

[114] वही, पृ. क्र. 130

रस के अनुसार गतिविधान

1. श्रृंगार रस की गति

"दुतिदर्शितमार्गस्तु प्रविशेद्रङ्गमण्डलम्।
सूचया चाप्यभिनयं कुर्यादर्थसमाश्रयम्।।
हृद्यैर्वस्त्रैस्तथा गन्धैर्धूपैश्चूर्णैश्च भूषितः।
नानापुष्पसुगन्धाभिर्मालाभिः समलङ्कृतः।।
गच्छेत् सललितैः पादैरतिक्रान्तस्थितैस्तथा।
तथा सौष्ठव संयुक्तैर्लयतालवषनुगैः।।
पादयोर्रनुगौ चापि हस्तौ कार्यौ प्रयोक्तृभिः।
उत्क्षिप्य हस्तं पातेन पादयोश्च विपर्ययात्।।

श्रृंगार रस की दशा में प्रकट रूप वाले या अप्रच्छन्न कामासक्त पात्र की गति ललित रखना चाहिए। श्रृंगारी पात्र दूती के द्वारा बतलाए मार्ग से रंगमंच पर प्रवेश करें। वह सूचाभिनय के द्वारा अपने आंतरिक भावों को प्रकट करे। यह सुंदर वस्त्रालंकारो से सुसज्जित सुगंधित गन्ध, धूप तथा चूर्ण से भूषित तथा विभिन्न एवं मधुर गन्धवाली पुष्प मालाएँ धारण किये हो, यह ललित गति से 'अतिक्रान्ता' चारी में चले, (शरीर के) सभी अवयव सौष्ठव युक्त हो तथा इसकी चाल लय–ताल के अनुसार हो। पैरों की गति का हाथों द्वारा अनुसरण होना चाहिए व पैर को हाथ के गिराने के साथ उठावे और हाथ के उठाने पर पैर को नीचे टिका दें।"[115]

पात्र के द्वारा श्रृंगार रस पर आधारित अभिनय का प्रदर्शन करते समय नाट्यशास्त्र में वर्णित श्रृंगारी गति का प्रयोग कत्थक नृत्य मे दिखाई देता है।

थाट, कवित्त्त, ठुमरी तथा बोलो के निकास में पात्र की गति चंचल, कोमल, लयाश्रित तथा स्वच्छंद होती है। नायक का अवलोकन व नायिका की मुग्धा अवस्था का प्रदर्शन पात्र के द्वारा श्रृंगारी गति व शारीरिक चेष्टाओं के संयोग से होता है।

---

[115] नाट्यशास्त्रम् भाग–2, पं. बाबूलाल शुक्ल शास्त्री, पृ. क्र. 136–137

2. वीभत्स रस में गति

"अह्रद्या तु मही यत्र श्मषनरणकश्मला।
गतिं तत्र प्रयुज्जीत वीभत्साभिनयं प्रति।।
कचिदासन्नपतितैर्विकृष्टपतितैः क्कचित्।
एलकाक्रीडितैः पादैरूपर्युपरि पातितैः।।
तेषामेवानुगैर्हस्तैर्वीभत्से गतिरिष्यते।

वीभत्स रस की गति के लिये ऐसे स्थान की योजना करनी चाहिए जो श्मशान या रणभूमि होने के कारण भीषण तथा घिनौना हो रहा हो। इस रस में (पात्र की) 'संकुचित गति' रहती है जिससे 'एलकाक्रीडिता' चारी में पैरों को कभी पास–पास, कभी दूर तथा कभी एक में दूसरे पर रखते हुए गति रहती है तथा हाथो की गति भी पैरों की गति के अनुसार रखी जाती है।"[116]

कत्थक नृत्यकार घृणित व्यक्ति, वस्तु या कार्य के अवलोकन का अभिनय दिखाने में इस गति का प्रयोग करते है परन्तु कत्थक नृत्य की अपेक्षा भरतनाट्यम् व कथकली नृत्य शैली में इस गति का प्रयोग वृह्द रूप से दिखाई देता है।

3. करूण रस गति

"पुनश्च करूणे कार्या गतिः स्थितपदैरथ।
बाष्पाम्बुरूद्धनयनः सन्नगात्रस्तथैव च।
उत्क्षिप्तपातितकरस्तथा सस्वनरोदनः।।
गच्छेतथाध्यर्धिकया प्रत्यग्राप्रियसंश्रये।
एषा स्त्रीणां प्रयोक्तव्या नीचसत्वे तथैव च।।

करूण रस में पात्रों के पैरों की गति धीमी रखनी चाहिए। आँखे आँसुओं से लबालब, शरीर सुन्न, हाथों को उठाकर फिर ढीला छोड़ देना तथा जोर से रोना आदि का अभिनय इसमें किया जाता है। यह गति अत्यन्त अप्रिय घटना (मरण) के समय रखते है, तथा 'अध्यर्धिका' चारी में स्थित–लय में डेढ़ कला के अंतर या

---

[116] वही, पृ. क्र. 138–139

विलम्ब से तथा इसी प्रकार धीमी गति से पैरों को रखते हुए प्रदर्शित करते है। इस गति को स्त्री तथा नीच पात्र में प्रयुक्त करना चाहिए।''[117]

अत्यंत दयनीय या आहत होने का अभिनय दिखाते समय कत्थक नृत्यकार करूण गति का प्रयोग करते है। करूण रस की गति का सर्वश्रेष्ठ प्रदर्शन महाराज बिंदादीन के द्वारा रचित ठुमरी 'काहे को मेरे घर आए हो' में कत्थक नृत्यकार करते है जिससे वे अपनी मार्मिक संवेदनाओं का प्रदर्शन मुखज अभिनय से संयोग कर दिखाते है। इसके अतिरिक्त भजन, वंदना व बोलो के निकास में भी यह गति उपयोगी है।

4. शीतार्त पात्र की गति

''शीतेन चाभिभूतस्य वर्षेणाभिद्रुतस्य च।।
गतिः प्रयोक्तृभिः कार्या स्त्रीनीचप्रकष्तावथ।
पिण्डीकृत्य तु गात्राणि तेषश्चैव प्रकम्पनम्।।
करौ वक्षसि निक्षिप्य कुब्जीभूतस्तथैव च।
दन्तोष्ठस्फुरणश्चैव चिबुकस्य प्रकम्पनम्।।
कार्य शनैश्च कर्त्तव्यं शीताभिनयने गतौ।

जाड़े या वर्षा से अभिभूत स्त्री या अधम पात्रो की गति में सारे शरीर के अवयवो को सिकुड़ाकर उनका धूजना, हाथों को छाती पर (ढ़कने के लिए) रखना , शरीर को झुका लेना, दांत और ओठों का फड़काना ,ठुड्डी का धुजाना धीरे–धीरे कार्य करना आदि प्रदर्शित करना चाहिए। इस शीताभिनय की दशा में गति अत्यन्त धीमी रखनी चाहिए।''[118]

यद्यपि कत्थक नृत्यकार नाट्यशास्त्र में वर्णित इस गति का प्रयोग करते है परन्तु दांत तथा ओठो का फड़कना, ठुड्डी का धुजाना आदि का प्रदर्शन सामान्यतः कत्थक नृत्यकार नहीं करते है।

शीताभिनय में पात्र अपनी गति धीमी रखकर शरीर में सामान्य कंपन कर शीतलता का अभिनय करते है। नाट्यकला के प्रवीण अभिनेता इस गति का प्रयोग

---

117 नाट्यशास्त्रम् भाग–2, पं. बाबूलाल शुक्ल शास्त्री, पृ. क्र. 140
118 नाट्यशास्त्रम् भाग–2, पं. बाबूलाल शुक्ल शास्त्री, पृ. क्र. 141–142

नाट्यकला में करते है जिससे शीत का अभिनय अपने पूर्ण सौंदर्य व जीवंतता के साथ प्रदर्शित होता है।

पात्रानुसार गति विधान

1. यति, श्रमण (आदि की) गति

"यतीनां श्रमणानाञ्च ये चान्ये तपसि स्थिताः।
तेषां कार्या गतिर्येतु नैष्ठिकं व्रतमास्थिताः।।
अलोलचक्षुश्च भवेद्युगमात्रनिरीक्षणः।
उपस्थितस्मृतिष्चैव गात्रं सर्वं विधाये च।
अचञ्चलमनाष्चैव यथावल्लिङ्गमाश्रितः
विनीतवेशश्च्च भवेत्काषायावसनस्तथा।।

यति ,श्रमण, तपस्वी तथा नैश्ठिक ब्रम्हाचारी जैसे पात्रों की गति मे चतुर अभिनेता नेत्रों को स्थिर तथा चार हाथ आगे (सामने) की भूमि को देखते हुये रखें, वह अपना चित्त स्थिर तथा अपने पन्थ का स्वरूप या धर्म चिन्ह धारण करे। इसका वेश विनीत तथा भगवा कपड़े वाला (या अपने सम्प्रदायानुसार पीला, सफेद वस्त्रधारी आदि भी) रहना चाहिए।''[119]

सामान्यतः कत्थक नृत्य व अन्य शास्त्रीय नृत्यशैलियों में ऋषि–मुनी जनों का अभिनय दिखाते समय पात्र नेत्रों को स्थिर रखकर, स्थिरचित्त व संतुलित गति का प्रदर्शन करते है। यद्यपि शास्त्रीय नृत्य में नृत्यकार को भगवा वस्त्र धारण करने की अनिवार्यतः नही है जबकि नाट्यकला में पात्र भगवा वस्त्र धारण कर मुनि जनों का अभिनय करते है। नाट्यशास्त्र में वर्णित तपस्वी व मुनि जनों की गति का प्रयोग कत्थक नृत्यकार वंदना, भजन, ठुमरी आदि में तपस्वी जनों का अभिनय दिखाने में करते है।

---

[119] नाट्यशास्त्रम् भाग–2, पं. बाबूलाल शुक्ल शास्त्री, पृ. क्र. 144–14

2. अंघे पात्र की गति

"अन्धकारेऽथ याने च गतिः कार्या प्रयोक्तृभिः।
भूमौ विसपितैः पादैर्हस्तैमार्गप्रदर्शिभिः।।

अंधेरे में चलने वाले या अंधे पात्र की गति पैरों को पृथ्वी पर रगडते हुये तथा हाथो से रास्ता टटोलते हुये रखना चाहिए।''[120]

कथानक की विषयवस्तु के अनुसार पात्र के द्वारा अन्धे व्यक्ति का चरित्र अभिनीत करते समय दोनों हाथों से रास्ता टटोलने व पैरों को जमीन पर रगड़ते हुए अभिनित किया जाता है। नाट्य व कत्थक नृत्य दोनों मे ही इस गति का प्रयोग समान अर्थ की व्युत्पत्ति करता है।

3. पथिक (लम्बी यात्रा करने वाले पात्र) की गति

"दूराध्वानं गतस्यापि गतिर्मन्दपरिक्रमा।
विकूणनष्च गात्रस्य जानुनोष्च विमर्दनम्।।

यात्रा पर निकले हुए या बहुत दूर चल कर आये हुये व्यक्ति की गति धीरे–धीरे डग भरते, शरीर को झुकाते तथा जंघाओं को दबाते हुये प्रदर्शित करना चाहिये।''[121]

कत्थक नृत्यकार नाट्यशास्त्र मे वर्णित उक्त गति का प्रयोग लम्बी दूरी की यात्रा करने वाले पथिक का अभिनय दिखाने मे करते है। इस गति का प्रयोग ठुमरी, कवित्त, भजन आदि में दिखाई देता है।

4. बाल गति

"बालानामपि कर्त्तव्या स्वच्छन्दपदविक्रमा।
न तस्यां सौष्ठवं कार्य न प्रमाणं प्रयोक्तृभिः।।

---

120 नाट्यशास्त्रम् भाग–2, पं. बाबूलाल शुक्ल शास्त्री, पृ. क्र. 145
121 वही, पृ. क्र. 153

बालकों की गति उनके इच्छानुसार रखी जाए। इसमे न सौष्ठव और न समय प्रमाण (तालानुसारिता आदि) रहता है।''[122]

कत्थक नृत्य में बाल गति का प्रयोग बहुतायत होता है। श्री कृष्ण पर आधारित बाल लीला तथा बाल सुलभ चेष्टाओं के प्रदर्शन में इस गति का प्रयोग कत्थक नृत्यकार करते है।

अवस्थानुसार गति विधान

1. उन्नतप्रदेशारोहण गति

" प्रासादद्रुम–शैलेशु नदीनिम्नोन्नतषु च
आरोहणावतरणं कार्यमर्थवषत्तथा।।
प्रासादारोहणं कार्यमतिकान्तैः पदैरथ।
उद्वाह्य गात्रं पादञ्चं न्यसेत्सोपानपङ्क्गिशु।।
तथावतरणञ्चैव गात्रमस्यैव कारयेत्।
अतिक्रान्तेन पादेन द्वितीयेनाञ्चितेन च।

(नाटक मे पात्रो के) प्रासाद, वृक्ष या पर्वत (अथवा किसी ऊंचे स्थान) पर चढ़ने की या उनसे उतरने की तथा नदी, गढ़ तथा टीलो पर से (ऊंचे –नीचे प्रदेश पर से) चढ़ने–उतरने की आवश्यकता (कथावस्तु के कारण) रहती है। प्रासाद पर चढ़ने (के अभिनय) में 'अतिक्रान्ता' चारी के पैरों द्वारा शरीर को ऊपर उठाते हुये सीढ़ी पर चढ़े तथा प्रासाद से उतरने (की दष में) में शरीर को थोड़ा झुकाते हुए एक पैर को 'अतिक्रान्ता' चारी तथा दूसरे को 'अचिंत' गति में रखते हुए चलना चाहिये।''[123]

पर्वत या ऊँचाई पर चढ़ने तथा नदी आदि मे उतरने का अभिनय दिखाते समय कत्थक नृत्यकार इस गति का प्रयोग करते है। यह अभिनय प्रतीकात्मक एवं युक्तियों की परिकल्पना पर आधारित होती है। ऊँचाई पर चढ़ने का अभिनय

---

122 नाट्यशास्त्रम् भाग–2, पं. बाबूलाल शुक्ल शास्त्री, पृ. क्र. 167
123 वही, पृ. क्र. 147

दिखाते समय नृत्यकार पैरों को क्रमशः ऊँचा उठाकर रखते जाते है तथा शरीर को भी ऊँचा उठाकर रखते है। ठीक इसी तरह ऊँचाई से नीचे उतरने का अभिनय दिखाते समय कत्थक नृत्यकार पैरों को अंचित अवस्था में रखकर सावधानीपूर्वक क्रमबद्ध रखते है जिससे नीचे उतरने का अभिनय स्पष्ट दिखाई देता है। यद्यपि इस गति में वर्णित चारियों का प्रयोग कत्थक नृत्यकार सामान्यतः नही करते है क्योकि वे लोक जगत में व्याप्त व्यवहार के अनुरूप ऊँचाई पर चढ़ने व नीचे उतरने का अभिनय प्रदर्शित करते है।

2. अवतरण गति

"एतवेदवावतरणं सरित्स्वपि नियोजयेत्।
प्रासादे यन्मयाप्रोक्ताः प्रतारः केवलं भवेत्।।
जलप्रमाणापेक्षा तु जलमध्ये गतिर्भवेत्।
तोयेऽल्पे वसनोत्कर्षैः प्राज्ये पाणिविकर्षणैः।।
किञ्चिन्नताग्रकाया तु प्रतारे गतिरिष्यते।

इसी गति की ऊपर से नीचे उतरने (वृक्ष आदि से अवतरण) में योजना की जाये तथा (किसी) नदी से पार उतरने मे भी यही गति रखी जाए। जो गति प्रासाद से अवतरण करने में (कही गयी) थी वही नदी से उतरने मे भी प्रदर्शित की जाये (किन्तु) नदी पार करने में (के अभिनय) मे पानी की गहराई के अनुसार तैरने की गति रखना चाहिए। यदि उथला (थोड़ा) जल हो तो कपड़ो को उठाते हुये तथा गहरा होने पर शरीर को झुका कर हाथों को हिलाते हुये (जिससे पानी काटने का भाव या तैरने की क्रिया की अभिव्यक्ति हो) अभिनय करना चाहिये।"[124]

नाट्यशास्त्र में वर्णित उक्त गति का प्रयोग कत्थक नृत्यकार अभिनय प्रदर्शन में करते है। भजन , ठुमरी, कवित्त आदि में नदी में उतरने व तैरने का अभिनय दिखाते समय कत्थक नृत्यकार पैरों को क्रमशः आगे बढ़ाते हुये तथा शरीर को नीचे की ओर झुका कर रखते है जिससे नदी की गहराई को प्रदर्शित करते हुये पैरों को रखना दिखाया जाता है। यदि नदी के तट पर अभिनय का

---

[124] नाट्यशास्त्रम् भाग–2, पं. बाबूलाल शुक्ल शास्त्री, पृ. क्र. 148

प्रदर्शन करना दिखाना हो तो नृत्यांगना अपने कपड़ों को थोड़ा उठाकर यह प्रदर्शित करती है कि नदी के जल से उसके कपड़े गीले ना हो जाये। यदि जल थोड़ा गहरा हो या नृत्यकार को नदी पार करने का अभिनय दिखाना हो तो नृत्यकार दोनों हाथों में पताका या सर्पशीर्ष मुद्रा बनाकर पानी को हटाने का भाव दिखाते है।

3. पशु–पक्षी गति

"पक्षिणां श्वापदानाञ्च पशूनाञ्च द्विजोत्तमाः।।
स्वस्वजातिसमुत्थेन स्वभावेन् गतिर्भवेत्।
सिंहर्क्षवानराणाञ्च गति कार्या प्रयोक्तृभिः।।
या कृता नरसिंहेन विष्णुना प्रभविष्णुना।

पक्षियों, हिंसक जानवरो तथा चौपायों की गति उनकी अपनी प्रकृति तथा चेष्टाओं के अनुसार प्रदर्शित की जाये। सिंह, रीछ तथा वानर जैसे पात्रों की गति को–जो भगवान विष्णु द्वारा नरसिंह अवतार में की गई थी–इस प्रकार प्रदर्शित करना चाहिये।"[125]

कत्थक नृत्य में अभिनय व बोलो के निकास मे हरिण, गज, सिंह आदि की चाल का अनुकरण दिखाया जाता है। पशु–पक्षियों की चाल का अनुकरण उनकी स्वाभाविक चाल ही होती है जिसका कुशल प्रयोग कत्थक नृत्यकार नृत्यकला में करते है। नाट्यशास्त्र मे वर्णित पशु–पक्षी गति का प्रयोग कत्थक नृत्य के अभिनय में दिखाई देता है।

वस्तुतः उन्होने स्त्री–पुरूष के वेश के अनुरूप गति करने को भी बतलाया है –

"विपर्ययः प्रयोक्तव्यः पुरूशास्त्रीनपुंसकैः।
स्वभावमात्मनस्त्यक्त्वा तद्भावगमनादिह।।

---

[125] नाट्यशास्त्रम् भाग–2, पं. बाबूलाल शुक्ल शास्त्री, पृ. क्र. 160

अर्थात यदि स्त्री व पुरूष ने अपना मूल स्वरूप परिवर्तित कर वेष धारण किया हो तो उन्हे उसी के अनुरूप गति का प्रदर्शन करना चाहिये।''[126]

यथा पुरूष ने स्त्री का वेश धारण किया हो तो उसकी गति में स्त्रीयोचित्त गुणों का प्रदर्शन होना चाहिये तथा यदि स्त्री ने पुरूष का वेष धारण किया हो तो वह पुरूषोचित्त गुणों का प्रदर्शन करने वाली गति रखे।

कत्थक नृत्य के प्रदर्शन मे नृत्यकार नाट्यशास्त्र में वर्णित गतियो का प्रयोग करते है। उक्त गति विधान के अध्ययन से यह स्पष्ट है कि आचार्य भरत न केवल नाट्यकार थे अपितु वे सौंदर्य शास्त्र के दूरदृष्टा आचार्य भी थे, जिन्होने लोकानुभूति के आंगिक संचालन को शास्त्रबद्ध कर अभिनय को महत्वपूर्ण स्थान दिया।

आसन विधान

आचार्य भरत के द्वारा नाट्यशास्त्र के गति प्रचार अध्याय में पात्रो के आसन विधान की व्याख्या की गयी है। जिसमें उन्होने देश, काल, प्रकृति तथा चित्तवृत्ति के अनुरूप पात्रों के आसन विधान का निरूपण किया है। यद्यपि यह आसन विधान समाज में प्रचलित मानवीय व्यवहार के आधार पर निर्धारित है तथा विचार, शोक, निद्रा, ग्लानि, रोग आदि की अवस्था में इसका प्रयोग किया जाता है। इन भावों के प्रदर्शन के लिए शारीरिक भंगिमा एवं चेष्टाओं का समन्वय कर अभिनय को सशक्त बनाया जाता है।

आचार्य ने पात्रों के उत्तम, मध्यम आदि भेद कर आसनो का प्रयोग बतलाया है। यथा– राजा–रानी के लिए सिंहासन, ब्राम्हण के लिए काष्ठासन आदि।

नाट्यशास्त्र में वर्णित आसन विधान के लक्षण एवं कत्थक नृत्य मे उनका प्रयोग–

1. स्वस्थदशा में उपवेशन विधि

"विष्कम्भिताञ्चितौ पादौ त्रिकं किञ्चित्समुन्नतम्।
हस्तौ कटयूरूविन्यस्तौ स्वस्थे स्यादुपवेशने।।

---

[126] नाट्यशास्त्रम् भाग–2, पं. बाबूलाल शुक्ल शास्त्री, पृ. क्र. 168

स्वस्थ दशा में (विश्रामावस्था मे) बैठने पर दोनों पैरों को वैशाख स्थान मे फैलाकर सुन्दरता से रखे, पीठ थोड़ी तनी हुई और दोनों हाथ ऊपर और पिंडली पर (रखे) रहना चाहिये।''[127]

कत्थक नृत्य मे सामान्य अवस्था में बैठने के लिए पात्र इस आसन का प्रयोग करते है परन्तु कत्थक नृत्यकार वैशाख स्थान का प्रयोग अपनी सुविधानुसार करते है। जिससे वे नृत्य करते समय आसन व गति दोनों में शरीर को संतुलित रख सके।

2. विचारावस्था में उपवेशन विधि

''पादः प्रसारितः किञ्चिदेकश्चैवासनाश्रयः।
शिरः पार्श्वानतश्चैव सचिन्त उपवेशने।।

यदि कोई पुरूष गहरे विचार में बैठा हो तो उसे (स्वस्थ दशा के स्वरूप में) अपना एक पैर कुछ फैला कर रखना तथा दूसरा पैर किसी आसन पर टिकाते हुए मस्तक को एक ओर झुका हुआ रखना चाहिए।''[128]

कत्थक नृत्य व इस पर आधारित नृत्य– नाटिका मे विचारनुभूति का अभिनय दिखाने में यह आसन उपयोगी है।

3. शोकावस्था में उपवेशन विधि

''चिबुकोपाश्रितौ हस्तौ बाहुशीर्षानतं शिरः।
सम्प्रणष्टेन्द्रियमना भवेच्छोकोपवेशने।।

यदि पुरुष गहरे शोक में हो तो (स्वस्थ दशा के स्वरूप में) अपनी ठुड्डी को दोनों हाथों पर रखे या उसका मस्तक दोनों भुजाओं के सहारे टिका रहे तथा मन और इन्द्रियां अपनी दशा को खोये से रहे।''[129]

---

[127] नाट्यशास्त्रम् भाग–2, पं. बाबूलाल शुक्ल शास्त्री, पृ. क्र. 169–170

[128] वही, पृ. क्र. 170

कत्थक नृत्य में शोक का अभिनय दिखाने में उक्तआसन का प्रयोग किया जाता है। यद्यपि दोनों हाथों का ठुड्डी पर रखकर आश्चर्य मिश्रित अभिनय को भी दिखाया जाता है परन्तु इस स्थिति में पलकें उठी हुई तथा आंखो की पुतलियां चमकदार होती है जबकि शोकावस्था का अभिनय दिखाने में आंखे नम तथा झुकी हुई रहती है।

4. मूर्च्छा आदि में उपवेशन

"प्रसार्य बाहू शिथिलौ तथा चापाश्रयाश्रितः।
मूर्च्छामदश्रमग्लानिविषादेषूपवेशयेत्।।

यदि पुरुष मूर्च्छा, मद, श्रम, ग्लानि तथा विषाद की दशा में हो तो दोनों भुजाओं को फैलाकर ढीली छोड़ दे और किसी वस्तु के सहारे टिककर बैठे।"

5. लज्जा –रोग –निद्रा आदि में उपवेशन

"सर्वपिण्डीकृताङ्गस्तु संयुक्तः पादजानुभिः।
व्याधिव्रीडितनिद्रासु ध्याने चोपविशेन्नरः।।

यदि कोई (पुरुष) पात्र व्याधि, लज्जा, निद्रा तथा ध्यान में हो तो उसे पैर और घुटनो के बीच अपने शरीर को सिकुड़ा कर रखना चाहिये।"[130]

वर्तमान काल में अनेक नवीन प्रयोगो पर आधारित नृत्य–नाटिका का मंचन कत्थक नृत्यकारो के द्वारा किया जाता है। जिसमें कथानक की विषयवस्तु पौराणिक होने के साथ–साथ आधुनिक जीवन शैली पर केन्द्रित होती है। इन विषयों पर आधारित नृत्य में कत्थक नृत्यकार लज्जा, शोक, विचार तथा निद्रा उपवेशन का प्रयोग करते हुये दिखाई देते है।

---

[129] नाट्यशास्त्रम् भाग–2, पं. बाबूलाल शुक्ल शास्त्री, पृ. क्र. 170–171
[130] नाट्यशास्त्रम् भाग–2, पं. बाबूलाल शुक्ल शास्त्री, पृ. क्र. 170–171

6. धार्मिक –विधि संपादन मे उपवेशन

"तथा चोत्कटिकं स्थानं स्फिक्पार्ष्णीनां समागमः।
पि़त्र्ये निवापे जप्ये च सन्धास्वाचमनेऽपि च।।

पितरों का तर्पण करने, मंत्र जपने, संध्या करने तथा आचमन करने में कूबड़ तनी हुई (उत्कटिक) तथा दोनों पैरों के गट्टों (स्फिक्) और पंजो को मिलाकर बैठना चाहिये।''[131]

कत्थक नृत्य में ध्यान व योग मुद्रा का अभिनय दिखाते समय यह आसन उपयोगी है। वंदना, स्तुति, ठुमरी तथा भजन में इस आसन का प्रयोग कत्थक नृत्यकार करते है।

आसन विधान के संदर्भ में आचार्य भरत ने चरित्रो के अनुकूल आसन ग्रहण किये जाने का भी वर्णन किया है यथा राजा को सिंहासन, रानियों को मुडासन, ब्राम्हनी को पटासन तथा शेष पात्रों को भूमि पर बैठने का विधान बतलाया है। साथ ही आचार्य ने यह भी निर्देशित किया है कि ''जो समान स्थिति के हो उन्हे बराबरी का, मध्यम पात्रों को मध्यम, श्रेष्ठजनों को (अपने) से ऊंचा तथा हीन पात्रों का पृथ्वी पर आसन रखना चाहिये।''[132]

इन आसनों का प्रयोग नाट्यकला मे सर्वाधिक होता है जबकि नृत्यशैली में गतिशीलता होने के कारण आसन विधान की प्रधानता नाट्यकला की अपेक्षा कम होती है। तथापि विचार, शोक, निद्रा, व मुर्च्छा आदि अभिनयो को आसन के माध्यम से प्रदर्शित करने पर प्रस्तुति स्पष्ट एवं आकर्षक बन जाती है जिससे दर्शक गण स्वयं को कथानक के समीप समझकर आनंदित होते है। आसन विधान से नृत्य में अभिनय के एक अंश की प्रस्तुति होती है तथा नृत्यकार इस अभिनय की प्रस्तुति के पश्चात पुनः गतिशील हो जाते है। इसलिए कत्थक नृत्य के एकल प्रदर्शन में आसनो का वृहद् प्रयोग अभिनय व बोलो के निकास में दिखाई देता है तथा आसनो का प्रयोग कत्थक नृत्य पर आधारित नृत्य–नाटिकाओं में दिखाई देता है, क्योकि पात्रो

---

[131] वही, पृ. क्र. 171
[132] वही, पृ. क्र. 175

की संख्या अधिक होने व विषयवस्तु की विविधता के कारण नृत्य–नाटिका में इन आसनो का प्रयोग एकल प्रदर्शन की अपेक्षा विस्तारित होता है।

शयनावस्था

आसन विधान के पश्चात आचार्य भरत ने शयन विधान का वर्णन किया है कथानक के अनुसार पात्रों का शयन–अभिनय किस प्रकार होना चाहिये जिससे शरीर की भंगिमा व अभिनय मे संतुलन स्थापित हो सके, का आचार्य ने सूक्ष्म विश्लेषण किया है। उन्होने शयन की छः स्थितियों का वर्णन किया है –

"आकुञ्चितं समाञ्चैव प्रसारितविवर्तने।
उद्वाहितं नतञ्चैव शयने कर्म कीर्त्यते।।

शयनवस्था में होने वाली छः स्थितियाँ है –

1. आंकुचित
2. सम
3. प्रसारित
4. विवर्तित
5. उद्वाहित
6. नत।"[133]

शयन विधान का अति संक्षिप्त विवरण संकेत देता है कि सम्भवताः नाट्य प्रयोग मे इसका अधिक उपयोग नही होता होगा। तथापि आधुनिक नाट्यकार एवं नृत्यकार अपनी प्रयोगवादी नृत्य–नाट्य शैली मे इसका प्रयोग करते देखे जाते है। यद्यपि सभी शयन विधि का प्रयोग कत्थक नृत्य में भी सामान्यतः नही दिखाई देता है, परन्तु यदा–कदा नृत्यकार प्रसारित विधि का प्रयोग कथानक की विषयवस्तु के अनुरूप करते है।

नाट्यशास्त्र में वर्णित प्रसारित शयन विधि के लक्षणानुसार –

---

[133] नाट्यशास्त्रम् भाग–2, पं. बाबूलाल शुक्ल शास्त्री, पृ. क्रं. 175–176

"एकम भुजमुपाधाय सम्प्रसारित–जानुकम्।
स्थानं प्रसारितं नाम सुखसुप्तस्य कारयेत् ।।

एक बांह को सिरहाना बनाकर जंघाओं को फैलाते हुये सोना 'प्रसारित' स्थान होता है। इसकी आनंद पूर्वक या निश्चिंतता से सोने की अवस्था बतलाने मे योजना करनी चाहिये।[134]

कत्थक नृत्य में रात्रि का अभिनय, भोर से पहले की अवस्था तथा नायिका के द्वारा नायक की राह देखते हुये शयन करने का अभिनय दिखाने के लिए यह शयन विधि उपयुक्त है।

आचार्य ने गति प्रचार अध्याय में लोकव्यवहार के अनुरूप गति, आसन तथा शयन विधान का प्रयोग करने की स्वतंत्रता नाट्याचार्यों को दी है, कि वे इनमे से प्रयुक्त अर्थो के आधार पर स्वयं साध ले।

इस प्रकार आंगिकाभिनय का प्रयोग कत्थक नृत्य में दिखाई देता है जो कि नाट्यशास्त्र का अनुसरण करता है।

---

[134] वही, पृ. क्र. 176

अध्याय–4

नाट्यशास्त्र में वर्णित वाचिकाभिनय एवं कत्थक नृत्य में अनुप्रयोग

- नाट्यशास्त्र में वाचिक अभिनय
- नाट्यशास्त्र में वर्णित वाचिक अभिनय एवं उसकी कत्थक नृत्य में उपयोगिता
  - शब्द विधान
  - छन्द प्रभेद
  - अलंकार विधान

अध्याय–4

नाट्यशास्त्र में वर्णित वाचिकाभिनय एवं कत्थक नृत्य में अनुप्रयोग

वाचिक अर्थात् वाचना या बोलना। वाणी के प्रयोग से अपने विचारों को अभिव्यक्त करना ही वाचिक कहलाता है। भारतीय मान्यता के अनुसार किसी व्यक्ति के चित्र से चरित्र की सम्भावना व्यक्त की जाती है और जब व्यक्ति अपने विचारों को वाणी के माध्यम से प्रस्तुत करता है। तो उसके सम्पूर्ण व्यक्तित्व का दिगदर्शन हो जाता है। सामान्य दिनचर्या मे हम वाणी का प्रयोग असंख्य बार करते है और हर बार हमारी वाणी से उच्चारित हुए शब्दों के अर्थ भाव भिन्न भिन्न होते है। यथा– अभी रूको ! मत जाओ तथा अभी रूको मत, जाओ।

उक्त उदाहरण मे विराम चिन्हों के प्रयोग को वाणी के उच्चारण के द्वारा समझा जाता है। पहले वाक्य के अनुसार यह एक आदेशित वाक्य है जिसमें किसी व्यक्ति को जाने से रोकने को कहा गया है जबकि दूसरे वाक्य मे तत्काल जाने के लिए निर्देशित किया गया है। पहले वाक्य मे रूको शब्द पर विराम दिया गया है जबकि दूसरे वाक्य मे मत शब्द पर बल दिया गया है। एक ही प्रकार के शब्दों से बने वाक्य में वाणी के उच्चारण के कारण अर्थ ही बदल जाता है। दोनों वाक्यों मे

उच्चारणकर्ता अपनी वाणी के द्वारा इस भिन्नता को प्रदर्शित करते है। इसलिए वाचिक का प्रयोग सामान्य दैनिक जीवन मे अनेक भावों की पुष्टि करता है। वाचन की प्रक्रिया मे रस का समावेश हो जाने से ही वाचिक का सौंदर्य होता है। सभी को मधुर वचन कर्णप्रिय होते है जबकि कर्कश वाणी अप्रिय होती है। इसलिये विद्वानों ने वाणी का संयमित प्रयोग करने को कहा है।

वाणी की कलात्मक प्रस्तुति रस को जनित करती है। मानव अपने चित्त के भावों को अंगो व मुखाकृति से अभिनित करते है। परन्तु यदि अंनभिज्ञ व्यक्ति इन भावों के द्वारा संप्रेषित विचार को समझ न सके तो अर्थभाव का संप्रेषण नहीं हो सकता है। यदि वह वाणी से बोलकर अपने भावों को व्यक्त कर दे तो यह सर्वोत्तम होता है। यद्यपि चेहरे की भंगिमा से भावों का संप्रेषण हो जाता है और वाणी मौन हो जाती है परंतु अधिकांश स्थितियों में यह संभव नहीं होता है।

अपरिचित व्यक्ति से प्रथम परिचय वाणी के द्वारा ही संभव होता है क्योंकि विचारों का आदान–प्रदान विचार–विमर्श के द्वारा होता है। इसलिये वाणी का संतुलित प्रयोग आवश्यक होता है। वाणी सुनने में कर्णप्रिय भी हो और भावनाओं का प्रसार भी हो जाये।

अंगसंचालन, नेपथ्य व सत्व के बिना विचारों को वाणी के द्वारा प्रत्यक्षतः व्यक्तः किया जाना वाचिक अभिनय कहलाता है।।

भारतीय नृत्यकला परब्रम्हा को प्राप्ति करने वाली विद्या है। भारतीय शास्त्रीय नृत्यों का संबंध अध्यात्म से रहा है और नृत्य संगीत के माध्यम से ईश्वर की प्राप्ति को भारतीय समाज में स्वीकार किया गया है। कत्थक नृत्य शैली प्रारंभ से ही धर्म व अध्यात्म से संबंधित रही है तथा इस नृत्य की उत्पत्ति के बारे में धारणा प्रचलित है कि मंदिरों में कथा वाचकों के द्वारा कथा कहते समय बीच–बीच में नृत्य करने से जो शैली विकसित हुई वही कथक नृत्य है।

कत्थक नृत्य का मंदिरों से जुड़ाव होने के कारण इसका स्वरूप पूरी तरह धार्मिक रहा है। कत्थक शब्द की व्याख्या कथा वाचकों से हुई है। जो कथा कहता है वही कत्थक कहलाता है।

वैदिक काल में कथा सुनाने वाले नैतिक शिक्षा देते थे और सुनने वालों को आनंदित करना भी उनका उद्‌देश्य रहता था। इसलिये कथावाचक को सदाचारी, स्थिरबुद्धि, सुदर्शन, मार्जित भाषा–शैली, प्रियभाषी, प्रतिभाशाली, सहनशील तथा

उदार स्वभाव का होना चाहिये। अपने अभिप्राय को समझाने वाला, विद्याओं का जानकार तथा उदाहरण देकर विषय की आकर्षक प्रस्तुति देने का गुण कथावाचक में होना आवश्यक है।

कथा कहने या वाचने की कला में भाषा–शैली तथा उच्चारण का महत्व होता है। इसी कारण कत्थक नृत्य शैली में वाचिक अभिनय का महत्वपूर्ण स्थान है। कथावाचन की परंपरा पूरे भारत में प्रचलित थी और आज भी प्रचलित है परंतु कथा प्रदर्शन के ढंग में भिन्नता है। कहीं बैठकर कथा कही जाती है, कही खड़े होकर तथा कही गायन व नृत्य के माध्यम से। कथा को गायन, वादन तथा नृत्य से संबंधित करने से ही कत्थक नृत्य की उत्पत्ति हुई है।

कथा वाचक कथा को प्रभावी बनाने के लिये किसी शब्द विशेष पर बल देते है तथा कभी किसी शब्द को भावित करने के लिये अघोष कर देते है। किसी शब्द का अर्थ समझाने के लिये उसके समानार्थी शब्द का प्रयोग करते है तथा किसी वाक्य को बोलने के लिये शब्दों का अनुक्रम व्यवस्थित करते है, उसे राग व लय से बद्ध करते है। इन सभी प्रयासों से कथा को प्रभावी बनाकर दर्शकों के समक्ष प्रस्तुत किया जाता है जिससे वे आनंदित होते है। कथावाचन के प्रभावी ढंग से दर्शक कथा के उद्देश्य व नैतिक शिक्षा को समझते है तथा कथाकार की विचारधारा से अभिभूत होते है।

कला चाहे कोई भी हो अपनी भावनाओं की अमिट छाप दर्शकों पर छोड़ना हर कलाकार का अंतिम लक्ष्य होता है। अपने भावों को किस माध्यम से दर्शकों तक पहुंचाया जाये यह महत्वपूर्ण होता है। कोई नृत्यकार अपने संपूर्ण हाव–भाव से नृत्य के कथानक या विषयवस्तु को स्पष्ट करने के लिये अथक प्रयत्नशील है, परंतु यदि वह दर्शकों को अपने हाव–भाव से विषय–वस्तु का संप्रेषण नही कर पा रहा है तथा दर्शक उस रस की अनुभूमि नहीं कर पा रहे है तो वह भाव–संप्रेषण प्रभावी नही बन सकेगा। इसके विपरित यदि उस भाव को अंग–भंगिमा से प्रदर्शित करने के साथ–साथ वाणी से उच्चारित किया जाये तो यह भाव संप्रेषण दर्शकों को कथानक का प्रत्यक्ष अनुभव कराती है तथा वे कथानुरूप रस को प्राप्त करते है। इसलिये विद्वगणों ने वाचिक अभिनय को नृत्य–नाट्य कला का महत्वपूर्ण अंग स्वीकृत किया है।

कथा वाचने की शैली में शब्दों का चयन उनका उच्चारण, तुकबंदी सभी महत्वपूर्ण होते है। किसी शब्द की व्याख्या कथाकार के द्वारा इस तरह उच्चारित की जानी चाहिये जिससे उस शब्द के भाव दर्शको तक पहुंच जायें।

नाट्यशास्त्र में वाचिक अभिनय

नाट्यशास्त्र ग्रंथ में सर्वत्र नाट्य की चर्चा की गई हैं। वाचिकाभिनय के बारे में नाट्यशास्त्र के पन्द्रहवें अध्याय सें उन्नीसवें अध्याय तक विशद वर्णन किया गया है।

नाट्यशास्त्र में आंगिक अभिनय के पश्चात् वाचिक अभिनय का क्रम विवरण यह प्रदर्शित करता है कि कथानक के विषय–वस्तु की प्रस्तुति को प्रभावशाली बनाने के लिये अंगो के द्वारा प्रेषित अभिनय को शब्द (वाणी) के द्वारा बताया जाना चाहिये। यदि दर्शक आंगिक अभिव्यक्ति से अनभिज्ञ हो तो वे शब्दों को सुनकर उस भावाभिनय के अर्थ को पूर्णतया समझ सकते है।

संभवतः इसी कारण आचार्य ने वाचिक अभिनय के लक्षण आदि बतलाने के पूर्व आंगिक अभिनय का वर्णन नाट्यशास्त्र में किया है।

यद्यपि मानवीय भावों का संप्रेषण आंगिक, आहार्य व सात्विक के द्वारा संभव है परंतु काव्य या अर्थ की संपूर्ण अभिव्यक्ति वाचिक के द्वारा ही होती है।

नाट्य में प्रस्तुत की जानी वाली कथा शब्द पर आश्रित होती है और शब्द के अर्थ (भाव) नाट्य में व्यक्त होते है। इसलिये आचार्य ने वाचिक अभिनयको महत्वपूर्ण बताया है।

"वाचि यत्नस्तु कर्तव्यों नाट्यस्यैषा तनुः स्मृता।
अंगनेपथ्यसत्वानि वाक्यार्थ व्यञ्जयन्ति हि।।

अर्थात (कवि के द्वारा काव्यादि निर्माण तथा अभिनेता के द्वारा प्रयोग के अवसर पर) शब्दों पर विशेष उद्योग (प्रयत्न) रहना चाहिए, क्योंकि यही सारे नाट्य प्रदर्शन का कलेवर है। क्योंकि अंग, नेपथ्यरचना तथा सत्वाभिनय वाक्य के (शब्द

के) अर्थो की अभिव्यक्ति करते है। यदि वाचिक अभिनय शिथिल हो तो अन्य अभिनयों से प्रयोग सुरूचिपूर्ण नही बन सकता।"[1]

नाट्यकला में संवाद की महत्ता ने वाचिक अभिनय को नाट्य का प्राणतत्व माना है। इसलिए भरत ने इसका श्रद्धापूर्वक अध्ययन करने की चर्चा की है। "वाचिक अभिनय जिसका नाट्य प्रयोग में संवाद रूप में विधान है तथा उपयोग किया जाता है। नाट्य का यह प्रमुख आधारभूत तत्व है तथा सर्वप्रमुख अभिनय भी। इसी कारण भरतमुनि ने इसे नाट्य का शरीर भी कहा है।"[2]

आंगिक, वाचिक व सात्विक तीनों ही वाक्यार्थो को व्यक्त करते है व सारे शास्त्र वाक्य के रूप में होते है, वाणी से परे कोई अर्थ नही है। इसलिये अन्य अभिनयों की सफल प्रस्तुति तभी संभव है जबकि वाचिक अभिनय रूचिपूर्ण व स्पष्ट हो।

"वाणी तो सबका मूल है ,इसी के आधार पर अन्य अभिनय चित्रवत् परिपल्लवित होते है। मनुष्य के मनोभावों की अभिव्यक्ति सात्विकादि अन्य अभिनयों द्वारा भी होती है पर उन्हें पूर्णता और सार्थकता प्राप्त होती है वाचिक अभिनय द्वारा ही।"[3]

वस्तुतः "कुछ विद्वान वाचिक अभिनय को ही सबसे ज्यादा महत्व देते है। उनका मत है कि चूकिं नाट्य में प्रस्तुत किये जाने वाले कथा या अन्य कोई अर्थ शब्दों पर ही निर्भर रहता है और उन्हीं शब्दों का अर्थ नाट्य में प्रस्तुत किया जाता है इसीलिये वाचिकाभिनय को नाट्य का शरीर या ढांचा कहा जा सकता है।"[4] नाट्यशास्त्र में वाचिक अभिनय के विविध स्वरूपों के बारे में जानकारी दी गयी है।

वाचिक अभिनय के सभी का मूल भूत आधार बन जाने के कारण इसका क्षेत्र अत्यंत व्यापक है। इस अभिनय के अंतर्गत शब्द विधान, छन्द, लक्षण, अलंकार, गुण, दोष, भाषा तथा संबोधन विधान जैसे विषयों का समावेश है जिसका विस्तृत विवरण नाट्यशास्त्र में दिया गया है।

नाट्यशास्त्र में वर्णित वाचिक अभिनय एवं उसकी कत्थक नृत्य में उपयोगिता–

---

[1] नाट्यशास्त्रम् भाग–2, बाबूलाल शुक्ल शास्त्री, पृ. क्र. 200
[2] नाट्यशास्त्रम् भाग–2, बाबूलाल शुक्ल शास्त्री, पृ. क्र 47
3 भरत और भारतीय नाट्यकला –सुरेन्द्रनाथ दीक्षित पृ. क्र. 265
[4] भारतीय संस्कृति में कत्थक परम्परा, प्रो.(डॉ.) मांडवीसिंह पृ. क्र. 44

शब्दविधान

वाचिकाभिनय का प्रदर्शन वाणी के द्वारा होता है तथा वाणी की उत्पत्ति नाद के द्वारा होती है। शरीर में स्थित वायु जब हृदय, कण्ठ़, शीर्ष तथा मुख से होकर ध्वनि रूप में प्रकट होता है तब उसे नाद कहते है। इसके तीन भेद है – मन्द्र, मध्य व तार। हृदय से निकलने वाला नाद मन्द्र, कण्ठ से उत्पन्न होने वाला मध्य व शीर्ष से होने वाला तार कहलाता है। नाद के द्वारा जनित वाक का शब्दमय प्रयोग ही वाचिक अभिनय है।

भरत ने सर्वप्रथम वाचिक अभिनय के 'शब्द' रुप का शास्त्रीय विवेचन करते हुए 'अ' से प्रारंभ होने वाले चौदह स्वर, 'क' से 'ह' तक के व्यंजन तथा इनके उच्चारण स्थान, प्रयत्न, घोष, अघोष वर्ण का विवरण दिया है साथ ही पद के नाम, आख्यात, उपसर्ग, निपात, प्रत्यय, संधि, समास, तद्धित, कृदन्त आदि व्याकारणिक शास्त्र का विवेचन किया गया है। शब्दशास्त्र के प्रधान विषयों का प्रतिपादन एवं अनेक महत्वपूर्ण संबद्ध शब्दों की व्युपत्ति की व्याख्या आचार्य भरत ने की है।

कत्थक नृत्य शैली में 'पढ़ंत' की अपनी एक विशिष्टता है। बोलो का सही उच्चारण करना नर्तक की इसमें कुशलता दर्शाता है। अतः कत्थक नर्तक को अक्षर एवं शब्दों के उच्चारण का सही ज्ञान होना चाहिए।

शब्दों की अनुक्रम रचना के आधार पर पदबंध बनते है।

पदबंध की दो शैलियां

प्राचीन भारतीय नाट्य एवं काव्य कला में संस्कृत एवं विभिन्न प्राकृत भाषाओं का प्रयोग हुआ है। इसमें पदबंध की दो शैलियाँ दिखाई देती है– गद्य (चूर्णपद) एवं पद्य (निबद्ध पद)। गद्य (चूर्णपद) शैली में अक्षरों की संख्या व संयोजना सुनिश्चित नही होती है तथा अर्थ को प्रकट करने के लिये अनेक वर्ण या पदों को स्वतंत्रतापूर्वक प्रयोग किया जाता है जबकि पद्य (निबद्ध) में पदों व अक्षरों का एक निश्चित क्रम व संख्या सुनिश्चित होती है। पद्य के पदो में लयात्मकता विद्यमान रहती है। जबकि गद्य पठनीय मात्र होता है। नाट्य के संवाद गद्य में रहते है परंतु संवेदनाओं की मार्मिक अभिव्यक्ति पद्य में भी होती है।

नाट्य–नृत्य कला में हृदय में संवेदना की लयात्मक रचना प्रभावशाली होती है क्योंकि संपूर्ण सृष्टि में लय विद्यमान है। सूर्य–चन्द्र, ग्रह, नक्षत्र, विश्व का सृजन तथा प्रलय सभी लयमान है। इसी तरह वाणी की लय से माधुर्य व उमंग मुखरित हो उठता है। भरत ने यह माना है कि कोई छन्द न तो शब्दहीन है और न कोई शब्द छंदहीन है।

शब्द और छंद का योग नाट्यकला का उद्योतक है।

पद्य की शैलियां :–जाति और वृत्त

नाट्यशास्त्र में जाति और वृत्त नामक दो छंद –शैलियों का विवरण दिया गया है। जाति छंद अक्षर मात्राओं पर आधारित होता है जबकि वर्णिक वृत्तों में अक्षरों की गणना होती है। तथा वर्णिक वृत्तों का विकास त्रिकों के आधार पर हुआ है।

भरत ने आठगणों की परिकल्पना की है–

मगण (ऽ।।) भगण (ऽऽऽ) जगण (ऽ।ऽ) सगण(।।ऽ) रगण(ऽ।ऽ) तगण(ऽऽ।) यगण(।ऽऽ) नगण (।।।)

छंद प्रभेद

आचार्य ने छंद के तीन प्रकार बताये है सम, अर्धसम और विषम वृत्त। तथा उन्होने वर्णिक वृत्तों का एक अन्य वर्गीकरण भी बताया है– दिव्य, दिव्येत्तर तथा दिव्यमानुषगण।

इन तीनों के अन्तर्गत तनुमध्या, मकरशीर्षा, मतचेष्टित, उपेन्द्रवज्रा, इन्द्रवज्रा आदि प्रचलित छन्दों का विस्तृत वर्णन नाट्यशास्त्र में दिया गया है।

नाट्यशास्त्र में वर्णित छन्दों का कत्थक नृत्य में प्रयोग

संस्कृत पाठय के अन्तर्गत कत्थक नृत्य में प्रयोग में आने वाले श्लोक, स्तुति, वन्दना के आधार पर छंदविधान की उपयोगिता का वर्णन किया गया है।

छंदशास्त्र एवं कत्थकनृत्य

आचार्य भरत ने छंदो की रसों से अनुरूपता का भी वर्णन किया है। नाट्यकला रस के अनुरूप छंदो के योग से समृद्ध होता है। श्रृंगाररस के लिये आर्या तथा वीर, रौद्र व अद्भूत रस में लघु अक्षराश्रित छन्दो का प्रयोग किया जाता है। भरत ने छंद संरचना को नाट्य के लिये सौंदर्य कारक बताया है।

यद्यपि भरत का नाट्यशास्त्र ग्रंथ छंद का प्रमुख ग्रंथ नहीं है परंतु नाट्यकला में उपयोगिता के संदर्भ में उन्होंने उदाहरण देकर इसे शास्त्र में व्यवस्थित रूप दिया है। भरत ने नाट्यार्थ की समृद्धि और नाट्य–सौंदर्य को लक्षित कर छंदो का वर्णन किया है। यद्यपि भरत ने जिन छंदो का वर्णन नाट्यशास्त्र में किया है वह संस्कृत पाठ्य पर आधारित है तथापि प्राकृत भाषा में भी कुछ छंदो का वर्णन नाट्यशास्त्र के अनुरूप ही है। सभी छंदो को नाट्याचार्यो ने अपनी रचनाओं के अनुरूप विस्तार दिया है। छंद शब्द छदि धातु से बना है, जिसका शब्दार्थ होता है– आच्छादन करना अथवा ढंकना।

तात्पर्य यह है कि जिस वाक्य समूह में व्याकरण के नियमों के अनुसार मात्रा वर्ण या दोनों की निश्चित व्यवस्था हो वही छंद है। छंद के आधार पर बड़े–विचारों को थोड़े में शब्दों में कंठस्थ किया जा सकता है। छंद एक प्रकार से (पद्य) शब्द का पर्याय है क्योंकि बिना छंद का आधार लिए पद्य नही लिखा जा सकता है। कत्थक नृत्य में छंदो का प्रायोगिक स्वरूप भी दिखाई देता है–

जब किसी कवित्त को ताल में बैठाकर उसका पढंत व अभिनय किया जाता है अथवा छंदो को ताल के साथ राग में व्यवस्थित कर भावाभिनित किया जाता है।

नाट्यशास्त्र में वर्णित छंदो का प्रयोग कत्थक नृत्य में वंदना, कवित्त, ठुमरी, भजन, अष्टपदी आदि में किया जाता है।

नाट्यशास्त्र में वर्णित छन्द

1. मत्तचेष्टित : यदि आठ अक्षरों के पाद में दूसरा, चौथा, छठा तथा आठवा वर्ण गुरू हो तो 'मत्तचेष्टित' वृत्त होता है।

चतुर्थश्च द्वितीयश्च षष्ठमष्टममेव च।
गुरूण्यष्टाक्षरे पादे यत्र तन्मत्तचेष्टितम्।।[5]

कत्थक नृत्यकार गुरूवंदना में ब्रम्हा, विष्णु, महेश को प्रदर्शित करते हुए गुरू महिमा पर भाव दिखाते है। जिसमें मत्तचेष्टित वृत्त का अंशतः स्वरूप दिखाई देता है।

गुरू वंदना

गुरूः ब्रम्हा गुरूः विष्णुः गुरूः देवो महेश्वरा।
गुरूः साक्षात् परब्रम्हा, तस्मै श्रीगुरूवे नमः।।

इस रचना के प्रत्येक चरण मे आठ अक्षर होते है। साथ ही प्रत्येक चरण का पांचवा वर्ण लघु और छठवां वर्ण गुरू तथा सातवां वर्ण विषम अर्थात पहले और तीसरे चरणों में गुरू पर सम और दूसरे और चौथे चरण में लघु रहता है। यद्यपि इस लक्षण का यथावत स्वरूप मतचेष्टित से समानता रखता है परंतु वर्ण की रचना मे कुछ भिन्नता भी है।

2. उपेन्द्रवज्रा : ग्यारह अक्षरों के (त्रिष्टुपजाति के) पाद में यदि प्रथम, तृतीय, षष्ठ, सप्तम तथा नवम् अक्षर लघु हो तो उपेन्द्रवज्रा वृत्त जानो।

एभिरेव तु संयुक्ता लघुभिस्त्रैष्टुभी यदा।
उपेन्द्रवज्रा विज्ञेया लघ्वादाविह केवलम्।।[6]

कत्थक नृत्य में संस्कृत् भाषा में वर्णित वंदना, स्तुति इत्यादि में उपेन्द्रवज्रा छंद का वर्णन दिखाई देता है।

---

[5] नाट्यशास्त्रम् भाग–2, बाबूलाल शुक्ल शास्त्री, पृ. क्र. 228
[6] नाट्यशास्त्रम् भाग–2, बाबूलाल शुक्ल शास्त्री, पृ. क्र. 233

यथा :–

त्वमेंव माता च पिता त्वमेव।
त्वमेव बंधुश्च च सखा त्वमेंव।।
त्वमेव विद्या द्रविणं त्वमेंव।
त्वमेंव सर्वं मम् देवदेवं।।

3. इन्द्रवज्रा : "यदि ग्यारह अक्षरों के पाद में तीसरा छठा, सातवां तथा नवा अक्षर लघु हो तो इन्द्रवज्रा वृत्त होता है।

नवमं सप्तमं षष्ठं तृतीयश्च भवेत्लघु।
एकादशाक्षरे पादे इन्द्रवज्रेति सा यथा।।"[7]

नाट्यशास्त्र में वर्णित इन्दवज्रा का प्रयोग कत्थक नृत्यकार के द्वारा शिववंदना मे दिखाई देता है।

शिव वंदना

कर्पूर गौरं करूणावतारं,
संसार सारं भुजगेन्द्रहारं
सदा वसंतं हृदयारविन्दे,
भवं भवानी सहितम् नमामि
भवं भवानी सहितम् नमामि
भवं भवानी सहितम् नमामि

छंदशास्त्र के अंतर्गत इस श्लोक का प्रारंभ यद्यपि इन्द्रवज्रा छंद से होता है परंतु आगे के पदों में उपेन्द्रवज्रा छंद का प्रयोग भी दिखाई देता है।

छंदशास्त्र के अंतर्गत यदि दो अलग–अलग छन्दों के नियमों का एक ही रचना में प्रयोग किया जाये तो उसे 'उपजाति वृत्त' कहते है।

---

[7] नाट्यशास्त्रम् भाग–2, बाबूलाल शुक्ल शास्त्री, पृ. क्र. 232

यथा–इंद्रवज्रा और उपेन्द्रवज्रा का योग इस शिव वंदना में दिखाई देता है। यह वंदना भी छंद विधान के अंतर्गत आने वाले उपजाति के सभी नियमों पर खरी उतरती है।

इन्द्रवज्रा चार चरणों का ग्यारह वर्णो वाला गणबद्ध समवर्ण वृत्त है। इसका सूत्र 'तगण, तगण, जगण, गुरू, गुरू' है तथा उपेन्द्रवज्रा चार चरणों का ग्यारह वर्णों वाला गणबद्ध समवर्ण वृत्त है। इसका सूत्र 'जगण, तगण, जगण, गुरू, गुरू है। इस वंदना का प्रथम चरण इन्द्रवज्रा के नियमो पर पूर्णतः लागू होता है तथा दूसरा चरण उपेन्द्रवज्रा के नियमों का पालन करता है। इस प्रकार इन दोनों छंदों के योग के कारण इसमें उपजाति का प्रयोग माना जा सकता है।

4. वंशस्थ : "यदि द्वादशाक्षर पाद में दूसरा, चौथा, पांचवां, आठवां, दसवां तथा अन्तिम वर्ण गुरू हो तो वंशस्थ वृत्त होता है।

द्वितीयमन्त्यं दशमं चतुर्थं पंच्चमाष्टमे।
गुरूणि द्वादशे पादे वंशस्था जगती तु सा।।"[8]

कत्थक नृत्य के गणेश वंदना पर आधारित श्लोक में इस छंद का प्रयोग दिखाई देता है

यथा

गजाननं भूतगणादि सेवितं
कपित्थ जंबूफल चारू भक्षणम्।
उमा सुतम् शोक विनाश कारणं
नमामि विघ्नेश्वर पद पाद पंकजम्।।

---

[8] नाट्यशास्त्रम् भाग–2, बाबूलाल शुक्ल शास्त्री, पृ.क्र. 238

इस श्लोक के प्रथम चरण में 12, द्वितीय व तृतीय चरण में 13, 13 तथा चतुर्थ चरण में 15 वर्ण पाये गये है। इसलिये वंशस्थ के सभी लक्षण इस श्लोक में नहीं दिखाई देते है। अतः यह गणेशवंदना अंशतः वंशस्थ के अनुरूप है।

5. बसंततिलका : "यदि चौदह अक्षरों के पाद में पहिलेदो, चौथा, आठवां, ग्यारहवां, तेरहवां,(उपान्त्य) तथा अंतिम अक्षर गुरू हो तो 'बसंततिलका वृत्त' होता है।

आदौ द्वे च चतुर्थश्चाप्यष्टमैकादशे गुरू।
अन्त्योपान्त्ये च शक्कर्यो बसंततिलका यथा।।"[9]

कत्थक नृत्यकार शिवपंचाक्षर स्त्रोत पर जब अभिनय करते है तो वहां के कुछ पदों में बसंततिलका छंद का प्रयोग दिखाई देता है।

शिव पंचाक्षर स्त्रोत

नागेन्द्रहाराय त्रिलोचनाय
भस्मांगरागाय महेश्वराय
नित्याय शुद्धाय दिगम्बराय
तस्मै नकाराय नमः शिवाय।
मंदाकिनी सलिल चन्दन चर्चिताय
नन्दीश्वर प्रमयनाथ महेश्वराय
मन्दारपुष्प–बहुपुष्पसु पूजियात
तस्मै मकाराय नमः शिवाय।
शिवाय गौरी–वंदनाऽब्ज –वृन्द
सूर्याय दक्षाध्वर–नाशकाय
श्री नीलकण्ठाय वृषध्वजाय
तस्मै शिकाराय नमः शिवाय।

---

[9] नाट्यशास्त्रम् भाग–2, बाबूलाल शुक्ल शास्त्री, पृ.क्र. 243

वसिष्ठ कुम्भोद्भव–गौतमाय–
मुनीन्द्र–देवार्चित–शेखराय
चन्द्रार्क–वैश्वानर–लोचनाय
तस्मै वकाराय नमः शिवाय।
यक्ष–स्वरूपाय जटाधराय
पिनाक हस्ताय सनातनाय
दिव्या देवाय दिगम्बराय
तस्मै यकाराय नमः शिवाय।

उक्त शिवपंचाक्षर स्त्रोत के दूसरे चरण में बसंततिलका छन्द प्रयुक्त हुआ है। जबकि पहले, तीसरे, चौथे और पांचवे चरण में इन्द्रवज्रा का प्रयोग हुआ है।

छंद शास्त्र के अंतर्गत यह उपजाति वृत्त का छंद है क्योंकि इसमें इन्द्रवज्रा एवं बसंततिलका दोनों छंदो का योग दिखाई देता है।

परंतु कत्थक नृत्य में बसंततिलका के उदाहरण स्वरूप शिवपंचाक्षर स्त्रोत का द्वितीय चरण प्रसिद्ध है।

6. श्रीधरा : यदि सत्रह अक्षर के पाद में आदि के चार, दसवां, ग्यारहवां, तेरहवां, चौदहवां तथा अंतिमवर्ण गुरू हो तो 'श्रीधरा' नामक वृत्त होता है।

च्त्वार्यादौ च दशमं गुरू यत्र त्रयोदशम्।
चतुर्दशं तथान्त्ये द्वे चैकादशमथापि च।।
यदा सप्तदशे पादे शेषाणि च लघून्यथ।
भवन्ति यस्मिन् सा ज्ञेया श्रीधरा नामतो यथा।।[10]

आचार्य पिंगल ने नाट्यशास्त्र में वर्णित श्रीधरा को मन्द्राकांता नाम से वर्णित किया है। कत्थक नृत्यकार के द्वारा प्रस्तुत विष्णुवंदना में इस छंद का प्रयोग दिखाई देता है।

---

[10] नाट्यशास्त्रम् भाग–2, बाबूलाल शुक्ल शास्त्री, पृ.क्र. 248–249

शान्ताकारं भुजग शयनं,
पदमनाभं सुरेशम्।
विश्वाधारं गगन सदृशं,
मेघवर्ण शुभांगम्।
लक्ष्मीकान्तं कमलनयनं,
योगिभिर्ध्यान गम्यम्।
वन्दे विष्णु भवमय हरं,
सर्वलोकैक नाथम्।

7. शार्दूलविकिड़ित : "यदि उन्नीस अक्षरों के पाद में पहले तीन छठां, आठवां, बारहवां, तेरहवां, चौदहवां, सोलहवां, सत्रहवां तथा अंतिमवर्ण गुरू हो तो शार्दूलविकिड़ित वृत्त होता है।

अन्त्यं सप्तदशञ्चैव षोडशं स चतुर्दशम्।
त्रयोदशं द्वादशञ्च षष्ठमष्टममेव च।।
त्रीण्यादौ च गुरूणि स्युर्यस्मिस्त्वेकोनविंशके।
पदे लघूनि शेषाणि शार्दूलकीडितन्तु तत्।।"[11]

संस्कृत पाठय पर आधारित सरस्वती वंदना में कत्थक नृत्यकार के लिये यह छंद उपयोगी है।

सरस्वती वंदना

या कुन्देन्दु–तुषार–हार–धवला या शुभ्रवस्त्रावृता
या वीणा–वरदण्ड–मण्डितकरा या श्वेतपद्मासना।
या ब्रम्हा–ऽच्युत–शंकर–प्रभृतिभिर्देवैः सदा वन्दिता
सा मां पातु सरस्वती भगवती निःशेषजाडयापहा।।

---

[11] नाट्यशास्त्रम् भाग–2, बाबूलाल शुक्ल शास्त्री, पृ.क्र. 251–252

कत्थक नृत्य में इस कवित्त में भी अंशतः शार्दूलविकिड़ित का प्रयोग दिखाई देता है –

नटवर नाऽचत संऽगीऽ तऽगीत
विविधभाँ ऽतिगत नयेऽन येऽऽऽ
ताऽपर पगकोऽ नूंऽपुर बाऽजे
थोऽदिगदिग त्रामत्राम थेईऽदिगदिग थोऽदिगदिग
त्रामत्राम थेईऽदिगदिग थोऽदिगदिग त्रामत्राम
थेईऽ ऽऽ नटवर नाऽचत
संऽगीऽ तऽगीत विविधभां ऽतगति
येऽन येऽऽऽ ताऽपर पगकोऽ
नॅूऽपूर बाऽजे थोऽदिगदिग त्रामत्राम
थेईऽदिगदिग थोऽदिगदिग त्रामत्राम थेईऽदिगदिग
थोऽदिगदिग त्रामत्राम थेईऽऽऽ ऽऽऽऽ
नटवर नाऽचत संऽगीऽ तगीत
विविधभां ऽतगति नयेन येऽऽऽ
ताऽपर पगकोऽ नॅूऽपूर बाऽजेऽ
थोऽदिगदिग त्रामत्राम थेईऽदिगदिग थोऽदिगदिग
त्रामत्राम थेईऽदिगदिग थोऽदिगदिग त्रामत्राम थेई।

(तीरथराम आजाद,कत्थकदर्पण पृष्ठ क्र. 300)

यह कवित्त छंद रचना शार्दूल विकिड़ित के करीब पाया जाता है। यह उन्नीस वर्णो वाला सम वर्णवृत है जिसके प्रत्येक चरण में बारह तथा सात पर यति रहती है। इस कवित्त में भी प्रथम चरण में तो बारह व सात पर यति है परंतु दूसरे चरणों में नहीं है। इसलिये इस कवित्त रचना को अंशतः शार्दूलविकिडित छन्दाधारित कवित्त मान सकते है।

अलंकार विधान

अलंकार का अर्थ होता है 'गहना' या आभूषण। जिस तरह आभूषण धारण करने से मनुष्य की शोभा बढ़ती हैं उसी प्रकार काव्य में अलंकार के प्रयोग से काव्य की शोभा बढ़ती हैं।

काव्य की भाषा में अलंकार का विशेष रूप से प्रयोग किया जाता हैं जिससे सौदर्य की सृष्टि होती हैं।

'यह कविता को सर्वजन–हृदय–संवेद्य सहज सुंदर रूप देती हैं। इसी रूप में ऐसा व्यापक सौंदर्यधायक अलंकार काव्य की आत्मा–रूप रस का समवाय सम्बन्ध से उपकारक होता हैं। यह कटक केयूर के समान बहि रंग प्रसाधन सामग्री नहीं अपितु सामाान्याभिनय के अंतर्गत परिगणित हाव–भाव आदि की तरह आत्मकला के रूप में कविता का शृंगार करता है।''[12]

काव्य की अनुभूति के लिये इसमें अभिव्यंजना प्रदान करने वाली शैली महत्वपूर्ण है जिसके द्वारा कविजन कविता के द्वारा मार्मिक संवेदनाओं को अभिव्यक्त करते है। शब्दों का सीधे–सीधे अर्थो को प्रकट कर देने से उस काव्य का उचित चित्रण नही हो पाता है परंतु जब शब्दों की अन्य वस्तु, गुण आदि से तुलना या समकक्षता स्थापित करते हुए वर्णित किया जाता है तो यह उस काव्य रचना को जीवंतता प्रदान करती है।। जिसे अलंकार के द्वारा सम्पादित किया जाता हैं। दर्शक या श्रोता, काव्यकार की कल्पना की अनुभूति कर रस प्राप्त करते हैं। क्योकि नृत्य और साहित्य दोनो का उद्देश्य नाटय के सौदंर्यधायक तत्वों को प्रतिष्ठित करना हैं। अलंकार शब्द की व्याख्यानुसार वह वस्तु जो सुन्दर बनाने का साधन हो वहीं अलंकार हैं। यह दो शब्द अलं तथा कार से बना हैं–जिसका अर्थ है शोभा प्रदान करने वाला।

काव्य के क्षेत्र में अलंकार के प्रयोग से काव्य रचना रसात्मकता प्राप्त कर प्रतिष्ठित होता है।

भरत मुनि के युग से लेकर अनेक शतकों तक लक्ष्णों का काव्य में महत्व रहा परन्तु काव्यशास्त्र के विकास में अलंकारों की परपंरा ने अधिक प्रसार और महत्व प्राप्त किया।

---

12 भरत और भरतीय नाट्य कला – सुरेन्द्रनाथ दिक्षित पृ. क्र. 274

यद्यपि नाट्य शास्त्र में अंलकारों की संख्या चार ही हैं इससे यह स्पष्ट है कि नाट्य शास्त्र के लेखन के समय से लेकर अनेक शताब्दियों बाद तक अलंकार पद्धति अपनी स्थिति आरंभिक–विंदुओं से अधिक विस्तीर्ण नही बना सकी थी।

अर्थात् अलंकारों की संख्या भरतकाल से अनेक शताब्दियो तक चार ही रही। अलंकारों की संख्या नाट्यशास्त्र में कम होने का एक कारण अलंकारो की नाटय में उपयोगिता भी हो सकती हैं। संभवतः काव्य जगत में अनेक अलंकार रहे होंगे परंतु नाट्यकला में उपयोगिता के दृष्टिगत कर आचार्य ने चार अलंकार को ही चुना है।

यदि भरत के युग में चार ही अलंकार विद्यमान थे तो भरत के उत्तरभावी साहित्यकारों ने अलंकार पद्धति को धीरे–धीरे विकसित कर शास्त्रीय स्वरूप प्रदान किया होगा।

उक्त सभी स्थितियों में ही अलंकार के निरूपक आचार्यों में भरत को ही सर्वप्रथम स्थान प्राप्त हैं।

अलंकार भेद एवं कत्थक नृत्य में उनका प्रयोग

नाट्य शास्त्र ग्रंथ के सत्रहवें अध्याय में आचार्य भरत ने काव्यशास्त्र के अलंकारों का वर्णन किया है।

आचार्य ने इस ग्रंथ में चार प्रकार के अलंकारों का वर्णन किया है। वे हैं – उपमा, रूपक, दीपक, तथा यमक।

"उपमा रूपकश्चैव दीपकं यमकं तथा।
काव्यस्यैते ह्यलङ्काराश्चत्वारः परिकीर्तिताः।।"[13]

कत्थक नृत्य मे इन अलंकारों का प्रयोग बहुत होता है। जिसका वर्णन इस प्रकार है।

[13] नाट्यशास्त्रम् भाग–2, बाबूलाल शुक्ल शास्त्री, पृ.क्र. 286

1. उपमा –

"यत्किञ्चित् काव्यबन्धेषु सादृश्येनोपमीयते।
उपमा नाम सा ज्ञेया गुणाकृतिसमाश्रया।।

काव्य रचना में जब दो पदार्थो की गुण या प्रकृति पर आश्रित होकर सादृश्य द्वारा तुलना की जाए तो उसे 'उपमा' समझना चाहिए।"[14]

काव्यरचना में गुण, आकृति आदि के आधार पर जो उपमित होता है उसे ही नाट्याचार्यो ने उपमालंकार माना हैं। यह तुलनात्मक विश्लेषण दो भिन्न वस्तुओं में ही होता हैं।

उपमा एक पदार्थ की एक से या अनेक से, या अनेको की एक से या अनेको की अनेको से की जाती है।

नाट्यशास्त्र में उपमा के पांच भेद बताए गए हैं। प्रशंसा से प्रंशसोंपमा, निन्दा में निन्दोपमा, कल्पना से कल्पनोपमा, सादृश्य में सादृश्योपमा, और किंचित सादृश्य में किचिंत सादृश्योपमा का वर्णन किया गया है।

भारतीय कविता के सौंदर्य–सृजन में उपमांलकार ने महत्वपूर्ण योगदान दिया हैं। कत्थक नृत्य में उपमा अलंकार के कुछ उदाहरण इस प्रकार है। यथा –

1. विष्णु वंदना

शान्ताकारं भुजगशयनं, पदमनाभं सुरेशम्।
विश्वाधारं गगनसदृशं, मेघवर्ण शुभांगम्।।
लक्ष्मीकातं कमलनयनं, योगिभिर्ध्यान गम्यम्।
वन्दे विष्णु भवभय हरं, सर्वलोकैक नाथम्।।

उक्त श्लोक के मेंघवर्ण, शुभांगम्, कमलनयनं तथा गगन सदृशं में उपमा अलंकार का प्रयोग दिखाई देता हैं।

[14] नाट्यशास्त्रम् भाग–2, बाबूलाल शुक्ल शास्त्री, पृ.क्र. 287

2. ठुमरी

आवें लचक लचक ब्रजनारी।
बेदी भाल श्रवण कुंडल गले माला।
मुख दामिनी सी दमकत चालें मतवारी।
देखत बिहारी पगपरी गले बांह डारी।
बिंदा पर कृपा रहे तेरो गिरधारी।
(भारतीय संस्कृति में कत्थक परम्परा–प्रो. डॉ. मांडवी सिंह पृ. क. 238)

3. भजन

प्रगटे ब्रज नन्द लाल सकल सुख निधनिया।
घुघवारी अलके मधु पंक्ति सोहे कमलन पर।
लगोचन्द्र कोने मानो राहु–सी ग्रहनिया।।
बंक भृकुटी चपल नैन कोटि–कोटि वारे मैं न।
देखत मैं दासी सब जगत मन मोहनिया।। प्रगटे।।
(भारतीय संस्कृति में कत्थक परम्परा–प्रो. डॉ. मांडवी सिंह पृ. क. 240)

4.

निरतत है दोऊ स्यामा–स्याम।
अंग मगन पियतैं प्यारी अति, निरखि चकित ब्रज बाम।।
तिरप लेत चपला–सी चमकति, झमकत भूषण अंग।
या छबिपै उपमा कहुँ नाही, निरखत बिबस अनंग।।
श्री–राधिका सकल गुन पूरन, जाके स्याम अधीन।
सॅगतै होत न कहूँ न्यारे, भए रहत अति लीन।।
रस–समुद्र मानो उछलति दोऊ, सुन्दरता की खानि।
सूरदास–प्रभु रीझि थकित भये, कहत न कछू बखानि।।
(कत्थक ज्ञानेश्वरी पं. तीरथराम आजाद पृ.क्र. 562)

5. अष्टपदी

निरततढंग हे ....
बहे पवन मंद सुगंध शीतल, बंशी वट तट निकट यमुना।
बिन्दरावन की कुंज गलिन में, राधे गोपि उमंग।। निरतत।।
बृक भानु नंदनी पाप खंडनी, कोटि रवि सम भूषण चमके।
जरी की सारी जटित मणि से, चोलि अंग सोहे तंग।। निरतत।।
(भारतीय संस्कृति में कत्थक परम्परा–प्रो. डॉ. मांडवी सिंह पृ. क. 241)

उक्त रचनाओं में जब किन्ही दो की तुलना की जाती है वहॉ पर उपमा अलंकार होता है – यथा मुख दामिनी सी दमकत (ठुमरी), राहू सी ग्रहनिया (भजन), चपला सी (भजन), रवि सम (अष्टपदी), में उपमा अलंकार का प्रयोग दिखाई देता है जबकि नायिका के मुख की तुलना बिजली से, रवि के समान चमक तथा चपल सी चमक में की गई है।

कत्थक नृत्य में इस प्रकार के सैंकड़ो साहित्यिक सौंदर्य के उदाहरण दिखाई देते है।जिसमे उपमा अलंकार का प्रयोग होता है।

साहित्यकार की कल्पना को नृत्यकार साकार रूप प्रदान करते हैं। तथा साहित्य जगत के अलंकारो का प्रयोग नृत्यकार अपनी शैली में प्रस्तुत करते हैं। भारतीय साहित्य के रीतिकालीन ग्रंथों की रचनाओं से ज्ञात होता है कि नायक–नायिका के श्रृंगार–विलास आदि सभी को रचनाकारों ने अलंकार बद्ध किया हैं। रीतिकालीन काव्य में नायिका भेद, सोलहश्रृंगार का प्रचुर वर्णन मिलता हैं। इन साहित्यकारों ने अपनी साहित्य रचना को अनेक अलंकरों से युक्त कर सौंदर्य जगत को परिपूर्ण किया है।

राधा–कृष्ण श्रृंगार के अतिरिक्त भक्ति काव्य में भी उपमा अलंकार का वृहद प्रयोग किया गया। विष्णु वदना में विष्णु का विभिन्न स्वरूप प्रदर्शित करने हेतु राजीवलोचन, मेंघपर्ण, लक्ष्मीकान्त आदि अनेक उपमाओं का प्रयोग किया जाता है। विष्णु को केवल विष्णु कह देने से वह रस–भाव जागृत नही होता हैं। विभिन्न नामो के सादृश्य तुलनात्मक प्रदर्शन से रचना सौंदर्य रूप प्राप्त करती हैं।

राजीवलोचन अर्थात जिनके नेत्र कमल के समान है। कमल पुष्प विष्णु के नेत्रो का साकार रूप प्रदर्शित करते हैं। इसी तरह विश्वाधारं, गगन सदृशम् में भी सौंदर्य अलंकार का स्वरूप दिखाई देता है। जिसमें विष्णु को जगत को धारण करने वाले आधार के समान बताया गया हैं। नृत्यकार काव्य रचनाओं की उपमा का प्रदर्शन, कत्थक नृत्य शैली में भिन्न–भिन्न अंग भंगिमाओं के द्वारा करते हैं।

यथा – कौन गली गयो श्याम।

इस ठुमरी में नृत्यकार गली को सांकेतिक रूप में अलग–अलग दृश्यों के माध्यम से दिखाते हैं। सामान्यतया गली का भाव दिखाने के लिये दोनो हाथों में पताका मुद्रा बनाकर, दोनो हाथों से पथ का अभिनय दिखाते है परंतु सजृनात्मक नृत्यकार इस नृत्य का अभिनय भिन्न–भिन्न स्थितियों से दिखाते है। आंखो की गली तथा हाथों के रेखाओ को दिखाते हुए रास्ते का भाव नृत्यंकार दिखाते हैं।

उपमा के इन रूपों को दिखाने में स्व0 शंभू महाराज सिद्धहस्त कलाकार थे जिन्होंने कत्थक जगत को अभिनय की नयी ऊचांईया प्रदान की। वे एक ही भाव को अलग–अलग प्रकार से बताते थे।

"अभिनय के क्षेत्र में शंभू महाराज की अपनी विशेषता थी। विधाता ने इनको ऐसे नेत्र दिये थे कि भाव प्रकट करने में उन आंखो से नव रस साक्षात प्रकट होते थे। चाहे ठुमरी हो, गजल हो या भजन उसके हर शब्द को अपने अभिनय कौशल के द्वारा वे मिसालों अर्थात् उपमाओं से भर देते थे। प्रत्यक्षदर्शियों का कहना है कि वे एक ही शब्द को हजारो प्रकार से रात भर अभिनय करने की क्षमता रखते थे।"[15]

अभिनय की गहराई और विशालता के कारण वे मूर्धन्यु कलाकार के रूप में कथक जगत में चिरस्मरणीय है।

शंभू महाराज के द्वारा अभिनय के विविध स्वरूप तथा एक ही वाक्य रचना में अनेक भावों का प्रदर्शन आज नृत्य जगत में बहुत लोकप्रिय हैं। कत्थक नृत्यकार शंभू महाराज की उपमा विधान के प्रायोगिक स्वरूप का बहुतायत प्रयोग करते है।

---

[15] भारतीय संस्कृति में कत्थक परम्परा–प्रो. डॉ. मांडवी सिंह पृ. क्र. 141

सृजानात्मक प्रतिभा के धनी व विचारक नृत्यकार कत्थक नृत्य प्रदर्शन में उपमा के अनेक प्रयोग करते हुए दिखाई देते हैं।

भारतीय कविता की सौदंर्य दृष्टि में उपमा का योगदान महत्वपूर्ण तथा ऐतिहासिक भी हैं। अन्वय, उपमेंयोपमा, प्रतिवस्तूपमा, अपंहनुति, संदेह, भ्रांतिमान, अतिश्योक्ति जैसे सादृश्यमूलक अलंकार उपमा के विस्तार या विकास का ही रूप हैं। इसीकारण विद्वानों ने उपमा का बहुत प्रयोग किया है।

2. दीपक –

"नानाधिकरणार्थानां शब्दानां सम्प्रदीपकम्।
एक वाक्येन संयुक्तं तद्दीपकमिहोच्यते।।"[16]

अर्थात भिन्न विषयो वाले शब्दों में वाक्य मे दीपक के समान संयोग होने पर दीपक अलंकार होता है।

एक अर्थ के द्वारा अनेक अर्थो का दीपक की भांति प्रकाशन दीपक कहलाता है। कत्थक नृत्य के काव्य रचना में इस अलंकार का प्रयोग दिखाई देता है।

यथा –

सुर सरिता सो सिंधु अरू, चन्द्रिकाहि सो चन्द।
वीरति सो जसवन्त नृप, महिमा धरत अमन्द।।

अर्थात राजा जसवंत, सिंधु और चन्द्रमा की तरह महिमा धारी है। तथा बिहारी रचित यह रचना दीपक अलंकार का सर्वोकृष्ट उदाहरण है।

कहत नटत रीझत खिझत, हिलत मिलत लजियात।
भरे भौन में करतु है, नैनन ही सो बात।।

---

[16] नाट्यशास्त्रम् भाग–2, बाबूलाल शुक्ल शास्त्री, पृ. क्र. 289

यहां पर नायिका के द्वारा अनेक भावों का संप्रेषण दिखाई देता है। नायिका के नयन नायक से कभी मिलते है तो वह लजाकर आँखें झुका लेती है तथा अपने मन की व्यथा को वह अपने नेत्रों के द्वारा नायक को सभी लोगों की उपस्थिति के बावजूद बता देती है।

3. रूपक

जो अपने विकल्प से निर्मित तुल्य अवयवों वाला तथा थोड़ा सादृश्य गुण युक्त अभिनय रूप हो वह रूपक कहलाता है।

"स्वविकल्पेन रचितं तुल्यावयवलक्षणम्।
कश्चित्सादृश्यसम्पनं यद् रूपं रूपकन्तु तत्।।"[17]

कत्थक नृत्यकार शिव पंचाक्षर को वंदना में प्रस्तुत करते है। जिसमें नागेन्द्रहाराय तथा भस्मांगरागाय में रूपक अलंकार का प्रयोग दिखाई देता हैं। यहां पर शिव को सर्पो की माला धारण करने वाले तथा भस्म धारण करने वाले रूप मे वर्णित किया गया है।

शिव पंचाक्षर स्त्रोत

नागेन्द्रहाराय त्रिलोचनाय
भस्मांगरागाय महेश्वराय
नित्याय शुद्धाय दिगम्बराय
तस्मै नकाराय नमः शिवाय।
तथा
"कर कामिनी दीपक छाप लियो
यही कारण सुंदर हाथ जलो।।"
(कत्थक परम्परा में गुरु लच्छू महाराज–प्रो. (डॉ.) मांडवी सिंह, पृ. क्र.163)

इस काव्य रचना में कर कामिनी में रूपक अलंकार का प्रयोग किया गया है।

---

[17] नाट्यशास्त्रम् भाग–2, बाबूलाल शुक्ल शास्त्री, पृ. क्र. 290

4. यमक

"शब्दाभ्यासस्तु यमकं पादादिषु विकल्पितम्।
विशेषदर्शनञ्चास्य गदतो में निबोधत।।

शब्दों की आवृत्ति यमक कहलाती है।"[18] यमक का प्रयोग भी कत्थक नृत्य में प्रयुक्त काव्य में दिखाई देता है।
यथा–

"तो पर वारों उरबसी सुनी राधिके सुजान।
तू मोहन के उर बसीहै उरबसी समान।।

उक्त उदाहरण में यमक अलंकार का प्रयोग दिखाई देता है। जिसमें उरबसी शब्द की आवृत्ति हुई है और उसका अर्थ पदानुसार भिन्न–भिन्न है।

गुरू लच्छू महाराज जब शिष्यों को भाव सिखाते थे तो एक शब्द के अनेक भाव को प्रस्तुत करने के लिए निम्न उदाहरण देते थे जो कि यमक अलंकार से संबंद्ध है।

बाजी घर आए, बाजी देख नेको धाई।
बाजी मुरझाई सुनतान गिरवर धर की
बाजी हंसि बोले बाजी करत किलोले।
बाजी संग लागि डोले, सुध बिसरी संबघरकी।
बाजत के उठत पीर, बाजन न सवारे चीर।
बाजी कहे बाजी बाजी, बाजी कहे कहां बाजी
बाजी कहे बाजी बंसी, सांवरे सुंदर की।
(कत्थक परम्परा में गुरु लच्छू महाराज–प्रो. डॉ. मांडवी सिंह, पृ. क्र. 165)

---

[18] नाट्यशास्त्रम् भाग–2, बाबूलाल शुक्ल शास्त्री, पृ. क्र. 291

उक्त काव्य रचना में बाजी शब्द की आवृत्ति अनेक बार हुई है तथा इस काव्य रचना में बाजी शब्द का अर्थ भिन्न–भिन्न होता है।

नाट्य शास्त्र के अंलकार विधान से यह भी ज्ञात होता है कि उन्होने अलंकार को काव्य के शोभाधायक प्रसाधन ही नहीं माना है वरन उनके अनुसार ये आत्मा के उपकारक होते है जो मानवीय वृत्तियों एवं संवेदनाओं की उदभावक काव्य रचना का आधार बनते है जो रस से परिपूर्ण होता है।

कालांतर में अलंकार शास्त्रियों ने काव्य कला के सरस रूप के सौंदर्य को दिखलाने में अधिक रूचि ली जिसके कारण अलंकार के अन्य प्रकार की उत्पत्ति हुई।

नाट्य शास्त्रीय ग्रंथों कें उपर्युक्त साहित्य गत विशेषताओं का विश्लेषण नृत्य –नाट्य कला में इसकी उपयोगिता तथा सार्थकता को सिद्ध करता है। प्रत्येक नर्तक को इन विशेषताओं का ज्ञान उसकी कला में दक्षता के लिये आवश्यक है। नाट्यशास्त्र को एक प्रकार से ललित कलाओं का संगम कहा जा सकता है जिसके अध्ययन से निश्चित ही सभी कलायें एक दूसरे को पुष्ट करती प्रतीत होती है।

अध्याय–5

नाट्यशास्त्र में वर्णित आहार्याभिनय एवं कत्थक नृत्य में अनुप्रयोग

- नाट्यशास्त्र में आहार्याभिनय
- नाट्यशास्त्र में वर्णित आहार्य अभिनय एवं कत्थक नृत्य में उसका प्रयोग
- पुस्तरचना
- अलंकरण
- केश–वेश विन्यास
- अंगरचना

अध्याय–5

नाट्यशास्त्र में वर्णित आहार्याभिनय एवं कत्थक नृत्य में अनुप्रयोग

अभिनय के चार प्रमुख भेदो मे आहार्य को तृतीय स्थान प्राप्त है। नाट्यशास्त्र ग्रंथ के अनुसार "प्रयोग या रूपक जो कि वाक् अंग और सत्व से विरचित है आहार्याभिनय से ही प्रतिष्ठित होता है। पात्रो की भिन्न–भिन्न प्रकृतियां और अवस्थाएँ होती है इसी कारण सर्वप्रथम वे उचित आहार्य द्वारा ही प्रकाशित होते है।"[1]

नृत्यकार मंच पर नृत्य प्रस्तुत करने के लिए जो वस्त्राभूषण धारण करते है उन्हें आहार्य की संज्ञा दी जाती है।

"नेपथ्य रचना का विधान आहार्याभिनय कहलाता है। जो नाट्य प्रयोग में सफलता के आकांक्षी है उन्हें इस पर अधिक ध्यान देना चाहिए।"[2]

---

[1] नाट्य शास्त्रम् तुतीय भाग– श्री बाबूलाल शुक्ल शास्त्री पृ. क्र. 116

[2] भारतीय संस्कृति में कत्थक परपंरा– प्रो. (डॉ.) मांडवीसिंह पृष्ठ क्र. 45

आहार्य अभिनय पर विद्वगणों ने मंच पर सुंदर वस्त्राभूषण की महत्ता को स्वीकार किया है।

"नेपथ्यज विधि का नाम ही आहार्य अभिनय है, रंगमंच के पीछे जहॉ पात्रों को सजाया जाता है उस स्थान को नेपथ्य कहते है। उस नेपथ्य में ही प्रत्येक अभिनेता को जिस पात्र का अभिनय–करना है उसी के अनुरूप रूपरंग और वस्त्र अंलकारो से सजाकर तब मंच पर आहूत किया जाता है अतः बाहरी साधनों से शरीर को सजाकर फिर मंच पर आहरण करने के कारण ही इसे आहार्य अभिनय कहते है।"[3]

नाट्यशास्त्र में आहार्याभिनय

आहार्य की महत्व प्रतिपादित करते हुए नाट्यशास्त्रम् मे लिखा गया है कि

"आहार्योभिनयोनाम ज्ञेयो नेपथ्यजोविधिः।
तत्रकार्य प्रयत्नस्तु नाट्यस्य शुभमिच्छता।।

नेपथ्य रचना का नाम ही आहार्याभिनय कहलाता है।"[4] वस्त्र आभूषण एवं प्रसाधन के प्रयोग से मानव शरीर को सजाना ही आहार्य है। इस आहार्य प्रयोग के द्वारा मानव के नैसर्गिंक सौंदर्य मे वृद्धी तो होती है साथ ही चेहरे की विकृति भी छिप जाती है और मुखाकृति का सौंदर्य बढ़ जाता है।

पुरातन काल से यह कहावत प्रचलित है कि मानव की पहचान सर्वप्रथम उसके वस्त्रों से होती है तथा व्यक्तित्व के आंकलन में वस्त्राभूषण विशेष भूमिका निभाते है।

वेश ही ऐसा माध्यम है जिसके द्वारा किसी व्यक्त्वि के देश, जाति, वर्ण और वय की जानकारी प्राप्त की जा सकती है। उसमें स्वाभाविकता एवं तदुनुरूपता के आधार पर व्यक्ति की पहचान हो जाती है।

---

[3] कत्थक नृत्य शिक्षा I- डॉ. पुरूदाधीच पृष्ठ क्र. 37

[4] नाट्यशास्त्रम् भाग–3, श्री बाबूलाल शुक्ल शास्त्री, पृ. क्र. 115–116

यह परंपरा आज भी भारतीय समाज मे प्रचलित है। विशेष त्यौहार, धार्मिक अनुष्ठान, विवाह आदि आयोजनों मे सभी लोग चमकदार तथा स्वच्छ वस्त्र धारण करते है व रूप सज्जा करते है। इस आयोजन मे मनुष्य की विशिष्टता का प्रदर्शन होता है। नृत्य–नाट्य कला में कलात्मक वेशभूषा धारण करने से प्रस्तुति में आकर्षण उत्पन्न होता है।

यथपि आहार्य अभिनय को अभिनय की तृतीय श्रेणी में रखा गया है परंतु नृत्य कला में प्रथम प्रदर्शन आहार्य अभिनय से होता है।

"The moment an actor entress the stage (as a character) what appeals first and most prominently to the viewer is the appearance of the character. Then follow his verbal expressions, his thoughts feelings and emotions from the point of view of the above order of appeal, aharya happens to be the first and prominent."[5]

आहार्य अभिनय के द्वारा ही नृत्यकार की नृत्य शैली का परिचय दर्शकों को प्राप्त होता है। दर्शकगण आहार्य देखकर सहज ही अनुमान लगा लेते है कि नृत्यकार के द्वारा किस नृत्यशैली की प्रस्तुति की जा रही है।

वस्तुतः किसी नृत्य प्रदर्शन की सफलता के लिए वस्त्र आभूषण तथा रूपसज्जा का कुशल प्रयोग आवश्यक है। आहार्य अभिनय नृत्यकार का बाह्य कलेवर होता है जिसके द्वारा कथानक का संदेश दर्शकों को संप्रेषित होता है। आहार्य अभिनय को चित्रकार के कैनवास की तरह बाह्य आवरण माना गया है।

शरीर सज्जा एवं आभूषण धारण करना सुख, सौंदर्य व सौभाग्य का प्रतीक माना जाता है। कथानक या स्थिति के अनुसार किस तरह का वस्त्र धारण करना चाहिए तथा रूप सज्जा कैसी होनी चाहिये, इस संदर्भ में नृत्यकार/नाट्यकार को उचित जानकारी होनी चाहिये। इस संदर्भ में विशेषज्ञों ने नेपथ्यकर्म की विधाओं का विशद वर्णन किया है।

तथापि कुछ आचार्यों ने आडम्बर रहित सौंदर्य को सर्वश्रेष्ठ माना है।

"नेपथ्य के अंदर की जानी वाली वेशभूषा विन्यास एवं अंगरचना आदि को आहार्य कहा हैं। भट्टि, कालिदास, भारवी आदि महाकवि आहार्य कल्पना से पूर्ण

---

[5] Special aspects of Natyasastra (by Dr. D. S. R. Apparao) - H.V. Sharma Page No. 271.

परिचित थे। उनके अनुसार सुन्दरता रहने पर आहार्य आडम्बर की आवश्यकता नही होती।''[6]

तथापि विद्वानो ने आहार्य की महत्ता को स्वीकारा है। विषय वस्तु की अनुरूपता एवं स्वाभाविकता पर विशेष ध्यान दिये जाने पर भी बल दिया गया है।

नाट्यशास्त्र में वर्णित आहार्य अभिनय एवं कत्थक नृत्य में उसका प्रयोग

आचार्य भरत ने नाट्यशास्त्र ग्रंथ के तेइसवे अध्याय मे आहार्य अभिनय का सविस्तार वर्णन किया है। तथा नेपथ्य विधान को नृत्य के लिए महत्वपूर्ण बताया है। चित्र रचना के लिए जिस तरह भित्ती का आधार आवश्यक है उसी तरह अभिनय के प्रयोग रूपी चित्र का आधार आहार्य अभिनय होता है। देश,काल ,स्थिति के अनुरूप पात्र के वस्त्राभूषण एवं अंग रचना का सूक्ष्मातिसूक्ष्म विश्लेषण आचार्य ने किया है। नाट्यशास्त्र मे आहार्य अभिनय के चार भेद बताये गये है।

चतुर्विधन्तु नेपथ्यं पुस्तोऽलंकार एव च।
तथांगरचना चैव ज्ञेयः सज्जीव एव च।।[7]

नेपथ्य के चार विधाये होती है–

1. पुस्तरचना (नमूने की वस्तु का निर्माण)
2. अंलकरण (सजावट)
3. अंगरचना (शरीर को चित्रित करना)
4. सज्जीव (जीवत प्राणी वर्ग)

आहार्य अभिनय के भेदों से यह स्पष्ट हो जाता है कि आचार्य ने पात्र के अंलकरण के साथ–साथ रंगमंच का भी अंलकरण किया है।

---

[6] कथक सौंदर्यात्मक शास्त्रीयनृत्य–शिखाखरे पृष्ठ क्र. 175
[7] नाट्यशास्त्रम् भाग–3, श्री बाबूलाल शुक्ल शास्त्री, पृ. क्र. 116

आहार्याभिनय के भेद–

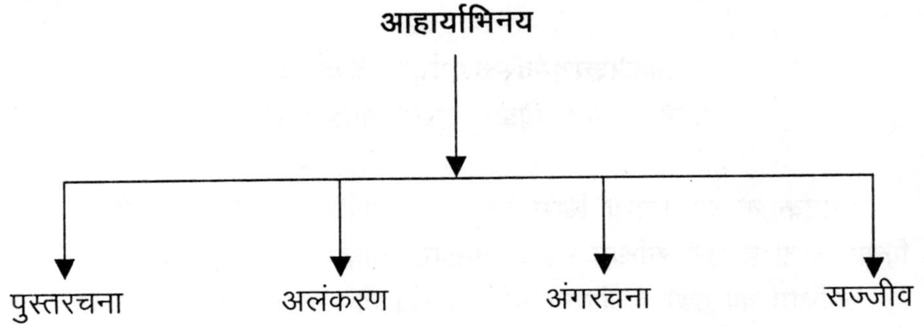

1. पुस्त रचना

पुस्त की विधियों के द्वारा रंगमण्डप का दृश्य विधान हो पाता है। इससे मंच पर कथानक की प्रस्तुती के अनुरूप दृश्य सज्जा की जाती है जो अभिनय के उद्दीपन मे सहायक होता है। नाट्यकला में पुस्तविधि का प्रयोग बहुतायत होता है। प्रयोग माडलो के द्वारा नाटक की विषय वस्तु को यथार्थता मिलती है। रंगमंच पर शैल, यान, विमान, रथ, हाथी, ध्वजा आदि अनेक लौलिक पदार्थो के साकेतिक पुस्तों (मॉडल) के माध्यम से रंगभूमि पर सारूप्य का सृजन होता है। यदि मंच पर राजदरबार या वनउपवन से संबंधित दृश्य उपस्थित करना हो तो यह पुस्त विधि के द्वारा ही संभव होता है। मंच पर यह सृजनात्मक कौशल कथानक को चमत्कृत सवरूप प्रदान करता है। पुस्त विधि के तीन रूप है –

"पुस्तस्तु त्रिविधो ज्ञेयो नानारूपप्रमाणतः।
सन्धिमो व्याजिमश्चैव वेष्टिमश्च प्रकीर्तितः।।

विविधरूप तथा प्रमाणों के अनुसार पुस्त के तीन प्रकार माने गये हैं। ये है :–

(1) सन्धिम,
(2) व्याजिम तथा
(3) वेष्टिम।"[8]

[8] नाट्यशास्त्रम् भाग–3, श्री बाबूलाल शुक्ल शास्त्री, पृ. क्र. 116

(1) सन्धिम पुस्त

'किलिश्चचर्मवस्त्राद्यैर्यद्रूपं कियते बुधैः।
सन्धिमो नाम विज्ञेयः पुस्तो नाटकसंश्रयः।।

नाटक के उपयोगार्थ जिस वस्तु का निर्माण चटाई, बॉस, चमडा या वस्त्र के किया जाता है उसे सन्धिम नेपथ्य समझना चाहिये।''[9]

सन्धिम का अर्थ है बांधना या जोड़ना। विभिन्न वस्तुओं को बांधकर मंच के लिए सामाग्री की रचना की जाती है। वस्त्र, चर्म, लौह, बांस आदि से वस्तुओं का निर्माण किया जाता है जिससे कथानक के अनुरूप मंच में दृश्यता प्राप्त होती है।

कत्थक नृत्य में सन्धिम का प्रयोग सामान्यतः कम दिखाई देता है साधारणतः कपड़े से बने हुये परदों को मंच पर लगाया जाता है। बांस निर्मित वस्तुओं का प्रयोग मंच सज्जा में सुरक्षा की दृष्टि से नही किया जाता है क्योकि नृत्यकार को चोट लगने की आशंका रहती है।

(2) व्याजिम तथा वेष्टिम

''व्याजिमों नाम विज्ञेयो यन्त्रेण क्रियते तु यः।
वेष्टयते चैव यद्रुपं वेष्टिमः स तु संज्ञितः।।
शैलयानविमानानि चर्मवर्मध्वजा नगाः।
यानि कियन्यते नाटये हि स पुस्त इति संज्ञितः।।

जो किन्ही यंत्रों के द्वारा बनाया जाए उसे 'व्याजिम' पुस्त तथा जिसका स्वरूप किसी वस्तु से आवेष्टित किये जाने पर होता हो उसे 'वेष्टिम' पुस्त जानना चाहिए।

---

[9] नाट्यशास्त्रम् भाग–3, श्री बाबूलाल शुक्ल शास्त्री, पृ. क्र. 117

उपयोगार्थ नाट्यप्रयोगों में जिन पर्वत,यान (रथ,पालकी आदि) विमान ढाल, कवच, ध्वज तथा हाथी (नग) आदि का निर्माण किया जाता है, उन्हें पुस्त रचना (कार्य) समझना चाहिए।''[10]

यदि मंच पर राजदरबार या वन–उपवन से संबंधित कथानक का दृश्य उपस्थित करना हो तो यह पुस्त विधि के द्वारा ही संभव होता है। मंच पर यह सृजानात्मक कौशल कथानक को एक नया चमत्कृत स्वरूप प्रदान करती है।

कत्थक नृत्य में मंच सज्जा

कत्थक नृत्य में नाट्यशास्त्र में वर्णित पुस्त विधि का प्रयोग परिष्कृत रूप में दिखाई देता है। कत्थक नृत्यकार की गतिशीलता के कारण बांस तथा चमड़े से बनी वस्तुओं का प्रयोग मंच पर करना असुविधा जनक होता है इसलिए कत्थक नृत्य की मंच सज्जा में कपड़ो से बने परदें का प्रयोग किया जाता है। तथा नटराज या सरस्वती की प्रतिमा आदि को मंच पर स्थापित किया जाता है। यदि कार्यक्रम किसी कलाकार की स्मृति में हो रहा हो तो संबंधित का चित्र मंच पर लगाया जाता है। यांत्रिक साधनों का प्रयोग कत्थक नृत्यकार सामान्यतः कम करते है।

2. अंलकरण

शरीर में सुंदर चमत्कृत वस्त्राभूषण धारणकर सौंन्दर्य वृद्धि करना ही अंलकार है। मनुष्य में सजने–संवरने की प्रवृत्ति जन्मजात होती है, तथा इसके लिये वह अनेक सौंदर्यात्पादक सामग्री, वस्त्र, आभूषण तथा अन्य प्रसाधनों का उपयोग करता है। ऐसे सौन्दर्यात्पादक वस्तु जिसको धारण करने से मनुष्य का सौंन्दर्य द्विगुणित हो जाता है, उसे ही अलंकार की संज्ञा दी जाती है।

''अंलकार का तात्पर्य वेश–विन्यास अर्थात माल्य–वस्त्राभूषण आदि धारण करना होता है।''[11]

---

10 नाट्यशास्त्रम् भाग–3, श्री बाबूलाल शुक्ल शास्त्री, पृ. क्र. 117

11 कत्थक नृत्य डा.लक्ष्मी नारायण गर्ग पृष्ठ क्रमांक – 54

काव्यशास्त्र के विद्वानों ने नायिका के शृंगार पर अनेक ग्रंथ लिखें। संस्कृत साहित्य के अलंकार की परम्परा ने रीतिकालिन काव्यों पर पूर्ण स्वामित्व प्राप्त किया। रचनाकारों ने नायक–नायिका के विलास अंगो की सुन्दरता के लिए व उन्हें सजाने के लिये नाना–अंलकारों का वर्णन किया है।

भारतीय साहित्यकारों ने नायिका के अप्रितम सौंदर्य व अलंकार का विशद् वर्णन ही नहीं किया वरन् यह उनका प्रियतम विषय बन गया। काव्यकला के अलंकारो का वर्णन नृत्यकला, नाट्यकला, चित्रकला सभी में दिखाई देता है। नायक के आभूषणों का ज्ञान प्रतिमाविज्ञान से ही स्पष्ट होता है, क्योंकि नायक के शृंगार आभूषण पर रचनाकारों में उतनी रूचि नहीं दिखाई जितनी नायिकाओं के शृंगार आभूषण पर। कामिनी के शृंगार आभूषण के वर्णन में कलाकारों की छलिक प्रवृत्ति ने अपना कौशल दिखाया। तथा भावी कलाकारों ने इसे आत्मसात कर नवीन सृजनकार्य भी किया। कला का क्षेत्र नवीन सृजन कौशल को प्रोत्साहित करता है क्योंकि कला की अभिव्यक्ति सौंन्दर्य का भण्डार होती है। व अलंकार आदि सौंन्दर्य की अभिव्यक्ति करते है।

आचार्य भरत ने अंलकार की व्याख्या करते हुये बताया हैं कि –

"अंलकारस्तु विज्ञेयों माल्याभरणवाससाम्।
नानाविधः समायोगोऽप्यंगोपागंविधिः स्मृतः।।

अर्थात शरीर के विभिन्न अवयवों पर धारण किये जाने वाली पुष्पमालायें, गहने तथा वस्त्रों का प्रयोग अंग तथा उपांग विधान में 'अंलकार' कहलाता है।"[12]

इनके द्वारा भावभिनय की अभिव्यक्ति नही होती है। परन्तु उसका सौंदर्य द्विगुणित हो जाता है। अंलकारों से नृत्यकार की सृजनकौशल का परिचय प्राप्त होता है। आचार्य ने अंलकार के तीन प्रकार बताये है –

1. माल्य द्वारा अंग का प्रसाधन
2. आभूषण द्वारा शरीर का प्रसाधन

---

[12] नाट्यशास्त्रम् भाग–3, श्री बाबूलाल शुक्ल शास्त्री, पृ. क्र. 118

3. वेशविन्यास

1. माल्य

"वेष्टिमं विततश्चैव संघात्य ग्रन्थिमन्तथा।
प्रालम्बितं तथा चैव माल्यं पंचविधं स्मृतम्।।

अर्थात मालायें पांच प्रकार की होती है –

1. वेष्टिम
2. वितत
3. संघात्य
4. ग्रंथित
5. प्रलम्बित।"[13]

वस्तुतः "आचार्य अभिनव गुप्त ने इनकों स्पष्ट करते हुए बतलाया कि वेष्टित माला में हरी पत्तियों को तथा पुष्पों को गूंथकर बनाया जाता है। वितत में पुष्पों की माला प्रसृत रहती है, संघात्य में पुष्पों के डंठल सूत्र में अदृश्य भाव से बीधकर गूथें जाते हैं, ग्रन्थित में केवल पुष्पों को गूथ कर माला बनाते है तथा प्रलबित माला लम्बी और लटकी हुई होती है।"[14]

आचार्य अभिनव गुप्त ने इन माल्यों का विश्लेषण किया है। ये मालाये पुष्पों से बनायी जाती है तथा मालाओं की सुंदरता बढाने के लिये पुष्प के साथ पत्तियों व डंठलों आदि का प्रयोग भी किया जाता है।

कत्थक नृत्य में इन माल्यों का प्रयोग यदा–कदा दिखाई देता है। आधुनिक काल में पुष्प माला के स्थान पर कुंदन, रत्नजड़ित माल्यों का प्रयोग किया जाता है। दक्षिण भारत व महाराष्ट्र की महिलायें पुष्प माला की वेणी बालों में लगती है। तथापि किसी विषय वस्तु पर आधारित नृत्य–नाटिकादि में ग्रंथित तथा प्रलंबित का प्रयोग किया जा सकता है। परन्तु वास्तविक पुष्पों की जगह कागज से

---

13 नाट्यशास्त्रम् भाग–3, श्री बाबूलाल शुक्ल शास्त्री, पृ. क्र. 118

14 नाट्यशास्त्रम् भाग–3, श्री बाबूलाल शुक्ल शास्त्री, पृ. क्र. 49

बने हुये फूल अधिक उपयोगी होते है क्योंकि ये सुविधा जनक होने के साथ–साथ सरलता से उपलब्ध होते है। कत्थक नृत्यकार के द्वारा इस सामाग्री की उपलब्धता होने पर इसका प्रयोग संभव है।

2. आभूषण अलंकार

भरत ने प्राचीन भारतीय समाज के जाति, वर्ग आदि के अनुसार अंलकार विधान का वर्णन किया है जो कि भारत वर्ष की विविधता को प्रदर्शित करती है। राजस्थान की महिलायें माथें पर बोर, भुजाओं मे हाथी दाँत की बड़ी चूड़िया पहनती है ज्बकि उत्तर भारतीय महिलायें माथें पर बिदिया और बाजूबंध (भुजा) पहनती है। काठियावाड़ की महिलायें कानों में भारी कुड़ल पहनती है। इन विविधताओं का प्रदर्शन नाट्यशास्त्र में दिखाई देता है। सभवतः इसी कारण आचार्य ने एक ही अंग में पहने जाने वाली अनेक आभूषणों का वर्णन किया है। आचार्य ने आभूषण अंलकार को चार श्रेणियों में विभाजित किया है–

"चतुर्विधन्तु विज्ञेयं नाटये ह्यभरणं बुधैः।
आवेध्यं बन्धनीयश्च क्षेप्यमारोप्यमेव च।।
आवेध्यं कुण्डलादीह यत्स्याच्छ्रवण–भूषणम्।
आरोप्यं हेमसूत्रादि हाराश्च विविधाश्रयाः।।
श्रोणीसूत्रागंदे मुक्ताबन्धनीयानि सर्वदा।
प्रक्षेप्यं नूपुरं विद्याद्वस्त्राभरणमेव च।।"[15]

शरीर पर धारण किये जाने वाले आभूषण नाट्य प्रयोग में चार प्रकार के होते है

(1) आवेध्य (जो शरीर को बीधकर पहनाए जाए)।
(2) बन्धनीय (जो शरीर पर ऊपर से बांधे जाये)
(3) प्रक्षेप्य (जो पहने जाए)
(4) आरोप्य (जो शरीर पर चढ़ाए जाए)

---

[15] नाट्यशास्त्रम् भाग–3, श्री बाबूलाल शुक्ल शास्त्री, पृ. क्र. 118–119

कानों के कुण्डल व नाक के वेसर आवेध्य कहलाते है क्योंकि इन्हें शरीर पर बीधकर पहना जाता है करधनी, भुजबंध आदि को बन्धनीय कहा जाता है ज्बकि वस्त्र एवं पैरो में पहने जाने वाले नूपुर को प्रक्षेप्य कहा जाता है तथा हार, गला, अंगूठी, कगंन, चुडी आदि आरोप्य कहलाते है।

नाट्य प्रयोग में वर्णित इन अलंकारों से न केवल सौंदर्य वृद्धी होती है। अपितु ये भारतवर्ष की गौरवशाली परंपरा का सुदंर परिचय भी देती है। इन अलंकारों का प्रयोग प्राचीनकाल से चला आ रहा है। परंतु इसके स्वरूप व प्रयोग पर कालजन्य प्रभाव दृष्टिगोचर होता है। कत्थक नृत्य में आभूषण विधान नृत्यकार की सहजता व सुलभता पर निर्भर करता है। आभूषण विधान के अन्तर्गत भरतमुनि ने नाट्यशास्त्र में आभूषण धारण करने का विधान, प्रकृति, जाति आदि के अनुसार वर्णित किया है। पुरूष व स्त्री को कौन–कौन से आभूषण धारण करने चाहिए, जिससे कथानक की विषयवस्तु प्रभावी बन सके, इसके लिए भी भरतमुनि ने आवश्यक निर्देश दिये है।

पुरूषों के द्वारा धारण किये जाने वाले अंलकार व उनका कत्थक नृत्य में उपयोग नाट्यशास्त्र में वर्णित पुरूषो के द्वारा धारण किये जाने वाले अलंकार व कत्थक नर्तक के द्वारा इनका प्रयोग निम्नानुसार वर्णित है–

1. चूड़ामणि – (मुकुट)

"चूड़ामणिःसमुकुटः शिरसो भूषणं स्मृतम्।
चूड़ामणि तथा मुकुट मस्तक पर धारण करने के भूषण है।"[16]

कत्थक नृत्य के एकल प्रदर्शन में पुरूष नर्तक सामान्यतः मुकुट धारण नहीं करते है। इसलिये कत्थक नृत्य में इनका प्रयोग कम होता है। परंतु इस नृत्य पर आधारित नृत्य–नाटिका जो पौराणिक कथानक पर आधारित हो वहॉ पर पुरूष नर्तक (राजा) मुकुट पहनते है। तथा अन्य नृत्य शैलियों पर आधारित नृत्य नाटिका में भी नर्तक मुकुट धारण करते है।

---

[16] नाट्यशास्त्रम् भाग–3, श्री बाबूलाल शुक्ल शास्त्री, पृ. क्र. 119

2. कर्णाभरण

"कुण्डलं मोचकं कीला कर्णाभरणमिष्यते।।

कुण्डल, मोचक (कान के बीच के छिद्र में धारण करने का भूषण) तथा कीला (कर्ण फूल) कान में धारण करने के भूषण है।"[17]

कत्थक पुरूष नर्तक कानों मे कुण्डल धारण करते है, परंतु मोचक को धारण करने का प्रचलन कम हो गया है। कत्थक नर्तक कुंदन, मोती, नग (रत्न) वाले कुण्डल पहनते है ये कुण्डल कानों के बीच में दबाकर (प्रेस) पहने जाते है, इसलिये कानों में छिद्र करने की आवश्यकता नहीं होती है। नायकों के मुखमण्डल की गरिमा को अभिनीत करते समय नृत्यकार कानों के कुण्डल का प्रयोग करते है।

3. ग्रीवालंकार

"मुक्तावली, हर्षकश्च सूत्रकं कण्ठभूषणम्।

मौक्तिकमाला, हर्षक, (सांप की शक्ल का गहना) तथा सर सूत्रक ग्रीवा के भूषण होते है।"[18]

कत्थक नर्तक गले में माला धारण करते है। यह माला मोती, रत्न, कुदन जड़ित होती है। गले की माला कानों में धारण किये जाने वाले कुण्डल से साम्य (मैचिंग) होता है। हर्षक तथा सर–सूत्रक का प्रयोग आज कत्थक नृत्य में सामान्यतः दिखाई नहीं देता है।

4. अंगुली के भूषण

"वेतिकांगुलिमुद्रा च स्यादंगुलिविभूषणम्।

---

[17] नाट्यशास्त्रम् भाग–3, श्री बाबूलाल शुक्ल शास्त्री, पृ. क्र. 120

[18] नाट्यशास्त्रम् भाग–3, श्री बाबूलाल शुक्ल शास्त्री, पृ. क्र. 120

कटक (वेतिक) और अंगुठी अंगुलियों पर धारण करने के भूषण है।"[19] कत्थक नर्तक कटक का प्रयोग करते है परंतु अंगुठी का प्रयोग अधिक दिखाई देता है। नृत्यकार के लिये कटक का प्रयोग सुरक्षित होता है क्योंकि यह छोटे कड़े की आकृति का होता है, जिसमें वस्त्रादि उलझते नहीं है।

5. भुजाओं के आभूषण

"हस्तली वलयश्चैव बाहुनालीविभूषणम्।

हस्तली तथा वलय बाहुओं के अंलकार होते है कत्थक नृत्यकार इन आभूषणों का प्रयोग करते हुये सामान्यतः कम दिखाई देते है।"[20]

6. केहुनी एवं वक्ष के आभूषण

"केयूरे अंगदे चैव कूर्परोपरि भूषणे।
त्रिसरश्चैव हारश्च तथा वक्षों विधूषणम्।।

केयूर तथा अंगद् केहुनी के ऊपर धारण करने के अलंकार होते है। त्रिसर तथा हार वक्षः स्थल के आभूषण होते हैं।"[21] केयूर व अंगद का प्रयोग कत्थक नर्तकों ने बहुत कम देखा जाता है। परंतु त्रिसर मोती की लंबी माला व हार पुरूष नर्तक धारण करते है।

7. कटि भूषण

"व्यालम्बमौत्तिको हारो माला चौवांगभूषणम्।
तरलं सूत्रकश्चैव भवेत् कटिविभूषणम्।।

---

[19] नाट्यशास्त्रम् भाग–3, श्री बाबूलाल शुक्ल शास्त्री, पृ. क्र. 120
[20] नाट्यशास्त्रम् भाग–3, श्री बाबूलाल शुक्ल शास्त्री, पृ. क्र. 120
[21] नाट्यशास्त्रम् भाग–3, श्री बाबूलाल शुक्ल शास्त्री, पृ. क्र. 121

मोतियों की लम्बी सर तथा पुष्पों की माला सम्पूर्ण शरीर का आभूषण होती है। व तरल तथा सूत्र कटि के आभूषण होते है।"[22]

तरल का प्रयोग कत्थक नृत्य में यदा–कदा दिखाई देता है परंतु सूत्र का प्रयोग आजकल दिखाई नही देता है। यद्यपि हिन्दी चलचित्रों मे नर्तको के द्वारा सूत्र का प्रयोग किया जाता था। स्व. गोपीकृष्ण जी ने 'झनक–झनक पायल बाजें' में इसे धारण किया है।

भरतमुनि ने पुरूषों के अलंकरों का वर्णन किया है इसी तरह उन्होने स्त्रियो के द्वारा धारण किये जाने वाले अलंकार के बारे में भी बतलाया है।

कत्थक नृत्य में आजकल नृत्यकारों का प्रयास यही होता है कि वे कम से कम आभूषण धारण करें क्योंकि नृत्य करते समय नृत्यकार गतिशील रहते है तथा गतिशीलता के कारण अतिरिक्त श्रम होता है जिससे अधिक स्वेद निकलता है।

श्रम व स्वेद की अधिकता के कारण नृत्यकार थक जाते है। इसलिये आजकल के नृत्यकार कम से कम आभूषण धारण करना चाहते है। यदि नर्तक कुर्ता–पायजामा पहनकर नृत्य प्रस्तुत करते है तो माथे पर तिलक, कानो में कुण्डल, गले में माला (हार), अंगूठी तथा पैरों में घुंघरू पहनते है। कृष्ण लीला पर आधरित नृत्य नाटिका में पीतांबरी अंगरखा व धोती का प्रयोग नर्तक करते है। इस वस्त्र के साथ नृत्यकार गले में माला, लंबीहार, कान में कुण्डल, कलाई में कड़ा, भुजा में बाजूबंध, कमरपट्टा तथा पैरों में घुंघरू पहनते है। कृष्ण की विषयवस्तु पर आधारित नृत्य नाटिकादि में नर्तक स्वयं को कृष्ण के स्वरूप में रूपायित करने की चेष्टा करते है। नृत्यकार अपनी कला के माध्यम के अपनी साधना का प्रदर्शन करना चाहते है। तथा भारी आभूषणों के प्रयोग से बचना चाहते है, यद्यपि उनकी प्रस्तुति आहार्य के माध्यम से प्रभावी बनती है तथापि नृत्यकार प्रकाश की तीव्रता के कारण आभूषण का कम प्रयोग करना चाहते है। इसलिये नृत्यकार आहार्य के सीमित प्रयोग से नृत्य की प्रस्तुति को प्रभावी बनाने की चेष्टा करते है।

---

[22] नाट्यशास्त्रम् भाग–3, श्री बाबूलाल शुक्ल शास्त्री, पृ. क्र. 121–122

स्त्रियों के अलंकार

भरतमुनि ने ना.शा. में स्त्रियों के अंलकार व आभूषण का वर्णन किया है तथा जिन अलंकारों का वर्णन किया है वे प्राचीन भारत की समृद्धि तथा सौंदर्यपरक दृष्टि कोण का परिचय देती हैं यद्यपि एक ही अंग पर धारण किये जाने वाले आभूषण की संख्या अधिक है परन्तु इन आभूषणों का चयन नृत्यकार की कौशल क्षमता पर निर्भर करता है।

1. सिरके आभूषण

"शिखापाशं शिखाव्यालः पिण्डीपत्रं तथैव च।
चूडामणिर्मकरिका मुत्ताजालं गवाक्षिकम्।।
शिरसो भूषणश्चैव विचित्रं शीर्षजालकम्।

शिखापाश, शिखापत्र, पिण्डी पत्र, चूड़ामणि, मकरिका, मुक्ताजाल, गवाक्ष तथा विभिन्न प्रकार के शीर्षजाल मस्तक पर धारण करने के आभूषण होते है।"[23]

शिखा पर धारण किये जाने वाले उक्त आभूषणों से भारत के महान राजवंशों के बारे में जानकारी प्राप्त होती है। परन्तु कत्थक नृत्यांगनाये मस्तक पर धारण किये जाने वाले आभूषण का प्रयोग सामान्यतः नहीं करती है। विशेषकर कत्थक नृत्य के एकल प्रदर्शन में इनका प्रयोग नहीं होता है परन्तु प्रयोगवादी नृत्यकार नृत्य–नाटिका आदि में इसके प्रयोग की अनिवार्यता के आधार पर इसका प्रयोग कर सकते है।

2. **कर्णाभरण**

"कण्डकं शिखिपत्रश्च वेणीगुच्छः सदोरकः।।
कर्णिका कर्णवलयं तथा स्यात् पत्रकर्णिका।
कुण्डलं कर्णम्रुदा च कर्णोत्कीलकमेव च।।

---

[23] नाट्यशास्त्रम् भाग–3, श्री बाबूलाल शुक्ल शास्त्री, पृ. क्र. 122–123

नाना रत्नविचित्राणि दन्तपत्राणि चैव हि।
कर्णयोर्भूषणं ह्येतत् कर्णपूरस्तथैव च।।

कानों में धारण किये जाने वाले अलंकार ये है –कुण्डल,शिखिपत्र, वेणीगुच्छ मोचक, कर्णिका, कर्णवलय, पत्रकार्णिका, कुंडल, कर्णमुद्रा कर्ण–भूषण, कर्णोत्कीलक तथा अनेकरत्नों से जटित एवं विविध स्वरूपों में निर्मित दंतपत्र है।''[24]

कत्थक नृत्य में नृत्यांगना कानों में कुण्डल व झूमका पहनती है। कानों में धारण किये जाने वाले आभूषण में नृत्यांगना को सृजन कौशल की स्वतंत्रता होती है। नर्तकी अपनी रूचि व सहजता के अनुरूप कानों में आभूषण धारण करती है। आजकल धारण किये जाने वाले कर्णआभूषण तथा नाट्यशास्त्र में वर्णित इन आभूषणों की बनावट में अंतर होता हैं जिसका चयन नृत्यांगनायें अपनी मुखाकृति के अनुरूप करती है।

3. गण्डविभूषण

''तिलकाः पत्रलेखाश्च भवेद् गण्डविभूषणम्।
तिलक तथा पत्रलेखा कपोल पर धारण करने के भूषण होते है।''[25]

इनका प्रयोग कत्थक नृत्य में सामान्यतः कम दिखाई देता है। तथापि नृत्यांगना सु.श्री शोभना नारायण के छायाचित्रों में राजस्थानी वेशभूषा एवं पोशाक पहनकर कत्थक नृत्य की प्रस्तुति में तिलक का प्रयोग दिखाई देता है। परन्तु सामान्यतौर पर इसका प्रयोग नहीं होता है।

4. वक्षोभूषण

''त्रिवेणी चैव विज्ञेयं भवेद्वक्षो विभूषणम् ।

---

24 नाट्यशास्त्रम् भाग–3, श्री बाबूलाल शुक्ल शास्त्री, पृ. क्र. 123–124
25 नाट्यशास्त्रम् भाग–3, श्री बाबूलाल शुक्ल शास्त्री, पृ. क्र. 124

त्रिवेणी' वक्षस्थल का भूषण होता है।''[26]

त्रिवेणी का प्रयोग आजकल कत्थक नृत्य में दिखाई नहीं देता है। परन्तु नृत्य प्रधान चलचित्रो में नायिकाये त्रिवेणी धारण किये हुये दिखाई देते है।

5. नेत्र व ओष्ठ के विभूषण

''नेत्रयोरंजनं ज्ञेयमधरस्य च रंजनम्।।
नेत्रों का अंजन तथा ओष्ठो का रंजन (रंगना) भूषण होता है।''[27]

कत्थक नृत्यांगनायें आंखो में काजल व ओठो पर लिपस्टिक का प्रयोग करती है। नृत्य की संपूर्ण अभिव्यक्ति नेत्रों पर अवलंबित होती है क्योंकि नेत्र द्वारा प्रदर्शित भाव पर दर्शकों का ध्यान केन्द्रित रहता है। इस लिए नृत्यकार आंखों की सज्जा के लिए विशेष प्रयोजन करते है। आंखों के ऊपरी पलक पर मस्कारा तथा, आईलाइनर लगाया जाता है तथा पलको पर आइशैडो लगाया जाता है इससे आंखें बड़ी दिखाई देती है तथा भावों की प्रस्तुति अधिक स्पष्ट दिखाई देती है।

ओठों पर लिपस्टिक का प्रयोग किया जाता है। आजकल कई रंग के लिपस्टिक प्रयोग किये जाते है तथापि लाल, कत्थई, गुलाबी आदि रंगों की लिपस्टिक का प्रयोग कत्थक नृत्य में अधिक होता है।

6. दन्ताभूषण

''दन्तानां विविधों रागश्चतुर्णा शुक्लतापि वा।।
रागान्तरविकल्पोऽथ शोभनेनाधिकोंज्जवलः।
मुग्धानां सुन्दरीणाश्च मुक्ताभासितशोभनाः।।
सुरक्ता वापि दन्ताः स्युः पद्यपल्लवरंजनाः।

---

[26] नाट्यशास्त्रम् भाग–3, श्री बाबूलाल शुक्ल शास्त्री, पृ. क्र. 124
[27] नाट्यशास्त्रम् भाग–3, श्री बाबूलाल शुक्ल शास्त्री, पृ. क्र. 124

अश्मरागोद्योतितः स्यादधरः पल्लवप्रभः।।
विलासश्च भवेत्तासां सविभ्रान्तनिरीक्षितम्।

चार सामने के दांतो का विविध रंगों में रंगना या उनका शुभ्र बने रहना भूषण स्वरूप ही है। पर जब इनको रंग दिया जाता है तो ये शुभ्रवर्ण की अपेक्षा अधिक शोभाशाली हो जाते है। मुग्धा युवतियों के मोती जैसे सुन्दर दांत जब स्मित की दीप्ति से भासित होते हो तथा वे कमल के समान रक्तवर्ण में रंगे हुए तथा ओठ भी रंगनें के कारण पल्लव जैसे लाल वर्ण के हो तो उन ललनाओं का विलास एवं रागपूर्ण अवलोकन बड़ा ही प्रिय लगता है तथा सौंदर्य को और भी यह निखार देता है।"[28]

नायिका के मोती जैसे सुन्दर दांत जो कि स्मित में भासित होते है तथा रंगे हुए ओठों के बीच में शुभ दांत नायिका का सौंदर्य प्रतिमान होते है। आचार्यो ने सौंदर्य की कड़ी में दाँतो की सुन्दरता का भी वर्णन किया है। नायिका को नृत्य की प्रस्तुति करने से पहले दांतों कों शुभ्रवर्ण में रंगवाना चाहिए जिससे नृत्य की प्रस्तुति आकर्षक बनती है।

आधुनिककाल में दंताभूषण का स्वरूप परिवर्तित हो गया है। आजकल नृत्यांगनायें दंतविशेषज्ञों के द्वारा दांतों की सफाई करवाती है जिससे दांतों में चमक आ जाती है और वे शुभ्र दिखाई देते है। साथ ही दांतों की आकृतियों में भी परिवार्तन किया जाता है। जिससे नायिका का सौंदर्य द्विगुणित हो जाता है।

7. कण्ठाभरण

"मुक्तावली व्यालपंक्तिर्मंजरी रत्नमालिका।।
रत्नावलीसूत्रकश्च ज्ञेयं कण्ठविभूषणम्।
द्विसरस्त्रिसरश्चैव चतुस्सरकमेव च।।
तथा शृंखलिका चैव भवेत् कण्ठविभषणम्।

---

[28] नाट्यशास्त्रम् भाग–3, श्री बाबूलाल शुक्ल शास्त्री, पृ. क्र. 124–125

मुक्तामाला, व्यालपंक्ति , मंजरी, रत्नमाला, रत्नसर, रत्नावलि तथा दों तीन या चार सुवर्ण सरों के या सांकले (शृंखलिका) जैसे भूषण गले में धारण किये जाते है।"[29]

कत्थक नृत्यांगनाये मुक्तामाला, रत्नमाला,मंजरी, रत्नावलि तथा शृंखलिका का प्रयोग करते है।

कत्थक नृत्य में शृंगार प्रसाधन के संदर्भ में कोई निश्चित विधान न होने के कारण आभूषण चयन करने में नृत्यकारों को स्वतंत्रता रहती है। मोती, रत्न, कुंदन तथा लौह निर्मित आभूषण जो वेशभूषा से साम्य (मैचिंग) रखता है तथा जो पहनने में सुविधाजनक हो ऐसे आभूषण कत्थक नर्तकीयॉ धारण करती है।

8. बाहू भूषण

"अंगदं वलयश्चैव बाहुमूलविभूषणम्।।

'अंगद' तथा 'वलय' बाहु के (ऊपरी भाग के) भूषण है।"[30] अंगद तथा वलय का प्रयोग कत्थक नृत्य में बहुत दिखाई देता है। अंगद तथा वलय को आजकल अन्नत और बाजूबंद कहते है। कत्थक नृत्य में नायिका बाजूबंद धारण करती है।

9. वक्षोविभूषण

"नानाशिल्पकृताश्चैव हारा वक्षोविभूषणम्।
मणिजालावनद्धश्च भवेत् स्तनविभूषणम्।।

अनेक विध कारीगरी से निर्मित रत्नों के हार वक्षः स्थल के आभूषण होते है। इसी प्रकार मणियों की जाली उरोजो का आभूषण होता है या उरोज जैसे पीठ तक भाग का आभूषण होता है।"[31]

---

29 नाट्यशास्त्रम् भाग–3, श्री बाबूलाल शुक्ल शास्त्री, पृ. क्र. 125
30 नाट्यशास्त्रम् भाग–3, श्री बाबूलाल शुक्ल शास्त्री, पृ. क्र. 126
31 नाट्यशास्त्रम् भाग–3, श्री बाबूलाल शुक्ल शास्त्री, पृ. क्र. 126

इस आभूषण का प्रयोग आजकल दिखाई नहीं देता है। परन्तु पुराने चलचित्रो में नृत्यांगनाये इसका बहुत प्रयोग करती थी। नृत्य प्रधान फिल्मे जैसे– गीत गाया पत्थरों ने तथा झनक–झनक पायल बाजे जैसे गीतों के दृश्यांकन में ये आभूषण दिखाई देते है। यद्यपि रत्नों की माला आज भी नर्तकी धारण करती है परन्तु मणियों की जाली का प्रयोग आजकल दिखाई नहीं देता है।

10. बाजूबंद

''खर्जूरकं सोच्छितिकं बाहुनालीविभूषणम्।।

सोच्छितिका (बाजूबंद) बाहु में तथा खर्जूर नामक भूषण बाहू के सीधे भाग पर धारण किये जाते है।''[32]

इनका प्रयोग कत्थक नृत्य में सामान्यतः दिखाई नहीं देता है। आचार्य बाबूलाल शुक्ल ने यह भी उल्लेख किया है कि सोच्छितिका एवं खर्जूर आभूषणों का आकार कैसा होता है इसका स्पष्टीकरण नहीं मिलता है। संभवतः ये बाजूबंद की तरह के कोई बाहु के आभूषण होते थे। इसलिये इनका प्रयोग विधान अस्पष्ट है।

11. अंगुलि– विभूषण

''कटकं कलशाखा च हस्तपत्रं सपूरकम्।।
मुद्रांगुलियकश्चैव ह्यंगुलीनां विभूषणम्।

कटक, कलशाखा, हस्तपत्र, सुपूरक तथा मुद्रा, अंगुलियक (अंगूठी) अंगुलियों के आभूषण होते है।''[33] कलशाखा, हस्तपत्र तथा सुपूरक का उल्लेख नहीं मिलता है। परन्तु नृत्यांगनायें अंगुठी धारण करते है। अंगूठी धारण करते समय

---

32 नाट्यशास्त्रम् भाग–3, श्री बाबूलाल शुक्ल शास्त्री, पृ. क्र. 126
33 नाट्यशास्त्रम् भाग–3, श्री बाबूलाल शुक्ल शास्त्री, पृ. क्र. 127

उसकी बनावट का विशेष ध्यान रखा जाता है वह नुकिला न हो अन्यथा दुपट्टा लहंगा उसमें उलझ (फंस) जाते है।

12. कटि– विभूषण

"काञ्ची मौक्तिकजालाढ़या तलकं मेखलं तथा।।
रशना च कलापश्च भवेच्छोणी–विभूषणम्।

मौत्तिक जालों से युक्त कांची, मेखला तथा रसना तथा तलक कटिपर धारण करने के अंलकार होते है।"[34]

कत्थक नृत्य में मेखला तथा रसना का प्रयोग बहुत कम दिखाई देता है। यद्यपि कत्थक नृत्यांगनाये कमर पट्टा पहनती है परन्तु वह मोती की सामान्य माला कांची होती है साथ ही कुंदन या लेसजड़ित, रत्नजड़ित कमरपट्टा भी पहनती है जो उनके अन्य आभूषणों से साम्य (मैच) रखता हो। कटि आभूषण या कमरपट्टा पहनने से दो लाभ होते है। एक तो दुपट्टा व लहंगा व्यवस्थित हो जाते है साथ ही यदि चोटी लंबी होतों वह भी इसमें लगाकर बांध दी जाती है। इस लिये कमर पट्टा का कत्थक में बहुत प्रयोग होता है।

13. गुल्फ आभूषण

"नूपूरः किंकिणीकाश्च घण्टिका रत्नजालकम्।।
सघोषे कटके चैव गुल्फोपरि–विभूषणम् ।
जंघयोः पादपत्रं स्यादंगुलीष्वंगुलीयकम्।।
अंगुष्ठे तिलकश्चैव पादयोश्च विभूषणम्।
तथालक्तकरागश्च नानाभक्तिनिवेशितः।।
अषेकपल्लवच्छायः स्यात् स्वाभाविक एव च।

---

[34] नाट्यशास्त्रम् भाग–3, श्री बाबूलाल शुक्ल शास्त्री, पृ. क्र. 127

नूपूर, किंकिणी, रत्नजाल तथा घण्टिका नामक भूषण गुल्फ के (पैर की घुट्टी) ऊपर धारण किये जाने वाले अंलकार होते है।''[35]

जंघा (या ऊरू) का 'पादपत्र' आभूषण होता है अंगुलियों का (पैरो की) अंगुलीयक तथा अंगुठे का 'तिलक' ये पैरो के अंलकार है।

इसी प्रकार महावर जो अनेक रचनाओं से चित्रित किया जाता है तथा जिसका अशोक के पल्लव के समान स्वाभाविक रक्तवर्ण होता है।

कत्थक नृत्यकार पैरो में घुंघरू बांधते हैं। पैरों की घुट्टी पर घुँघरू पहनने से पदघात का स्पष्ट उच्चारण दर्शको को सुनाई देता है। कत्थक नृत्य में नृत्यकार बोल के हर शब्द को पैरो की ध्वनि से उच्चारित करते है तथा घुघंरू इस ध्वनि को मधुर स्वर देते है। कत्थक नृत्यांगनाये पैरो में पायल भी पहनती है परन्तु यह नृत्यकार की सहजता पर निर्भर करता है। कभी–कभी पायल घुंघरू के नीचे दब जाता है जिससे चोट लगने की आशंका बनी रहती है। इसलिये नृत्यांगनाये पायल अपनी सुविधा के अनुसार पहनती है।

कत्थक नृत्यांगनाये पैरो की अंगुली में अंगूठी कम ही पहनती है तथा पाद पत्र का प्रयोग सामान्यतः दिखाई नहीं देता है।

नृत्यांगनाये पैरों में महावर अनिवार्यतः लगाती है। इससे पैरो की शोभा बढ़ जाती है। कत्थक नृत्य में लड़ी, लयंबाट आदि का विशेष प्रदर्शन होता है जिसे सामान्य रूप से 'पैरों का काम' कहा जाता है। इस प्रस्तुति में पैरो की खूबसूरती बढ़ाने के लिए महावर लगाया जाता है इसमें अनेक तरह की चित्रकारी से पैरों को सजाया जाता है।

नाट्यशास्त्र में स्त्रियों के नख– शिख शृंगार का वर्णन किया गया है। स्त्रियों के आभूषण प्रिय प्रवृत्ति का ध्यान आचार्य ने रखा है। नृत्य में इनका प्रयोग होता है परन्तु कत्थक नृत्य में आभूषण का निश्चित विधान न होने के कारण इन अलंकारों को धारण करने की अनिवार्यतः नहीं है।

भारत में मुगलों के आगमन ने अपनी सभ्यता व संस्कृति का विस्तार किया और मुस्लिम महिलायों के द्वारा पहने जाने वाले (सिर के बालों पर) एक ओर झूलता हुआ झूमर नृत्यशैली में प्रचलित हुआ। इस आभूषण का प्रयोग 70–80 के

---

[35] नाट्यशास्त्रम् भाग–3, श्री बाबूलाल शुक्ल शास्त्री, पृ. क्र. 128

दशक के चलचित्रों में दिखाई देता है। यद्यपि इन आभूषणो को पहनने की अनिवार्यतः आज कत्थक नृत्य में दिखाई नहीं देती है तथापि आभूषण विधान हर नृत्य कला का अनिवार्य अंग है। प्राचीन और आधुनिक अलंकारों के स्वरूप में बदलाव आया है। कलाकारों, साहित्यकारों, चित्रकारों, शिल्पकारों ने अपनी रूचि के अनुसार आभूषण के स्वरूप को बदला है। पहले नृत्यांगना कानों में बड़े झूमके और हाथों में चूड़ी पहनती थी जबकि आजकल चूड़ी के स्थान पर कंगन ने अपनी जगह बना ली है।

प्राचीन शिल्पों को देखने से भारत में आभूषणों की वृह्द प्रचुरता का प्रमाण मिलता है। पुराने राजा–महाराजाओं के चित्रों को देखकर अनुमानित होता है कि पुरूष भी आभूषण धारण करते थे। पगड़ी में माणिक, कान में बाली, गले में त्रिसर, कलाई में कड़े व अंगुली में अगूंठी पहने जाते थें। परन्तु नारियों की आभूषण प्रियता ने अंलकार विधान को तरह –तरह के आभूषण से परिपूर्ण किया। प्लास्टिक, लाख, रत्न, मोती, कुंदन, मेटल आदि अनेक पदार्थो से निर्मित अंलकारों ने आभूषण विधान का रूप बदल दिया है। महिलाओं ने पुष्प–सज्जा को महत्व दिया है। इनको वेणी में गूथकर बालों को सजाया जाता हैं।

आधुनिक युग में हमें प्राचीन आभूषणों का स्वरूप प्रतिमा विज्ञान, चित्रकला के माध्यम से। दिखायी देता है।

आचार्य भरत ने भूषणों का विशद वर्णन किया है परन्तु उन्होंने प्रयोग की दृष्टि से अधिक आभूषणों के प्रयोग को उचित नहीं माना है। अधिक अंलकारों के धारण करने से पुरूष व नारी पात्र थक जाते है और नृत्यकला के प्रदर्शन में व्यवधान उपस्थित होता है। अतः लाख, मोती आदि से निर्मित आभूषण का प्रयोग सुविधाजनक होता है। अंलकारों का प्रयोग मंच पर सौंदर्य के प्रसार के लिए होता है जो रस व भाव का प्रवाह में सहायक हों। इस लिये आभूषण विधान का प्रयोग नृत्यकारों को नृत्य में सुविधा व सहायता के अनुरूप करना चाहिए।

भरतमुनि ने भी नाट्यशास्त्र में वर्णित किया है कि **"किसी एक विशेष व्यक्ति की रूचि के अनुसार सुवर्ण, मोती तथा रत्नों से निर्मित अलंकार नही बनते, नही स्वेच्छापूर्वक चाहे जितने अंलकारो का धारण होता है।"**[36]

---

[36] नाट्यशास्त्रम् भाग–3, श्री बाबूलाल शुक्ल शास्त्री, पृ. क्र. 129

आचार्य ने भारी एवं अधिक अंलकारों के धारण पर भी निषेध किया है। यदि अधिक स्वेद (पासीना) निकले, असुविधा हो ऐसे आभूषण धारण नही करना चाहिये। साथ ही आभूषण यथा स्थान धारण करना चाहिये अन्यथा नृत्यकार उपहास का पात्र बन सकता है।

इसलिये सौंदर्यवृद्धि कारक इन आभूषणों का प्रयोग कुशल शिल्पी के मार्गदर्शन में किया जाना चाहिये।

यद्यपि नाट्यशास्त्र के अतिरिक्त अन्य ग्रंथों में भी श्रृंगार एवं आभूषण के संदर्भ में वर्णन किया गया है। परन्तु उनके द्वारा प्रतिपादित इस प्रयोग में नाट्यशास्त्र का अनुसरण दिखाई देता है। संगीत दर्पण ग्रंथ में सोलह श्रृंगार एवं बारह आभूषण का विधान बताया गया है। जिसका प्रयोग कत्थक नृत्यकार करते है।

"कत्थक में प्राचीनकाल से ही सोलह श्रृंगार और विविध प्रकार के आभूषणों का प्रयोग किया जाना सिद्ध किया जा सकता है। यह सोलह श्रृंगार नायक और नायिकाओं के अनुसार ही प्रयोग किये जाते है। अन्य नृत्य शैलियों की अपेक्षा कत्थक नृत्य में नायिकाओं का वर्णन अधिक मात्रा में मिलता है। इसी कारण उनसे संबंधित श्रृंगार और आभूषण आदि का भी अध्ययन आवश्यक है।

संगीत दर्पण के अनुसार सोलह श्रृंगार एवं बारह आभूषण निम्न है –

सोलह श्रृंगार

1. केश धोना,
2. तेल लगाना,
3. बाल साफ करना
4. जूड़ा बांधना
5. नहाना
6. कपड़े पहनना
7. सिंदूर लगाना
8. चंदन लगाना
9. टिकली लगाना
10. फूलमाला पहनना

11. दाँत साफ करना
12. पानखाना
13. महावर लगाना
14. अंजन लगाना

बारह आभूषण

1. मस्तक में टीका लगाना
2. नाक में वेसर
3. कानों में झुमके
4. गले में हार
5. भुजा में भुजबंद
6. हाथों में कंकण
7. अंगुली में अंगूठी
8. पंजे की पीठ पर करांगुली धर
9. कमर में करधन
10. पैरों में किंकिणी या पायजेब
11. पैर की अंगुली में अंगूठी
12. पैर की पीठ पर पंदागुली धर।''[37]

संगीत दर्पण में वर्णित श्रृंगार व आभूषण कत्थक नृत्य में उपयोगी है। तथा सोलह श्रृंगार में से चौदह का उल्लेख इस ग्रंथ में है। यद्यपि इसके क्रम में परिवर्तन संभव है। संगीत दर्पण में वर्णित श्रृंगार व आभूषण ना.शा. के अनुरूप है परन्तु जैसा विशद वर्णन नाट्यशास्त्र में है उसका संक्षिप्त रूप इस ग्रंथ में प्राप्त होता है। कत्थक नृत्य में नायिका की प्रधानता ने काव्यकारों को अपनी कल्पना प्रस्तार का अवसर दिया। जिससे रीतिकाल में नायिकाओं के श्रृंगार एवं आभूषण पर अनेक रचनायें लिखी गयी।

---

[37] नाट्यशास्त्रम् भाग–3, श्री बाबूलाल शुक्ल शास्त्री, पृ. क्र. 124–125

"नायिका को सज्जित करने की परम्परा केवल काव्य–रचना तक सीमित नहीं रही। चित्रकारों ने अपनी तूलिका और रंगो से कामिनी के सिंगार और आभूषणों से उसकी सज्जा करने में अपना कौशल दिखाया।"[38]

संगीत दर्पण में वर्णित श्रृंगार व आभूषण में क्रम बदलकर व नायिकागत चेष्टा के आधार पर काव्यकारों ने इसकी नवीन कल्पना से नृत्य–जगत् का परिचय करवाया। श्रृंगार की ये कल्पनायें रसिक कवियों की है। जिन्होने नायिका के नख–शिख सज्जा से उनके सौन्दर्य का वर्णन किया है।

कत्थक नृत्य की श्रृंगार परम्परा में हिन्दू एवं मुस्लिम दोनों सभ्यता की अमिट छाप हैं। हिन्दू सभ्यता के उबटन, मांगभरना, बिंदी लगाना (लाल) आदि से मुस्लिम सभ्यता अनभिज्ञ थी। उनकी सभ्यता से कत्थक नृत्य में इत्र लगाने की परम्परा का समावेश हुआ। गुलाब, चमेली, केवड़ा आदि से इत्र का निर्माण कर नृत्यकार स्वयं को सुगंधित करते है इससे कलाकारों में नृत्य के प्रति मानसिक सुदृढ़ता जागृत होती है। और शरीर से होने वाली दुर्गंध समाप्त हो जाती है।

आचार्य भरत के आभूषण विधान के अनुरूप ही कत्थक नृत्यकार आभूषणों का प्रयोग करते है।

3. वेश–केश विन्यास

भरतमुनि ने नाट्यकला के अन्तर्गत वेश विन्यास का विशद वर्णन किया है। यद्यपि वेश–विन्यास का सर्वाधिक प्रयोग नाट्यकला के परिक्षेप्य में किया गया है। उन्होने देश नारी, तथा अवस्था के अनुसार वस्त्र विधान का वर्णन किया है। साथ ही इन अवस्थाओं के अनुरूप वेश एवं आभूषणों में सामंजस्य का वर्णन भी किया है।

1. पात्रानुसार नारियों के वेश–केश विन्यास

आचार्य ने दिव्यपात्रों, अप्सरायें, देवकन्या, राक्षस, वानर, आदि स्त्री पात्रों के लिए वेश विधान का वर्णन करते हुये बताया है कि –

---

[38] कत्थक ज्ञानेश्वरी प.–तीरथ राम आजाद पृष्ठ क्रमांक –545

"शिखापुटशिखण्डं तु मुक्ता भूयिष्टभूषणम्।।
विद्याधरीणां कर्तव्यः शुद्धो वेषपरिच्छदः।
यक्षिण्योऽप्सरसश्चैव कार्या रत्नविभूषणाः।।
समस्तासां भवेद्वेषो यक्षीणां केवलं शिखा।
दिव्यानामिव कर्तव्यः नागस्त्रीणां विभूषणम्।।
मुक्ता मणिलताप्रायाः फणास्तासान्तु केवलम् ।
कार्यन्तु मुनिकन्यानामेकवेणीधरं शिरः।।
न चापि भूषणविधिस्तासां वेषो वनोचितः।
मुक्ता मरकतप्रायं मण्डनं सिद्धयोषिताम्।।
तासाश्चैव तु कर्तव्यं पीतवस्त्रपरिच्छदम्।

अर्थात विद्याधर स्त्रीयों का वेश शुभ्र होना चाहिये तथा उनके बालों का जूड़ा ऊपर बंधा होना चाहिये, यक्षस्त्री तथा अप्सराओं के अंलकार रत्नजड़ित होने चाहिये तथा वेश विद्याधर स्त्रियों के समान होकर शिखा सादी होनी चाहिये जबकि नाग स्त्रियों के भूषण दिव्य स्त्रियों के समान होकर आभूषणों में फण बना रहना चाहिये।

ऋषि कन्याओ को एक वेणी तथा वनवासी वेश धारण करना चाहिये जबकि दिव्य स्त्रियों को पीले रंग के वस्त्र व रत्न व मोती जड़ित आभूषण धारण करना चाहिये।"[39]

2. देशानुसार नारियों के वेश

"मानुषीणान्तु कर्तव्या नानादेशसमुद्भवाः।।
वेषाभरणसंयोगान् गदस्तान्निबोधत।
आवन्त्ययुवतीनान्तु शिरस्सालककुन्तलम्।।
गौडीनामलकप्रायं सशिखापाशवेणिकम्।
आभीरयुवतीनान्तु द्विवेणिधर एव तु।।
शिरः परिगमः कार्यो नीलप्रायमथाम्बरम्।

[39] नाट्यशास्त्रम् भाग–3, श्री बाबूलाल शुक्ल शास्त्री, पृ. क्र. 131–132

तथा पूर्वोत्तरस्त्रीणां समुत्रद्धशिखण्डकम्।।
आकेषच्छादनं तासां वेषकर्मणि कीर्तितम्।
तथैव दक्षिणस्त्रीणां कार्यमुल्लेख्यसंश्रयम्।।
कुम्भीबन्धकसंयुक्तं तथावर्तललाटिकम्।

आचार्य ने अवंती, गौड, आभीर, पूर्वोत्तर प्रदेश, दक्षिण प्रदेश की स्त्रियों के वेश विधान का वर्णन किया है। उनके अनुसार अवंती देश के स्त्रियों के सिर पर कुतल अलक होते है, गौड देश के स्त्रियों के वेणी में शिखापाश की रचना रहती है। आभीर स्त्रियां नीले रंग का वस्त्र धारण कर दो वेणी वाली केश रचना रखती है। पूर्वोत्तर प्रदेश की स्त्रियां वस्त्र से अपने शरीर को केश तक ढ़का रखती है तथा दक्षिण प्रदेश की नारी उल्लेख नामक अंलकार मस्तक पर धारण कर ललाट पर गोल तिलक लगाती है। आचार्य ने गणिकाओं को इच्छा अनुरूप वस्त्र व केश धारण करना बताया है।''[40]

3. अवस्थाअनुरूप नारियों के वेश

''तथा प्रोषितकान्तासु व्यसनाभिहतासु च।
वेषो वै मलिन कार्य एकवेणीधरं शिरः।।
विप्रलम्भे तु नार्यास्तु शुद्धो वेषो भवेदिह।
नात्याभरणसंयुयक्तो न चापि सृजयान्वितः।।
एवं स्त्रीणां भवेद्वेषो देषवस्थासमुद्भवः।

आचार्य ने नायिका के अवस्था के अनुसार वेश विधान का वर्णन किया है जो कि नाट्यकला में बहुत उपयोगी है। इनके अनुसार प्रोषित भर्तृका नायिका को मलीन वेश धारण करना चाहिये तथा विप्रलम्भ नायिका को शुभ्रवेश धारण करना चाहिये आचार्य ने स्त्रियों की अवस्था तथा प्रकृति के अनुसार वेश धारण करने का विधान बताया है।''[41]

---

[40] नाट्यशास्त्रम् भाग–3, श्री बाबूलाल शुक्ल शास्त्री, पृ. क्र. 133–134
[41] नाट्यशास्त्रम् भाग–3, श्री बाबूलाल शुक्ल शास्त्री, पृ. क्र. 135

आचार्य भरत ने चरित्र, अवस्था तथा देश के अनुसार वेश विन्यास की रचना की है परन्तु कत्थक नृत्य में वेश की भिन्नता की आवश्यकता नही रहती है यद्यपि अन्य शास्त्रीय नृत्यों एवं लोक नृत्यों में आचार्य द्वारा वर्णित वेश विधान का यथावत प्रयोग दिखाई देता है।

कत्थक नृत्यकार के एकल प्रदर्शन मे वेश की विविधता संभव नही है परन्तु इस नृत्य पर आधारित समूह प्रदर्शन में यह सम्भावना हो सकती कि पात्रों की वेशभूषा में विविधता हो यथाः नायिका भेंद पर आधारित ठुमरी में प्रोषित भर्तृका नायिका मलिन (गहरे रंग का) वेश धारण करे क्योंकि वह दुःख या आक्रान्त की दशा में रहती है जबकि विप्रलम्भ नायिका का पात्र करने वाली नायिका उज्जवल वेश धारण करे। अर्थात समूह में नृत्य प्रदर्शन करते समय नाट्यशास्त्र मे वर्णित वेश विधान का प्रयोग कत्थक नृत्य मे संभव है।

कत्थक नृत्य में नायिका की वेशभूषा

कत्थक नृत्य की वेशभूषा पर मुगल एवं हिन्दू दोनो संस्कृति का प्रभाव दिखाई देता है। एक ओर नृत्यांगना लहगा, ब्लाउज पहनकर नृत्य करती है तथा दूसरी ओर मुगल कालीन वेश वाज पहनकर कत्थक नृत्य की प्रस्तुति देती है।

3. अंगरचना

आचार्य ने अंग रचना को आहार्य अभिनय का तीसरा भेद बताया है। इसके अन्तर्गत पात्रों के अंग रचना का वर्णन किया गया है। देश ,जाति तथा वय के अनुरूप वर्ण रचना किस प्रकार होनी चाहिये जिससे पात्र का स्वरूप परिवर्तित होकर कथानक के भावों को धारण कर प्रेक्षकों के समीप पहुंच जाये। यथा देवताओं को गौरवर्ण, दानवों को नील वर्ण, बाहाम्णो को गौर वर्ण में रंगने का विधान बताया गया है। यह वर्ण रचना नाट्यकला में उपयोगी है परन्तु कत्थक नृत्य मे इस तरह का प्रयोग नही किया जाता है। कत्थक नृत्य में सजीव विधान का प्रयोग नही किया जाता है।

कत्थक नृत्य में आहार्य का निश्चित शास्त्र सम्मत विधान नही होने के कारण आहार्य का कोई निश्चित स्वरूप नही है किन्तु नृत्य के अनुकूल नाट्यशास्त्र मे वर्णित आहार्य का प्रयोग अन्ततः होता है।

अध्याय–6

नाट्यशास्त्र में वर्णित सात्विकाभिनय एवं कत्थक नृत्य में अनुप्रयोग

- नाट्यशास्त्र में सात्विक अभिनय
- नाट्यशास्त्र में वर्णित सात्विक भाव के भेद एवं कत्थक नृत्य में उनकी उपयोगिता
- पुस्तरचना

अध्याय–6

नाट्यशास्त्र में वर्णित सात्विकाभिनय एवं कत्थक नृत्य में अनुप्रयोग

सत्व मनोविकार की उत्पत्ति है जिसमे मानवीय उमंग और संवेदनाये उद्दीप्त होती है। दूसरो के सुख–दुख आदि भावों से जब मनुष्य संवेदना से अभिभूत हो जाता है तब उसके मन की इस विशेष दशा मे एकाग्र होने से सत्व की उत्पत्ति होती है।

सत्व, रज और तम तीन मानवी प्रवृत्ति होती है। मानव की मानसिक दशा, व्यवहार, क्रियाकलाप सत्व के अधीन होते है। यह सत्व मानवीय भावनाओं का प्रतिबिंब होता है। इन भावनाओं का आंगिक अभिनय के द्वारा दर्शकगण से संपर्क स्थापित होता है।

मन सत्व का आश्रय लेकर इन्द्रियो से प्रदर्शित होता है तथा मनजनित इन भावो पर बुद्धि–विवेक का नियंत्रण होता है। सत्व में बुद्धि, ज्ञान तथा आनंद भेद का समन्वय होता है।

"दूसरे लोगो के सुख–दुख आदि के अनुभाव से जब सामाजिक का अंतः करण उस ही भाव में भावित हो जाए तथा अनुकूल व एकतान हो जाए उसे सत्व कहते है।"[1]

सत्व की उत्पत्ति दूसरे व्यक्ति के सुख–दुखादि कारणो से अपने स्वयं के चित्त में होती है अर्थात स्वयं के अंतःकरण में उत्पन्न होने वाले भाव से वातावरण प्रभावित होता है। नाट्य शास्त्र में सात्विक अभिनय को मनोविज्ञान का दृश्यशील परिवर्तन माना गया है जो कि इन्द्रियो द्वारा संचालित होता है तथा चित्त के भावानुसार प्रदर्शित होता है।

सात्विक अभिनव मनोविकार से संबंद्ध होने के कारण स्वमेव उत्पन्न होने वाले भाव है जिसके लिये बाह्य प्रयत्न करने की आवश्यकता नही होती है। यदि नाट्य के विषय से संबंधित विचार मन के भीतर नही है, उसकी अनुभूति नही है तो उसका बाह्य प्रदर्शन कर पाना असंभव है। मन जब किसी खास अवस्था में होता है तो शारीरिक परिवर्तन मन की उस अवस्था को प्रकट करते है। ये शारीरिक परिवर्तन प्रयत्न पूर्वक नही किया जा सकता है। मन की उस विशेष दशा के फलस्वरूप शारीरिक लक्षण दिखाई देते है। इसलिये सात्विक भाव स्वतः मन से जनित होते है जिसके लिये मन का एकाग्र होना आवश्यक है। यदि कलाकार अपनी विषयवस्तु पर मनन–चिंतन कर उसे आत्मसात कर लेता है तो प्रदर्शन के समय कलाकार स्वयं आनंदित होता है और दर्शको के अंतः मन से जुड़कर उस विषय के अनुरूप रस उत्पन्न कर सकता है क्योकि किसी भी कला की अभिव्यक्ति में दैहिक और मानसिक संप्रेषण का समन्वय आवश्यक है।

नाट्य प्रयोग के समय सुख–दुखादि भावो को यथार्थ स्वरूप में प्रस्तुत करना चाहिए। यह तभी संभव है जबकि प्रयोक्ता ने सुख और दुख का अनुभव किया हो। जो कभी दुखी न हुआ हो वह सुखी प्रयोक्ता दुख की रोहनात्मक अनुभूति को प्रदर्शित नही कर सकेगा। इसलिये सत्व से ही अभिनेता के सुखी व दुखी होने पर रोमांच व अश्रु आदि को अभिनय के द्वारा प्रस्तुत किया जाता है।

नृत्य कला में आंगिक, वाचिक तथा आहार्य के सभी अंगो की प्रमुखता होती है जबकि सात्विक अभिनय नाट्य का प्रमुख तत्व होता है। सात्विक अभिनय रस और भाव से प्रदर्शित होता है।

---

[1] भावप्रकाशन –मदनमोहन अग्रवाल पृष्ठ क्रमांक – 20

नाट्य कला में विषयगत विविधता होने के कारण सात्विक अभिनय का महत्व बढ़ जाता है। यद्यपि नाट्यकला में परिपूर्णता चारों अभिनयो के सहयोग से आती है तथापि सात्विक अभिनय की प्रयोगविधि सर्वोपरि होती है। यहाँ पर अभिनय केवल अनुकरण करना मात्र नही होता है ब्लकि अभिनय में नवीन सृजन कौशल का विकसित होना भी आवश्यक है। सात्विक भावो के प्रदर्शन से नाट्यकला जीवंत होती है इसलिये ये अभिनय का सबसे कठिन प्रकार है जबकि कलाकार पूरी तरह से पात्र मे बदल जाता है। इस प्रकिया की संपूर्णता से ही सात्विक भाव का उदय होता है।

सात्विक भाव को संचारीभाव, विभाव तथा अनुभाव की तरह ही रसनिष्पत्ति का कारक माना गया है, संभवतः इसी कारण सात्विक अभिनय को सात्विक भाव की संज्ञा दी गयी है। जिस तरह रति, हास, आदि स्थायी भाव ह्दय मे सदैव विद्यमान रहते है, उसी तरह सात्विक भाव भी मन से उत्पन्न होने वाले विकार है। मानवी प्रकृति की सत्व, रज और तम इन तीन प्रकृतियो में सत्व विकार होते हुए भी विकार नही है वरन् यह सामाजिक हृदय का एक स्वभाव या गुण है। यह सत्व मन, आत्मा से उत्पन्न व अंतर्मुखी होता है।

सत्व की निष्पत्ति के लिये मन का एकाग्र होकर चिंतन मनन करना आवश्यक होता है। एकाग्र मन से ही रोमांच, अश्रुपात आदि का प्रदर्शन यथार्थ रूप में हो पाता है। जब इस सत्व की अनुभूमि दर्शको को होती है तभी वे आनंदित होते है। सत्व के बिना रस का संचार होना कठिन है क्योकि सत्व से विषयवस्तु की ज्ञान का प्रसार होता है और इस अंतिम स्थिति के प्राप्त होने पर ही रस उत्पन्न होता है। रसो में भेद होने से अभिनय के स्वरूप मे भी परिवर्तन होता है। विभिन्न अभिनयो मे सात्विक भावो का प्रयोग विविधता से किया जाता है।

सात्विक अभिनय के मनोवेग को शास्त्रबद्ध करना कठिन कार्य है क्योकि मनुष्य के मनोवेग में स्वभाव, प्रवृति तथा वातावरण का प्रभाव पड़ता है। इसलिये सात्विक अभिनय का प्रदर्शन कठिन होता है। संभवतः इसी कारण भरत आदि नाट्याचार्यो ने सात्विक अभिनय को सर्वश्रेष्ठ अभिनय बताया है।

''अभिनय के चार भेदो मे सात्विक अभिनय भरत की दृष्टि में बहुत महत्वपूर्ण ही नही करने में बहुत कठिन भी है। अभिनय के आंगिक, वाचिक, और आहार्य का

संबंध बाहरी वस्तुओं से है लेकिन सात्विक का संबंध सूक्ष्म मनोभावो से है। मन का संबंध नाना प्रकार के स्त्री –पुरूषों के स्वभाव, प्रकृति और आदतो से है।"[2]

मनुष्य के अंतर्मन की विचार धारा को व्यक्त करना बहुत जटिल क्रिया है। सांसारिक जीवो के मन मे कई प्रकार के भाव जागृत होते हैं। कभी हंसना, रोना, क्रोध करना मानव स्वभाव है तथा मन के इन भावों को शास्त्रबद्ध करना कठिन कार्य है।

नाट्यशास्त्र ग्रंथ मे आचार्य भरत ने सत्व की प्रधानता तथा प्रयोगकर्ताओ की प्रस्तुति को अभिनय की कसौटी पर परखने की महत्ता को स्वीकार किया है। नृत्य या नाट्य मे सात्विक अभिनय की अधिकता या न्यूनता ही प्रदर्शन का स्तर निर्धारित करती है। यदि सात्विक अभिनय उच्च कोटि का है अर्थात् पात्र और कथानक का चरित्र दोनो एकसार हो जाये तो उत्तम कोटि का अभिनय प्रदर्शन होगा। यदि 70 वर्ष के वृद्ध नृत्यकार के द्वारा बाल चरित्र का निर्वहन किया जाए तो उस वृद्ध की समस्त चेष्टाये बाल सुलभ हो जाती है। उस समय यह अंतर करना कठिन हो जाता है कि वह नृत्यकार 70 वर्ष का वृद्ध है या 7 वर्ष का बालक। इस भावाभिव्यक्ति के समय व्यक्ति का वास्तविक चरित्र समाप्त हो जाता है और वह स्वमेव पात्र बन जाता है। यही सात्विक अभिनय की पराकाष्ठा है जबकि आंगिक, वाचिका तथा आहार्य अभिनय गौण हो जाती है।

जिस प्रकार जीव (आत्मा) एक शरीर का त्यागकर दूसरे शरीर मे प्रवेश करती है, उसका कार्य व्यवहार दूसरे शरीर के अनुरूप हो जाता है ठीक उसी प्रकार विषयवस्तु के चरित्र की भूमिका करने वाला पात्र मंच पर पहुचने के बाद कथानक के अभिनित पात्र में बदल जाना चाहिए। उसकी वाणी, आंगिक क्रियाये तथा मनोदशा मुख्यतः सभी विषयवस्तु की भूमिका का निवर्हन किये जाने वाले पात्र के अनुकूल होना चाहिए।

यद्यपि यह कठिन कार्य है परंतु एकाग्रमन से चिंतन कर सतत् अभ्यास से यह कार्य संपादित किया जा सकता है।

"सत्व युक्त अभिनय ही श्रेष्ठकोटि का होता है। जिस अभिनय मे सत्व का प्रयोग कुछ कम हो जाता है वह मध्यम कोटि का होता है और जिसमे सत्व का योग न हो, वह अभिनय अधम कोटि का होता है।"[3]

---

[2] भरत और उनका नाट्यशास्त्र – डा. ब्रजवल्लभ मिश्र पृष्ठ क्रमांक – 115

प्रदर्शन की सफलता का मानक आधार सात्विक भाव की उत्तमता को माना गया है।

नाट्यशास्त्र में सात्विक अभिनय

अभिनय भेदों मे सात्विक अभिनय को चौथा स्थान प्राप्त है। सात्विक अभिनय अर्थात् सत्व से उत्पन्न होने वाली अभिव्यक्ति। यद्यपि आचार्यो ने सत्व को ष्अनेक रूपों मे परिभाषित किया है तथापि सत्व के लिए मानसिक एकाग्रता एवं मनोविकार को सभी ने प्रधानता दी है।
सात्विक शब्द की व्युत्पत्ति है–

"अवहितं मनः सत्वं तत्प्रयोजनं हेतुस्येति सात्विकः।

अर्थात एकाग्र मन का नाम सत्व है, यह सत्व जिसका प्रयोजन अर्थात् हेतु हो वह 'सात्विक' कहलाता है।"[4]

उक्त परिभाशानुसार मनोविकार से सत्व की उत्पत्ति होती है। अभिनय दर्पण के मंगल श्लोक में सत्व को साक्षात् शिव स्वरूप बताया गया है :–

"तं नुमः सात्विकं शिवम्।"[5]

सात्विक अभिनय में भगवान शिव को प्रतिष्ठित माना गया है। अभिनय के अन्य रूपों की महत्ता आचार्य भरत व अन्य शास्त्रकारो ने स्वीकारी है, परन्तु नाट्य जगत में सात्विक अभिनय की प्रतिष्ठा को सभी ने अपने मतानुसार आवश्यक बताया है।

"जिस नृत्य भावज्ञा व्यक्ति सात्विक भावों के माध्यम से नृत्य का प्रदर्शन करता है उसे सात्विक अभिनय कहते है।"[6] वस्तुतः "जब केवल चित्तशक्ति से मनोभावों को प्रकट किया जाता है वह सात्विक अभिनय कहलाता है।"[7]

---

[3] भरत और उनका नाट्यशास्त्र–डा. ब्रजवल्लभ मिश्र पृष्ठ क्रमांक – 115
[4] नाट्यशास्त्र भाग 1 – प्रो. बाबूलाल शुक्ल शास्त्री पृष्ठ क्रमांक – 430
[5] भारतीय नाट्य परंपरा एवं अभिनय दर्पण – वाचस्पित गैरोला पृष्ठ क्रमांक – 161
[6] भारतीय नाट्य परंपरा एवं अभिनय दर्पण – वाचस्पति गैरोला पृ. क्र. – 200
[7] भारतीय संस्कृति मे कत्थक परंपरा – प्रो. (डा.) मांडवी सिंह पृ. क्र. – 41

दशरूपक के आचार्य धनंजय ने सात्विक अभिनय को नाट्य की सफलता के लिए महत्वपूर्ण कारक माना है, क्योंकि यह मानव की अंतः प्रकृति को प्रदर्शित करते है।

"अवस्थानुकृती नाट्यम् रूपकम तत्समारोपात्।

काव्य एवं ललितकला विशेषतः नाटक मानव और मानवेत्तर प्रकृति का अनुकरण कर उसके द्वारा आन्नद की प्राप्ति या रसोद्बोध करते है। ये केवल बाह्य प्रकृति का ही अनुकरण करते किन्तु मानव की अन्तः प्रकृति को, उसके मानसिक भावों को भी अनुकृत करते है। नाटक की सफलता भी तभी मानी जाती है जब नाटककार ने पात्रों की आभयन्तर प्रकृति को सुन्दर तथा मार्मिक रूप से अभिव्यक्त किया है।"[8]

सात्विक अभिनय वास्तविक भावनाओं का प्रतिबिम्ब है। आंगिक मुद्रा, वाचिका कला और बाहरी सज्जा के साथ ही मन की अनुभूतियों का समावेश करने से ही नृत्य–नाट्य कला की चरम अवस्था प्राप्त होती है।

भाव प्रकाशन ग्रंथ ने सात्विक अभिनय को भावों से तथा सत्व को अन्य भावों की तरह मन पर आश्रित माना है।

"मन का सत्व यही है कि जब वह दुखी या हर्षित होता है तो अश्रु रोमांच आदि निकल पड़ते है। ये अश्रु रोमांचादि सत्व से निर्वृत्त होते है। अतः सात्विक अभिनय कहलाते है। यद्यपि सात्विक भावों में सामान्यतः अनुभावत्व है फिर भी सत्व से उत्पन्न होने के कारण इन सात्विक भावों के पृथक रूप से लक्षण किये गये है।"[9]

मन का विचलित होना या बदलना हमारी दिनचर्या का एक अंग है। कभी खुश होना, कभी रोना, कभी क्रोधित होना ये सभी क्रियायें हमारे मन से जनित होती है। इस लिए सात्विक भाव का सारा कार्य व्यापार मन पर निर्भर करता है। जिसे बलपूर्वक प्रदर्शित नही किया जा सकता है।

यदि मन मे भाव का संचार न हो तो उसे सांकेतिक रूप से प्रदर्शित किया जा सकता है परन्तु उसमे सत्व का समावेश नही होता है। मन की विपरित या शून्य दशा होने पर सात्विक भावों का प्रकटीकरण संभव नही है। यदि मन में

[8] दशरूपक – आचार्य धनंजय – डा. भोलाशंकर व्यास पृ. क्र. – 14
[9] भाव प्रकाशन – मदनमोहन अग्रवाल पृष्ठ क्रमांक – 20–21

श्रृंगारिक भाव उत्पन्न न हो तथा घूंघट, साज –सजावट से श्रंगार रस दिखाये जाये तो इनसे सत्व का प्रदर्शन नही होता है।

आंगिकादि अभिनय मे मन के दशा के विपरित चेष्टाये प्रदर्शित की जा सकती है, परन्तु सात्विक अभिनय की चेष्टाये अयत्नज होती है और उनका संबंध मन की स्वाभाविक दशा से होता है।

सात्विक अभिनय से ही नाट्य को प्रतिष्ठा प्राप्त होती है क्योंकि नाट्यकार की क्षमता यदि सत्व से परिपूर्ण है तभी सात्विक अभिनय का सफल प्रदर्शन हो सकता है। यद्यपि भरतमुनि ने संचारीभाव, स्थायीभाव की तरह सात्विक भाव का वर्णन भावाध्याय मे किया है। जिस तरह रति, हास आदि स्थायी भाव मन में सदैव विद्यमान रहते है तथा परिस्थिति के अनुसार दिखाई देते है उसी तरह सात्विक भाव भी मानव मन में स्थित होते है और परिस्थिति के अनुकूल प्रदर्शित होते है। मन में नाना प्रकार के विचार, प्रकृति व आदतों का समावेश है तथा अन्तर्मन की बातों को व्यक्त करना आसान कार्य नही है। मन मे चल रही अनेक प्रकार की विचार श्रृंखला को शास्त्रबद्ध करना और भी कठिन कार्य है। इसी कारण सात्विक अभिनय का प्रदर्शन सहज कार्य नही है। नाट्यकारों ने इसी लिये सात्विक अभिनय को अभिनय का सार या निचोड़ कहा है।

"सात्विक अभिनय संभवतः वह सबसे ऊंची और श्रेष्ठ अवस्था है अभिनय की, जिसमें अभिनेता से अपेक्षा की जाती है कि वह वाचिक, आंगिक एवं आहार्य के साथ इस प्रकार समाहित होकर एकाकार हो जाये की अभिनय के दौरान ये भेंद अपने स्वतंत्र रूप में अलग–अलग न दिखाई पड़े वरन् एक सामान्य तत्व के रूप में दिखाई दे। यह तभी संभव है जब अभिनेता बाहरी तत्वों को छोड़कर सूक्ष्म एवं आंतरिक अभिनय की तरफ बढ़े यानी अपनी कला से अभिनय का निचोड़ या सार प्रस्तुत करे। इसी लिए इस अवस्था का नाम सात्विक अभिनय रखा गया है और इसे सबसे ज्यादा महत्वपूर्ण माना गया है।"[10]

हमारे मन के भावों का आंगिक प्रदर्शन सरल है किन्तु उनके सात्विक भावों की अभिव्यक्ति कठिन है। जब तक हमारे मन में उस विषय के अनुरूप सुख–दुख, शोक, उत्साह आदि के भाव नही होगें तब तक सात्विक भाव का प्रदर्शन संभव नही है।

---

[10] रंगमंच का सौंदर्य शास्त्र – देवेन्द्र राज अंकुर पृष्ठ क्रमांक 42–43

सात्विक अभिनय को भरतमुनि ने परिभाषित करते हुए लिखा है "जिस प्रकार जीव एक शरीर को त्याग कर अन्य शरीर मे प्रवेश करके उसके अनुरूप कार्य करने लगता है उसी प्रकार भूमिका करने वाले पात्र को मंच पर प्रवेश करने से पूर्व अभिनीत करने वाले पात्र का मानसिक स्मरण करना चाहिये और उसी मनोदशा में उस पात्र जैसी वाणी और आंगिक चेष्टायें सम्पन्न करनी चाहिये।"[11]

वस्तुतः "पात्र का सुख–दुख तो अपना है ,परन्तु प्रयोग काल में वह मन की इस एकाग्रता (सत्व) के कारण प्रयोज्य पात्र के सुख–दुख को अपना मान लेता है। प्रभाव के कारण प्रयोग काल मे सुखी पात्र की आंखों मे अश्रु गिरते है। और दुखी पात्र के नयन हर्ष से उत्फुल्ल और कपोल स्फुर्रित होते रहते हैं।"[12]

अतः स्पष्ट है कि पात्र को कथानक के चरित्र के पूर्णतः अनुकूल हो जाना चाहिए। यदि कलाकार अपनी विषयवस्तु का चिंतन–मनन कर आत्मसात करता है तो कलाकार की प्रस्तुति आनंदायक होती है। कलाकार दर्शक को उस विषयवस्तु के अनुरूप रस की अनुभूति करवा सकता है। अंगो के द्वारा प्रदर्शित होने वाली भंगिमा में मानसिक संप्रेषण का समन्वित होना आवश्यक है तभी मन की दशा से शरीर की दशा में परिवर्तन होता है व अभिनेता दुखी हो या सुखी वह अश्रु या रोमांच को अभिनय के द्वारा प्रदर्शित करता है। इसीलिए सात्विक अभिनय की प्रयोग विधि को अन्य अभिनयों की प्रयोग विधि से सर्वोपरि माना गया है ।

अभिनय का तात्पर्य अनुकरण करना मात्र नही है अपितु सृजनात्मक क्षमता का कुशल प्रदर्शन करना है। "सात्विक भावों का प्रदर्शन नाट्यकला में जीवंत अभिनय का पर्याय माना जाता है वही दूसरी तरफ अभिनय का ये प्रकार सबसे कठिन भी है।"[13] सात्विक अभिनय की अधिकता व न्यूनता ही नृत्य–नाट्य से प्राप्त होने वाली रस का निर्धारण करती है सात्विक अभिनय के प्रदर्शन को कठिन कार्य कहाँ गया क्योंकि सभी मानसिक दृष्टियों की समग्रता आवश्यक है तथा सत्व का प्रदर्शन सीधे होता है।

"रोमांच आदि सात्विक भावों के अतिरिक्त अन्य भाव भी सत्व से ही निष्पन्न होते है। परन्तु अन्य अभिनयों मे शरीर के दूसरे अंगो का भी प्रयोग होता

---

11 भरत और उनका नाट्यशास्त्र – डॉ. ब्रजवल्लभमिश्र पृष्ठ क्रमांक – 120

12 भरत एवं भारतीय नाट्यकला – सुरेन्द्रनाथ दीक्षित पृष्ठ क्रमांक 258

13 कथक नर्तन – 2 डॉ. विधि नागर पृष्ठ क्रमांक 66

है और सात्विक अभिनय सत्व से निष्पन्न होकर बिना किन्ही दूसरे अवयवों के संचालन के सीधे प्रकट होते है।''[14]

मन व शरीर की असामान्य स्थितियों का प्रसार हस्त व पाद से होता है। परन्तु जीवन में ऐसी परिस्थितियाँ भी होती है जिसका प्रदर्शन हस्त व पाद अभिनय से नही हो पाता है। अर्थात हस्त व पाद अभिनय अत्यल्प हो जाते है और वहाँ पर सत्व समाश्रित अभिनय की प्रचुरता हो जाती है। विशाद, मूर्च्छा, लज्जा, शोक, ज्वर, आदि की पीड़ा वह उद्वेगजनक परिस्थितियों में सत्व आधारित अभिनय की उपयोगिता होती है। सात्विक अभिनय के द्वारा ही इन अभिनयों में सौष्ठव की व्यंजना होती है क्योंकि हस्त, पाद ,कटि आदि सभी आंतरिक चित्तवृत्ति के प्रकाशन में सक्षम नही होते है। सम्भवतः सत्व के सीधे प्रकट हो जाने के कारण यह होगा की पात्र का सुख–दुःख स्वयं का होता पर नाट्य प्रयोग के समय एकाग्रता के कारण वह कथानक के चरित्र के सुख–दुःख को अपना मान लेता है। सत्व के प्रभाव के कारण ही नाट्य–नृत्य मे पात्र के अश्रु गिरने लगते है, या वह कम्पित होता है। यदि सात्विक चिन्हों का भावानुरूप प्रदर्शन न हो तो नाट्य मे रस का आस्वादन नही होगा।

नाट्यशास्त्र मे वर्णित सात्विक भाव के भेद एवं कत्थक नृत्य में उनकी उपयोगिता

आचार्य भरत ने नाट्यशास्त्र ग्रंथ के भावाध्याय में सात्विक भाव के 8 भेद बताये है जो कि मानसिक एकाग्रता पर परिस्थितिवश जनित होते है।

'It is caused by the mind when there is concentration. Thruogh the mental concentration the sattva is evolved. Its nature includes stambha [paralysis] sveda [perspiration] romanca [horropillation] Asru [tears] vaivarnya [less of colour] and other things.'[15]

जब मानव मस्तिष्क किसी एक दशा (स्थिति) में एकाग्रचित हो जाए तभी सत्व की उत्पत्ति होती है। इसे ही मानसिक एकाग्रता कहते है। जब मन मे शोक की अनुभूति होती है तो शरीर मे कुछ हलचल होती है। यथा आँखों में अश्रुपात

---

[14] कथक नृत्य – डॉ. लक्ष्मी नारायण गर्ग पृष्ठ क्रमांक 55

[15] The Natyasastra of Bharatmuni – Translated into English by a Board of Scholors Page No. 109

होने लगता है तथा मन मे एक ही अनुभूति कुछ समय के लिए स्थायी रूप से उत्पन्न होती है। यह अश्रुपात सत्व की मनोदशा को प्रकट करता है।

भरत के अनुसार सात्विक के 8 भेदों का वर्णन निम्नानुसार है :–

स्वेद : क्रोध, भय, हर्ष, लज्जा, दुख, श्रम, रोग, ताप, चोट, व्यायाम, क्लेश, धाम तथा अंगो के दबाने आदि मे स्वेद उत्पन्न होता है।

स्तम्भ : हर्ष, भय, शोक, विस्मय, दुख, तथा क्रोध आदि में स्तम्भ उत्पन्न होता है।

वेपथु : शांत, भय, हर्ष, क्रोध, स्पर्श, ज़रा (बुढापा) तथा रोग से कम्प (वेपथु) उत्पन्न होता है।

अश्रु : आनंद या क्रोध से, आंखो में धुआँ या अंजन लगने से, जंभाई से, भय शोक तथा एकटक देखने तथा शांत और रोग से अश्रु उत्पन्न होता है।

वैवर्ण्य : शांत, क्रोध, भय, थकावट, रोग, क्लेश, तथा घाम (ताप) से वैवर्ण्य उत्पन्न होता है।

रोमांच : स्पर्श, भय, शांत, हर्ष, क्रोध, तथा रोग से रोमांच उत्पन्न होता है।

स्वरभंग : भय, हर्ष, क्रोध, बुढापा, गले के सूखने (रौक्ष्य) रोग तथा मद से 'स्वरभंग' होता है।

प्रलय : श्रम, मूर्च्छा, मद, निद्रा, चोर तथा मोह आदि से 'प्रलय' की उत्पत्ति होती है।

उक्त सात्विक भावो की उपयोगिता नाट्यकला मे सर्वाधिक होती है क्योंकि नाट्यकला में विषयगत विविधता व पात्रों की संख्या अधिक होने के कारण अभिनय के विस्तार की प्रबल संभावना रहती है सात्विक भाव के द्वारा अभिनेता बिना मुख से उच्चारित किये अपने मनोगत भाव को दर्शकों तक संप्रेषित करते है।

भरत ने नाट्य कला के परिप्रेक्ष्य में इन भावों का वर्णन किया है। चलचित्र तथा थियेटर के कलाकार इन सत्वों के प्रदर्शन में दक्ष होते है। यदि उन्हे रोने का अभिनय दिखाना हो तो वे सचमुच अश्रुपात करते है साथ ही संवाद वाचन के समय वे अपनी आवाज मे कंपन उत्पन्न करते है, जिससे स्वरभंग की स्थिति निर्मित होती है तथा दर्शकों को सत्व का संप्रेषण हो जाता है।

यदि नृत्यकला में कथानक की विषयवस्तु में अश्रुपात का संदर्भ आ जाए तो नृत्यकार के द्वारा सचमुच अश्रुपात नही किया जाता है। दोनो आँखो के पास हथेली को रखकर या कपोल पर हाथों से अश्रु पोछने का अभिनय दिखाया जाता

है। नाटक में पात्र के द्वारा एक ही वस्तु स्थिति पर भावाभिनीत करने के लिये पर्याप्त समय होता है ज्बकि नृत्यकला में नाट्यकला की अपेक्षा अभिनय के प्रदर्शन में शीघ्रातिशीघ्र परिवर्तन होता है। अर्थात् एक अभिनय की प्रस्तुति के बाद पल्टा लेकर पात्र दूसरे चरित्र का अभिनय करता है। इसलिये नृत्यकार के द्वारा सत्वों का प्रदर्शन नाट्यधर्मी प्रयोग पर आधारित होता है।

नाट्यधर्मी में कलाकार बिना वस्तुओ के अपने अभिनय के द्वारा दर्शको को उस वस्तु का आभास करा देता है। नाट्यधर्मी प्रयोग के द्वारा नर्तक अपनी अभिनय क्षमता के द्वारा विषयवस्तु को दर्शकों के समक्ष स्पष्ट कर देते हैं।

"ललितंरंगविन्यासै स्तयोत्क्षिप्त पदक्रमैः।
नृत्यते गम्यते चापि नाट्यधर्मी तु सा स्मृता।।"[16]

अर्थात जब पात्र के द्वारा मंच पर नृत्यकार के द्वारा अंगो का संचालन लालित्यपूर्ण ढंग से किया जाता है, भावों के लिये पांव की गति लय व ताल के नियम के अनुसार किया जाता है तो वह नाट्य प्रयोग नाट्यधर्मी कहलाता है। शास्त्रीय नृत्य शैली मे नाट्यधर्मी विधान का प्रयोग सात्विक से अभिनय के संदर्भ में विशेष रूप से उपयोगी है।

नाट्यधर्मी परंपरा के द्वारा मंच पर पर्वत, यान, नदी, उद्यान, घर, आंगन कुआँ महल आदि के दृश्य कलाकार के द्वारा अभिनय के संकेतो से दिखाये जाते है। मटकी न होते हुए भी मटकी, उद्यान न होते हुए भी उद्यान, पुष्प न होते हुए भी पुष्प, वर्षा न होते हुए भी वर्षा, पनघट न होते हुए भी पनघट, का प्रदर्शन अभिनय के माध्यम से तथा दर्शको के द्वारा सत्य के रूप मे स्वीकार कर लेना ही नाट्यधर्मी परंपरा है। श्रीराम का अभिनय करने के लिये पात्र हाथो में धनुष–बाण को अभिनय के द्वारा व्यक्त करते है, कृष्ण की भूमिका के लिये हाथों में मुरली धारण या मोर मुकुट को अभिनीत करना नाट्यधर्मिता का प्रमाण है। जिसका यथावत् प्रयोग कत्थक नृत्य में दिखाई देता है। सात्विक भावों की अभिव्यक्ति भी कत्थक नृत्य में नाट्यधर्मिता पर आश्रित है।

---

[16] नाट्यशास्त्रम् भाग–2, श्री बाबूलाल शुक्ल शास्त्री, पृ. क्र. 197

कत्थक नृत्य में सात्विक भावों को नाट्यधर्मी प्रयोग परंपरा से क्रियान्वित किया जाता है। अभिनय के प्रतिपादन मे कत्थक नृत्य शैली मे नाट्यधर्मी प्रयोग परंपरा से अश्रुपात का अभिनय दिखाया जाता है। वास्तव मे पात्र अश्रुपात नही करते है वरन् अश्रु सात्विक भाव का प्रदर्शन नाट्यधर्मी के द्वारा कर दर्शको को इसका बोध करवाया जाता है। कत्थक नृत्य मे नाट्यधर्मी परंपरा का प्रयोग सबसे अधिक होता है। राधा–कृष्ण के प्रसंग मे मटकी पकड़ना, कुएँ से पानी भरना, कृष्ण के द्वारा कंकड़ मारना, मटकी फूटना, वस्त्रों का गीला होना, हाथ में मुरली, राधा का श्रृंगार आदि सभी भाव नाट्यधर्मी अभिनय से साकार रूप ग्रहण करती है। कलाकार के द्वारा सतत् अभ्यास व साधना से नाट्यधर्मी परंपरा सशक्त बनती है क्योंकि नाट्यधर्मी परंपरा मे कलाकार को अपने अभिनय–कौशल से ही अदृश्य वस्तु को दृश्यांकित या मूर्तमान करना होता है।

"नाट्यधर्मी रूढ़ि में शास्त्रीय विधियों से संपन्न अभिनय सुचारू और अधिक रोचक होता है।"[17]

भाव अनंत है तथा उनकी अभिव्यक्ति के अनेक तरीके कत्थक नृत्य में देखे जाते है। स्वर और शब्द जिस भाव को अभिव्यक्त नही कर सकते उस भाव का प्रदर्शन दृष्टियों से दिखाया जाता है। तथा इन सभी के संयोग से नाट्यधर्मी परंपरा के द्वारा कत्थक नृत्य से सात्विक भाव का उपयोग किया जाता है।

वस्तुतः "Sattvika Abninay deals with the expression of psychic States imtimately associated with emotinal conditions. A dancer registers on his face the appropriate expressions in keeping with the importance of the song, to which he is dancing and creates the right moods."[18]

नृत्यकार के द्वारा गीतादि में आये हुए शब्दों के अर्थ की अभिव्यक्ति मुखज अभिनय के द्वारा संपन्न होती हैं। तथा इस मुखज अभिनय के द्वारा उस भाव के अनुरूप वातावरण निर्मित होता है इस अमूर्त कल्पना को दर्शक सत्य समझने लगते है। इस नाट्यधर्मिता के द्वारा निर्मित वातावरण ही रस की उत्पत्ति करता है।

यद्यपि नाट्यधर्मी का बाह्य स्वरूप लोकधर्मी परंपरा से जनित होता है क्योंकि लोकधर्मी नाट्यों मे लोक में व्याप्त शुद्ध और स्वभाविक अनुकरण होता है।

---

[17] भरत और भारतीय नाट्यकला – सुरेन्द्र नाथ दीक्षित पृष्ठ कमांक –450

[18] Kathak Indian Classical Dance Art – Sunil Kothari Page No. 107

परन्तु इन भाव संकेतो मे वाचिक, आंगिक एवं आहार्य विधियों का समावेशन अनिवार्य नहीं होता है। जीवन को प्राकृत रूप मे ही प्रस्तुत किया जाता है, परन्तु नाट्यधर्मी परंपरा में सांकेतिक वाक्य, नदी, समुद्र आदि को सूचित करने वाली पद्धतियाँ तथा भावों का संकेत करने वाली अनगिनत विधियाँ समाहित है।

भरत ने नाट्य प्रयोग के लिये लोक स्वरूप को ही स्वीकृति दी है।

"नाट्यशास्त्र में नाट्यधर्मी रूढ़ियों का विशाल संग्रह तो है पर उसकी वास्तविक प्रेरणा भूमि और उसकी कसौटी लोकानुभूति ही है।"[19]

लोकधर्मी के द्वारा आंतरिक चित्तवृत्ति का प्रकाशन होता है जबकि नाट्यधर्मी में बाह्य अवयव के प्रतीक विधान की प्रधानता होती है। इसीलिये नाट्यधर्मी परंपरा भिन्न, अधिक कलात्मक और चमत्कृत होती है। नाट्यधर्मी प्रयोग का एकमात्र लक्ष्य होता है नाट्य का प्रभाव और सौंदर्य की वृद्धि।

इन दोनो लक्ष्यों की प्राप्ति सात्विक भाव के द्वारा कत्थक नृत्य में दिखायी देती है। कत्थक नृत्य में भावों की अभिव्यक्ति पूर्णरूपेण नाट्यधर्मी परिकल्पना पर अवलंबित होती है। यद्यपि "उत्तम अभिनय का आधार तो उसकी सात्विक विभूतियों के प्रकाशन में ही है क्योंकि उसी के द्वारा चितवृत्ति का साक्षात्कार, सदृश सम्पादन होता है। परन्तु जहां पर अभिनय प्रत्यक्ष, वर्तमान, आत्मस्थ न हो, परोक्ष भावी और परस्थ हो तो वहाँ सात्विक भाव नितांत स्वरूप रहता है। वहाँ पर भाववेश ह्दय के अंतर से नही फूटता।"[20]

कत्थक नृत्य शैली मे कलाकार की सात्विक अभिनय की अभिव्यक्ति कलाकार की सृजन कौशल क्षमता पर निर्भर करती है। वह किस तरह अपने विषयगत भावों से दर्शको को अवगत करा सकता है। बिना अश्रुपात किये वह दर्शको को यह भाव संप्रेषित कर सके कि वह अश्रुपात कर रहा है। यथा दोनो हथेली को आंखो पर रखकर या आंखो से अश्रु को पोछने का अभिनय कर। इस नाट्यधर्मी कलात्मक विश्लेषण के लिए गहन–चिंतन व सतत् प्रयास व अभ्यास की आवश्यकता होती है।

कत्थक नृत्य के विश्लेषक श्री सुनील कोठारी ने सात्विक अभिनय को मनोकृति के भावो से संबद्ध माना है –

---

[19] भरत और भारतीय नाट्कला – सुरेन्द्र नाथ दीक्षित पृष्ठ कमांक – 448

[20] भरत और भारतीय नाट्कला – सुरेन्द्र नाथ दीक्षित पृष्ठ कमांक – 353

कत्थक नृत्यकार वाचिक में आये हुए शब्द को अंगभगिमा के माध्यम से प्रस्तुत करते है जिससे कलाकार कथानक की विषयवस्तु के अनुरूप वातावरण निर्मित करते है और दर्शको को सत्व आधारित अभिनय का रसास्वादन करवाते है। किसी भी सृजनात्मक कला के प्रमुख लक्षण उसमे नित नये अंग व अभिनय में विस्तार करना है और कत्थक नृत्य की यह प्रमुख विशेषता है कि इसके अंगो का विस्तार तथा प्रस्तुतीकरण में सदैव गतिशीलता रही है।

''कत्थक नृत्य शैली मे भी काव्य अथवा पद रचना को आंगिक एवं सात्विक अभिनय के द्वारा प्रकट किया जाता है किन्तु अभिनय के स्थापित प्रतिमानों की उतनी बाध्यता इस नृत्य शैली में नही रहती है जितनी की भरतनाट्यम आदि दक्षिणी नृत्य शैलियो मे है।''[21]

कत्थक नृत्य के बोल, कवित्त, गतभाव, ठुमरी मे सात्विक भावों की नाट्यधर्मी परंपरा का प्रयोग सर्वाधिक होता है। नाट्यधर्मी परपंरा का मूल प्रयोजन ही होता है कि वह अमुर्त या अदृश्य वस्तु, व्यक्ति आदि को अभिनय के संकेतो से मंच पर दृश्यांकित कर दे। पात्र स्वयं न रोते हुए अश्रुपात की अनुभूति दर्शको को करा दे।

यद्यपि कभी ऐसी परिस्थितियाँ भी निर्मित होती है कि कलाकार की मानसिक दशा किसी व्यवस्था या घटना पर एकाग्र हो जाता है और कलाकार की मानसिक अवधारणा का प्रदर्शन नृत्यशैली में दिख जाता है। नृत्यकार के द्वारा सात्विक भावों का प्रदर्शन सहज रूप से स्वतः कलाकार के द्वारा हो जाता है।

स्वः शम्भू महाराज जी कत्थक नृत्य शैली के प्रकाशवान नर्तक थे तथा कथक मे ताण्डव चारी अंग, भंगिमा के लिए विख्यात रहे है। परन्तु जब कभी करूण रस पर आधारित भाव प्रस्तुत करते थे तो उनकी आंखों से सहज ही अश्रुपात होने लगता था।

''शम्भू महराज का पारिवारिक जीवन काफी दुखद रहा। इनका विवाह युवावस्था में ही उत्तर प्रदेश के एक ग्रामीण कत्थक परिवार में हुआ था। उनके पांच संतान हुए, जिनमे से एक बड़े पुत्र और पुत्री का एक ही दिन मृत्यु के कारण अपना शेष जीवन उसी गम मे गुजारे और उनकी भाव प्रदर्शन में भी करूण रस का अधिक प्रभाव रहा। जब भी वे कोई वियोग से भरी ठुमरी प्रस्तुत

[21] कत्थक कल्पदुम – डा. चेतना ज्योतिषी व्यौहार पृष्ठ कमांक – 72

करते थे उनके मन में अपनी संतान का वियोग कार्य करने लगता था और वे आँसू बहाने लगते थे।"[22]

कलाकार की इस रोहनात्मक अनुभूति से दर्शक स्वयं को उस दृश्यांकन का प्रत्यक्षदर्शी समझने लगते है तथा कभी–कभी दर्शक भी अश्रुपात करने लगते है। यह स्वाभाविक मानवीय संवेदना है जो अयन्नज होता है।

ऐसी स्थिति मे कलाकार की मनोदशा पर एक ही मन स्थिति (शोक) हावी हो जाती है। कलाकार के मनमस्तिष्क में जीवन की कुछ दुर्घटनायें इतनी प्रभावशाली हो जाती है, कि कलाकार का स्वनियंत्रण समाप्त हो जाता है और स्वतः अश्रुपात आदि का प्रकटीकरण हो जाता है। इस अवस्था में कथानक की विषयवस्तु के अनुरूप सात्विक भावों का प्रदर्शन नाट्यधर्मी न होकर वास्तविक हो जाता है।

यद्यपि कथक नृत्यकला में सात्विक आदि के अश्रु, रोमांच स्तम्भ आदि नाट्यधर्मी के द्वारा दृश्यता प्राप्त करते है तथापि दर्शक गणों का उस नाट्यधर्मी को सत्य मानकर स्वीकार लेना कलाकार की सबसे बड़ी सफलता है।

"पंखा झलने तथा स्वेद के हटाने का तथा वायु की अभिलाष द्वारा स्वेद का अभिनय होता है। बार–बार शरीर को कटंकित होने, रोओं के खड़े होने तथा शरीर के स्पर्श से रोमांच का अभिनय होता है।"[23]

नृत्यकार इन अभिनयो के द्वारा सात्विक भावो की अनुभूति दर्शको को करवाते है। सात्विक भाव अनेक प्रकार के अभिनयों पर आश्रित होते है तथा इनके प्रयोग के द्वारा प्रेक्षक में रस जागृत होता है। अर्थात अन्य भावो की तरह ही सात्विक भावो के द्वारा भी रस की उत्पत्ति होती है।

भरत के द्वारा सात्विक भावो के सूक्ष्म विश्लेषण से यह स्पष्ट होता है कि भरत ने मानव मन का कितना गहन अध्ययन किया है। सुख–दुःख की स्थितियों में मनुष्य की शारीरिक व मानसिक क्रिया कैसे और किस रूप मे होगी इस विषयवस्तु पर भरत के द्वारा प्रतिपादित यह मार्मिक एवं संवेदना का उज्जवल रूप ही नाट्य के प्राण होते है। सत्व का नाट्यधर्मी प्रयोग कत्थक नृत्य के अभिनय पक्ष में विस्तारित होता है।

---

[22] भारतीय संस्कृति में कत्थक परंपरा – प्रो. (डॉ.) माण्डवी सिंह पृष्ठ क्रमांक – 142

[23] भरत और भारतीय नाट्कला – सुरेन्द्र नाथ दीक्षित – पृष्ठ क्रमांक – 260

अध्याय–7

उपसंहार

अध्याय–7

उपसंहार

भारत की प्राचीन परंपरागत नृत्य शैलियो में कत्थक नृत्य का प्रमुख स्थान है। कत्थक शब्द आज उत्तर भारत की विशिष्ट शास्त्रीय नृत्य–शैली के रूप में प्रतिष्ठित है। यह कहना अतिश्योक्ति नही होगी कि कत्थक नृत्य भारत के बड़े भू–भाग पर प्रचारित है।

ग्रंथो में प्राप्त प्रमाणों के आधार पर कत्थक शब्द कथावाचन की परंपरा को पुष्ट करता है। 'कथा कहे सो कत्थक कहावे' उक्ति के आधार पर जो व्यक्ति कथा कहता है वही कत्थक है। कत्थको ने अपनी जीविका चलाने के लिये पौराणिक कथाओं को जनमानस तक पहुँचाने का कार्य किया। इस कथा वाचन की प्रक्रिया के सफल होने से एक नवीन नृत्य शैली का जन्म हुआ जो कत्थक कहलाया।

किसी कथानक को गायन–वादन के साथ नृत्य में अभिनीत करना कत्थक नृत्य है। भारतवर्ष में प्राचीन काल से ही कथावाचन की परंपरा रही है तथा इस वाचन को विशिष्टता प्रदान करने तथा कथा के उद्देश्य को स्पष्ट करने के लिये सामान्य लोक अभिनय का प्रयोग किया जाता है। हाथों के विशिष्ट चालन तथा मुखाकृति के द्वारा कथा का प्रस्तुतिकरण प्रभावी बनता है।

कत्थको के द्वारा मंदिरो में पौराणिक कथाओं को कथावाचन के माध्यम से प्रस्तुत किया जाता है और इस नृत्य शैली में धर्म एवं अध्यात्म का प्रभाव आज भी दिखाई देता है। मंदिर में जनित यह नृत्य शैली जब मुगलों के दरबार में पहुँची तो इसकी विषयवस्तु में परिवर्तन हुआ। धर्म और अध्यात्म का स्थान विलासिता व श्रृंगारप्रियता ने ले लिया। इनका प्रयास नृत्य कला में तड़क–भड़क एवं मनोरंजक वस्तुओं का समावेश करना था।

उत्तरभारत की राजनीतिक हलचल का प्रभाव भी इस नृत्य शैली पर पड़ा। अंग्रेजो के आगमन से यह नृत्यकला एक बार फिर लुप्त होने लगी किंतु संगीतप्रेमी नरेशों ने इस पुनः प्रश्रय दिया। लखनऊ के नवाब वाजिद अलीशाह जो कि स्वयं एक कुशल नर्तक थे। अपने दरबार मे कलाकारों को प्रश्रय देकर नृत्यकला का प्रचार–प्रसार भी किये।

जयपुर के राजा मानसिंह एवं जयसिंह के गुणीजन खाने में कत्थक नृत्यकारों को सम्मान मिला।

हिंदू और मुस्लिम दोनो संस्कृतियों के प्रभाव से इस नृत्य में दोनों संस्कृतियों का मिला जुला रूप स्पष्ट दिखाई देता है। इस प्रकार दोनों संस्कृतियों को आत्मसात कर कत्थक नृत्य ने वर्तमान स्वरूप प्राप्त किया।

इन दोनों धाराओं का प्रयोग कत्थक नृत्य के घराने में भी दिखाई देता है। कत्थक नृत्य के मुख्यरूप से तीन घराने हैं। लखनऊ, जयपुर तथा बनारस। जिनमें से लखनऊ घराने पर मुस्लिम संस्कृति का आधिपत्य रहा है जबकि जयपुर घराने में राजपूताना शैली प्रभावी रही है।

लखनऊ घराने के कलाकारों के प्रदर्शन में नाजुकता तथा कोमलता का पुट दिखाई देता है, जबकि जयपुर घराने की कला में कुछ कठोर या कहे कि ताण्डव अंग की बहुलता दिखायी देती है। यह धारणा है कि अपनी कुछ विशिष्ट शैली जैसे नृत्य के बोलों का अधिकाधिक प्रयोग के अतिरिक्त दोनों घरानों का मिलाजुला रूप बनारस घराने में देखने को मिलता है।

इस अध्याय में कत्थक नृत्य के प्रस्तुतिक्रम का भी वर्णन किया गया है। वंदना, थाट, आमद, सलामी, तोड़े–टुकड़े, परन, तत्कार, कवित्त आदि का प्रदर्शन कर ठुमरी, गजल या भजन की प्रस्तुति की जाती है। यद्यपि कत्थक नृत्यकार प्रस्तुति के क्रम में परिवर्तन करते रहते है। कत्थक नृत्य मे कथा की प्रधानता ने

अभिनय को महत्वपूर्ण स्थान दिया है। क्योंकि कथा की प्रस्तुति मे अभिनय का प्रतिपादन महत्वपूर्ण होती है। कुल मिलाकर कत्थक नृत्य की सम्पूर्ण प्रस्तुति को दो भागो मे विभक्त कर सकते है। एक तो शुद्ध नृत्य दूसरा अभिनय पक्ष। शुद्ध नृत्य के अंतर्गत थाट, आमद तोड़े तुकड़े आदि को सम्मिलित किया जा सकता है। जबकि दूसरे अभिनय प्रधान नृत्य में वंदना, गतनिकास, गतभाव, ठुमरी, भजन, होरी, कवित्त, गजल, आदि आते है। अभिनय की विशद् व्याख्या भरतमुनि के नाट्यशास्त्र ग्रन्थ में उपलब्ध है। यहाँ पर नाट्यशास्त्र का संक्षिप्त परिचय व विषयवस्तु का अध्ययन किया गया है। नाट्यशास्त्र ग्रन्थ नृत्य नाट्य जगत में सर्वप्रथम ग्रन्थ है जिसमें व्यापक स्तर पर कला संदर्भ में व्याख्या की गयी है। आचार्य भरत ने नाट्य को प्रमुखता देते हुए नाट्य की सफलता के लिये हर पहलू पर सूक्ष्मातिसूक्ष्म विश्लेषण किया है। साथ ही नाट्य में नृत्य की आवश्यकता को भी प्रतिपादित किया है। अतः नृत्य कला के शोधार्थियों के लिये नाट्यशास्त्र आधार ग्रन्थ है। भारतीय शास्त्रीय नृत्यनाट्य का सर्वप्रथम उपलब्ध आधार ग्रन्थ भरतमुनिकृत नाट्यशास्त्र है।

नाट्यशास्त्र की सीमा भारतीय कला साहित्य ही नहीं वरन विश्वसाहित्य व कला जगत से अंगीकृत है इस ग्रंथ में विशयों का मौलिक विवरण दिया गया है। विभिन्न विद्वानों के मतों के अनुसार नाट्य शास्त्र का रचनाकाल ईसा. पूर्व दूसरी से पाँचवी शताब्दी तक माना जा सकता है।

भरत एक व्यक्ति थे या समुदाय। जिनका कार्य गायन वादन व नर्तन कर कथा वाचन करना था। नाट्य शास्त्र ग्रन्थ में कहीं–कहीं पर भरत को अन्य पुरूष के रूप में नामांकित किया गया है जिससे यह प्रतीत होता है कि भरत के शिष्यों नें कुछ अध्याय नाट्य शास्त्र में जोड़े होगें यद्यपि नाट्योत्पत्ति की कथा में यह उल्लेख प्राप्त होता है कि आचार्य भरत ने अपने सौ पुत्रों के साथ नाट्य प्रवर्तन का कार्य किया और चारों वेदों के संयोग से नाट्यशास्त्र ग्रन्थ की रचना की। नाट्यशास्त्र कथा, रंगमंडप, प्रेक्षागृह, रस, भाव, अभिनय, संगीत पात्र–विधान आदि सभी का वर्णन इस ग्रंथ में प्राप्त होता हैं। जो आधुनिक कत्थक नृत्यकारों को मार्गदर्शन प्रदान करता है।

अभिनय शब्द का अर्थ व उसका महत्व बताते हुये आचार्य ने अभिनय के भेदों की विस्तार से व्याख्या की है।

अभिनय का उद्देश्य होता है किसी पद या शब्द के भाव को मुख्य अर्थ तक पहुँचा देना। अंग, वाक सत्व तथा उचित केश–वेश विन्यास के द्वारा शब्द के अर्थ का पूर्ण संप्रेषण होता है तथा रस की उत्पत्ति होती है। कत्थक नृत्य में इन अभिनय भेदों का प्रयोग होता है। क्योंकि कत्थक नृत्य अभिनय प्रधान नृत्य शैली है जिसमें कथानक का प्रभावी संप्रेषण होना आवश्यक होता है। कत्थक नृत्य में प्रयोग होने वाले अंग–भंगिमा की अपनी एक अलग विशेषता होती है। इनमें अंगों का संचालन अर्थ भाव को पुष्ट करता है। मनोगत भावों को सिर, हाथ, पार्श्व, पैर, नेत्र, भौंह, पलक आदि के द्वारा आंगिक स्वरूप प्रदान किया जाता है। जिससे काल्पनिक विषयवस्तु का सादृश्य स्वरूप प्राप्त हो सके। मस्तक का मानव शरीर में सर्वप्रमुख स्थान है तथा बुलाने, मना करने, लजाने, रूठने आदि का भाव इसके संचालन से संभव होता है।

सामान्यतः नेत्र के द्वारा प्रेषित भाव के चालन में विभिन्नता होती है। सूक्ष्म दृष्टि से अध्ययन करने पर यह ज्ञात होता है कि इसके द्वारा प्रेषित अर्थ भाव में विभन्नता होती है। शोक जनित, चिन्ता ग्रस्त तथा तनावयुक्त नेत्र चालन में भिन्नता है जिसका आचार्य ने वैज्ञानिक विधि से विश्लेषण किया है। भावों की सूक्ष्म से सूक्ष्म पराकाष्ठा को प्रदर्शित करना आचार्य का प्रमुख उद्देश्य प्रतीत होता हैं। नाट्यशास्त्र में वर्णित नेत्र में भौंह, पलक, वक्ष, पार्श्व, ग्रीवा, चारी, मण्डल, स्थानक तथा पादसंचालन का प्रयोग कत्थक नृत्य में किस अर्थभाव में अनुपयोगी है की विस्तृत व्याख्या यहाँ पर किया गया है। गतिविधान में ऊपर चढ़ने और नीचे उतरने के अभिनय में लोक जनित अनुभूतियाँ दिखाई देती है। नदी तालाब को पार करने का अभिनय दिखाते समय वस्त्रों को उठाकर या हाथों से पानी को हटाने का अभिनय सामान्य लोक अभिनय को प्रस्तुति करता है। चिंतित पुरूष या रूठी हुई नायिका का आसन किस प्रकार हो जिससें भाव की स्पष्ट प्रस्तुति हो सके, को भी आचार्य ने नाट्यशास्त्र में वर्णित किया है तथा यहाँ पर उस आसान विधान का प्रयोग किन संदर्भों मेंहोता है का अध्ययन किया गया है।

वाचिक अभिनय में कुछ कलाकार स्वयं गाकर भावप्रदर्शन करते हैं तथा अधिकांशतः गायन में संगत कलाकारों का सहयोग लेते है। कत्थक नृत्य में पढ़ंत की विशिष्ट शैली है जिसमें कत्थक नृत्यकार को कुशल होना आवश्यक है। बोल के शब्दों का उच्चारण स्पष्ट हो इसलिये इसमें दक्षता प्राप्त करना चाहियें। कत्थक

नृत्य में ठुमरी, भजन, अष्टपदी आदि पर भाव अभिनित किया जाता है। इन रचनाओं में शब्दों का एक निश्चित अनुक्रम रहता है। जिसे छन्द के द्वारा निबद्ध किया जाता है। नाट्यशास्त्र में वर्णित अनेक छंदो में से कत्थक नृत्य में प्रयोग लाने वालों छंदो के लक्षण उनके प्रयोग को संस्कृत पाठ्य के विष्णु वंदना, गुरू वंदना तथा शिव पंचाक्षर स्त्रोत के माध्यम से यहां पर अध्ययन किया गया है। कत्थक नृत्य में प्रयुक्त साहित्य रचना में नाट्यशास्त्र के अनुसार वर्णित छंदों का प्रयोग दिखाई देता है परंतु उपजाति छंद (दो छंदों का योग) का प्रयोग भी दिखाई देता है। रचना के शोभादायक तत्व अलंकार कहलाते है। जो कि काव्य रचना को विशिष्टता प्रदान करते है। उपमा, रूपक, दीपक तथा यमक अलंकारों का नायिका तथा रस आधारित रचनाओं में प्रयोग दिखाई देता है। विशेषकर रीतिकालिन कवियों की रचनाओं में अलंकार का वृहद् प्रयोग दिखाई देता है, जिसका प्रयोग कत्थक नृत्यकार भाव दिखाने में करते है तथा अपने विचारानुसार भाव प्रवणता का सृजन करते है। एक ही शब्द या वाक्य पर अलग–अलग भावों का प्रदर्शन करते है। स्व. शंभू महाराज एवं लच्छू महाराज इस विधा के सिद्धस्त कलाकार थे। तथा आज अनेक कत्थक नृत्यकार उनकी इस विधा के अनुगामी है। उपमा अंलकार का प्रायोगिक स्वरूप कत्थक नृत्य की प्रमुख विशेषता है।

वेशभूषा के द्वारा ही नृत्य शैली का प्रथम परिचय प्राप्त होता है। अन्य अभिनयों का प्रदर्शन इसके बाद होता है। नृत्यकार के वेशभूषा के द्वारा ही दर्शकों को यह पता चल जाता है कि किस नृत्य शैली का प्रदर्शन होने वाला है।

कत्थक नृत्य का आहार्य अभिनय अत्यंत समृद्ध है। कथानक की विषयवस्तु, स्थिति, अवसर तथा काल के अनुरूप आहार्य धारण करने का विधान आचार्यो ने बताया है। नाट्यशास्त्र में वर्णित आहार्य के चारों भेदों का प्रयोग कत्थक नृत्य में किस प्रकार किया जाता है का अध्ययन यहां पर किया गया हैं। इसके अंतर्गत रंगमंच की सज्जा, पुरूषों व स्त्रियों के आभूषण, केश विन्यास तथा वेशभूषा का प्रयोग कत्थक नृत्यकार करते है। सामान्यतः आचार्य द्वारा वर्णित अंगरचना का प्रयोग कत्थक नृत्यकार नहीं करते है। कत्थक नृत्यकार की वेशभूषा में हिन्दू और मुस्लिम संस्कृतियों के प्रभाव का दिग्दर्शन हो जाता है। संभवतः काल प्रवाह ने कत्थक में परिवर्तन किये जिसका प्रभाव इस नृत्य के आहार्य के द्वारा सर्वप्रथम प्रदर्शित होता है।

अभिनय के चतुर्थ भेद सात्विक अभिनय का प्रयोग कत्थक नृत्य में नाट्यधर्मी के द्वारा होता है। सत्व मनोविकार की उत्पत्ति है जिसमें मानवीय उमंग और संवेदनाये उद्दीप्त होती है दूसरों के सुख दुख आदि भावों से जब मनुष्य संवेदना से अभिभूत हो जाता है। तब उनके मन की इस विशेष दशा में एकाग्र होने से सत्व की उत्पत्ति होती है। आचार्य ने सात्विक भाव को रसाध्याय में वर्णित किया है जिससे प्रतीत होता है कि वे सात्विक भाव को स्थायी भाव, संचारी भाव आदि की तरह हृदय में अवस्थित मानते है जो अवसर के अनुसार दिखाई देता है।

उन्होंने सत्व से युक्त अभिनय को श्रेष्ठ कोटि का बताया है क्योकिं सात्विक अभिनय अन्य अभिनयों की अपेक्षा कठिन होता है। आचार्य ने सात्विक भाव के आठ भेद बताये है– स्वेद, स्तम्भ, वेपथु, अश्रु, वैवर्ण्य, रोमांच, स्वरभंग तथा प्रलय।

भरत के नाट्यशास्त्र में सर्वत्रनाट्य की चर्चा की गई है तथा नाट्य में इन सात्विक भावों का वृहद प्रयोग होता है परंतु कत्थक नृत्यकार सात्विक भावों का प्रयोंग नाट्यधर्मिता के द्वारा करते है। जिसका अध्ययन यहाँ पर किया गया है। यदि अश्रुपात का अभिनय दिखाना हो तो कत्थक नृत्यकार सच में अश्रुपात नहीं करते वरन् दोनों हाथों से अश्रु पोंछने का अभिनय करते है, जिससे इस अर्थ का संप्रेषण दर्शकों को हो जाता है।

नाट्यधर्मी प्रयोग का कत्थक नृत्य में महत्वपूर्ण स्थान है। पुष्प न होते हुये पुष्प, पनघट न होते हुए पनघट, मटकी न होते हुए मटकी आदि अनेक दृश्यों को इसके द्वारा मंच पर प्रदर्शित किया जाता है। नाट्यधर्मी विधि से संपन्न अभिनय सुचारू तथा रोचक होता है यद्यपि कुछ परिस्थितियों में कत्थक नृत्यकार के द्वारा सात्विक भाव का स्वतः प्रदर्शन हो जाता है इस संदर्भ में यहां पर स्व. शंभू महाराज जी के बारे में बताया गया है कि वे जब करूण रस पर आधारित अभिनय प्रदर्शित करते थे तो वे रोने लगते थे। उनके पुत्र और पुत्री की मृत्यु एक ही दिन में होने के कारण उनके मन में यह वियोग कार्य करने लगता था। जिसके कारण वे नृत्य प्रदर्शित करते समय रोने लगते थे।

कत्थक नृत्यकार स्वेद का प्रदर्शन करने के लिये पंखा झेलने, वायु की अभिलाषा या स्वेद को हटाने के अभिनय से दिखाते है। इसी तरह शरीर के स्पर्श से रोमांच को अभिनित किया जाता है।

अतः कत्थक नृत्य में सात्विक अभिनय का प्रदर्शन नाट्यधर्मी विद्या पर अवलंबित है। इस पुस्तक का विषय "अभिनय के विभिन्न भेदों के परिप्रेक्ष्य में कत्थक नृत्य का विश्लेषणात्मक अध्ययन" है जिसका अध्ययन नाट्यशास्त्र के संदर्भ में किया गया है। कत्थक में उपर्युक्त विश्लेषण के आधार पर इस लेखन को सात अध्यायों में विभाजित किया गया है।

इस लेखन के माध्यम से यह प्रयास किया है कि नाट्यशास्त्र में अभिनय भेदों के संदर्भ में जो तथ्य दिये गये है उनका कत्थक नृत्य में प्रयोग किस तरह व किन संदर्भो में होता रहा है। तथा नाट्यशास्त्र में अभिनय से संबंधित वह सूक्ष्म से सूक्ष्म प्रक्रिया जिनका शास्त्रगत प्रयोग करने से निश्चित ही कत्थक नृत्य को और अधिक समृद्ध किया जा सकता है। इस ओर भी इस शोध कार्य में पर्याप्त विवरण दिया गया है।

भरत एक दूरदृष्टा आचार्य थे जिन्होनें नाट्यशास्त्र में प्रदर्शनकारी विधाओं के संबंध में विस्तृत विवेचना किया है। साथ ही नवीन प्रयोग के लिये एक मार्ग निश्चित करने की स्वतंत्रता भी दी है।

संदर्भ ग्रन्थ सूची

क्र.	ग्रन्थ/पुस्तक का नाम	लेखक का नाम
1.	नाट्यशास्त्रम् भाग–1, 2, 3	श्री बाबूलाल शुक्ल शास्त्री
2.	भारतीय संस्कृति में कत्थक परम्परा	प्रो. (डॉ.) मांडवी सिंह
3.	कथक नृत्य	लक्ष्मीनारायण गर्ग
4.	कथक नृत्य शिक्षा, भाग–2	डॉ. पुरु दाधीच
5.	कत्थक ज्ञानेश्वरी	पं. तीरथराम आजाद
6.	भारतीय नाट्यशास्त्र की परम्परा एवं विश्व रंगमंच	राधावल्लभ त्रिपाठी
7.	भरतकालीन कलाएँ	भारतेन्दु मिश्र
8.	भरत और भारतीय नाट्यकला	सुरेन्द्र नाथ दीक्षित
9.	भाव प्रकाशन	मदनमोहन अग्रवाल
10.	कथक कल्पद्रुम	डॉ. चेतना ज्योतिषी ब्यौहार
11.	Kathak Indian Classical Dance Art	Sunil Kothari
12.	भारतीय नाट्य परम्परा एवं अभिनय दर्पण	वाचस्पति गैरोला
13	दशरूपक–आचार्य धनंजय	डॉ. भोलाशंकर व्यास
14	रंगमंच का सौन्दर्यशास्त्र	देवेन्द्र राज अंकुर
15	भरत और उनका नाट्यशास्त्र	डॉ. ब्रजवल्लभ मिश्र
16.	कथक नर्तन, भाग–2	डॉ. विधि नागर

17. नाट्यशास्त्र अ — मदनमोहन घोष
18. अभिनव भारती, भाग–4 — अभिनव गुप्त
19. The Natyasastra of Bharatmuni — Translated into English By A Board of Scholors
20. कथक सौन्दर्यात्मक शास्त्रीय नृत्य — शिखा खरे
21. Special Aspects of Natyasastra- — Translated - H.V. Sharma Dr. D. S. R. Apparao
22. कत्थक परम्परा में गुरु लच्छू महाराज — प्रो. (डॉ.) मांडवी सिंह